아시아의 혁신 · 창조활동과
세계경제질서

서울대학교 아시아연구소총서 기초연구시리즈 6

아시아의 혁신·창조활동과 세계경제질서

초판 1쇄 발행 2016년 8월 30일
초판 2쇄 발행 2017년 10월 10일

지은이 박지형 · 안덕근 · 이석배 · 이지홍
펴낸곳 서울대학교출판문화원
펴낸이 성낙인

출판등록 제15-3호

주소 08826 서울 관악구 관악로 1
대표전화 02-880-5252 | **팩스** 02-888-4148
전략기획팀(출판상담 및 홍보) 02-880-5217
출판관리팀(주문상담) 02-889-4424, 02-880-7995
이메일 snubook@snu.ac.kr
홈페이지 www.snupress.com

ISBN 978-89-521-1851-6 94320
978-89-521-1475-4 (세트)

이 연구는 서울대학교 아시아연구소 아시아기초연구사업 연구비에 의하여 수행되었음.

2017년 대한민국학술원 우수학술도서

서울대학교 아시아연구소총서
기초연구시리즈 6

아시아의 혁신·창조활동과 세계경제질서

박지형 · 안덕근 · 이석배 · 이지홍 지음

서울대학교출판문화원

Asian Innovation and World Economic Order

Jee-Hyeong Park
Dukgeun Ahn
Sokbae Lee
Jihong Lee

Seoul National University Press

머리말

아시아의 신흥국들은 더 이상 노동집약적 상품을 세계시장에 싼 가격으로 판매하는 데 의존하지 않고, 높은 수준의 기술 및 자본집약도를 요구하는 상품생산에서 경쟁력을 빠른 속도로 확보해 가고 있다. 더 나아가 새로운 지식과 문화, 기술을 만들어 내는 데 있어서도 1990년대에 시작된 한국과 대만의 약진과 2000년대에 본격화된 중국과 인도의 발전은 이들 아시아 신흥국이 전 세계 혁신·창조활동에서 중요한 비중을 차지하도록 하였고, 그 비중은 빠른 속도로 증가하고 있다.

혁신·창조활동과 관련된 아시아 신흥국들의 이러한 비약적 성장은 미국-유럽 중심적 사고를 대표해 왔던 제품수명주기이론(product-cycle theory)의 틀에서 벗어난 혁신·창조활동에 대한 연구를 요구하고 있다. 또한, 국제통상체제에서 지적재산권 보호체제의 발전은 미국과 유럽의 선진국들을 중심으로 모방을 통한 무임승차를 제한하기 위해 지적재산권 보호체제를 개발도상국으로 확대하는 방향으로 발전해 왔지만, 혁신·창조활동이 아시아 신흥국들로 이동해 옴에 따라 선진국과 신흥국 간 이해관계 충돌과 조정을 개발도상국의 모방을 통한 무임승차의 제한이라는 관점에서만 이해하려고 하는 것은 많은 한계를 지니게 되었다.

본 연구팀은 서울대학교 아시아연구소가 기획과제의 주제로 제시한 '이동과 흐름에서 본 아시아(Transnational Asia)'라는 관점에서 아시아의 혁신·창조활동을 분석하고, 이를 근거로 세계경제질서의 변화에 대한 새로운 개념화를 통해 연구 패러다임의 변화 방향을 모색하고자 하였다. 이를 위해 본 연구팀은 미국특허청에 출원된 특허자료를 이용한 실증분석, 이러한 실증분석에 근거한 기존 경제학적 연구들에 대한 비판적 검토, 그리고 국제 지적재산권 보호와 관련된 통상법적 연구라는 세 방향에서 연구를 진행하고, 이를 통합하여 연구 패러다임의 변화 방향을 모색하고자 하였다.

혁신·창조활동에 있어서 아시아 신흥국들의 약진은 많은 부분 2000년대 이후에 이루어졌기 때문에 이를 실증적으로 분석하기 위해서는 최근 자료가 필수적이다. 본 연구팀은 1980년부터 2014년까지의 미국특허청 특허 관련 빅 데이터를 컴퓨터 프로그램을 활용하여 수집·분석함으로써 기존 연구들이 할 수 없었던 매우 최근까지의 특허인용 관련 분석을 수행하였다. 국제적인 혁신·창조활동에 대한 경제학적 연구들에 대한 검토는 앞서 언급된 제품수명주기모형들과 관련 실증분석뿐 아니라, 개발도상국의 혁신 참여 가능성을 고려하는 보다 최근의 연구들 또한 비판적으로 검토한다는 점에서 기존 연구들과 차별성을 갖는다. 국제 지적재산권 보호와 관련된 통상법적인 연구는 WTO의 TRIPS 협정(Agreement on Trade-Related Aspects of Intellectual Property Rights)을 통한 지적재산권 보호뿐 아니라, 한국과 기타 아시아 국가들이 FTA 협상을 통해 도입하게 된 지적재산권 보호체제의 내용을 분석함으로써 급격히 확대되는 아시아 국가들의 혁신·창조활동 역량과 관련하여 제기될 수 있는 과제들을 연구하고 있다.

미국특허청의 최근 특허자료를 이용한 실증분석은 아시아 신흥국들의 특허출원이 단지 양적인 면에서만 확대된 것이 아니라 특허인용 횟수를 이용해 파악한 질적인 면에서도 향상된 측면이 있음을 밝혀내었다. 혁신·창조활동에 대한 기존 경제학적 연구들을 비판적으로 검토함으로써 본 연구는 국가 간 지적자본의 이전속도와 개발도상국 혁신활동의 효율성 정도를 내생변수화한 혁신·창조모형 개발의 필요성을 제기하고 있다. 본 연구는 또한 아시아의 혁신·창조활동에 대한 통상법 차원의 쟁점들을 검토함으로써 이와 관련된 제도적 인프라 환경의 문제점과 과제들을 제기하고 이에 대한 대안을 모색하였다.

아시아와 세계의 혁신·창조활동에 대한 실증분석, 경제학적 연구, 통상법 분야의 연구를 종합하여 본 연구는 다음과 같은 연구 패러다임의 변화 방향을 제시한다. 선진국들을 중심으로 발전해 온 국제 지적재산권 보호체제는 모방을 통한 개발도상국의 무임승차를 제한하는 것을 목적으로 개발도상국에 확대 적용되어 왔고, 혁신·창조활동에 대한 경제학적 연구들도 선진국의 혁신·창조 결과물을 개발도상국이 모방하는 형태의 제품수명주기이론을 중심으로 발전해 왔다. 그러나 미국특허청 특허자료를 이용한 실증분석이 보여 주는 것처럼 한국, 대만, 중국, 인도와 같은 아시아 신흥국들은 세계의 혁신·창조활동에 상당히 큰 부분을 차지하게 되었고, 그 비중도 빠른 속도로 늘어나고 있다. 따라서 국제 지적재산권 보호체제는 더 이상 이들 신흥국의 모방을 통한 무임승차를 얼마나 제한해야 하는가의 문제가 아니라 아시아의 혁신·창조활동에, 더 나아가 세계의 혁신·창조활동에 적절한 지적재산권 보호체제는 무엇인가를 고민해야 하는 문제로 바뀌고 있다고 할 수 있다. 이에 대한 해답을 찾기 위해서는 국가 간 지적자본 이전속도와 개발도상국 혁신활동의 효율성 정도에 대하여 적절한 내생변수화를 이룬 혁신·창조모형의 개발 및 관련 실증분석이 필요하다.

본 연구는 아시아와 세계의 혁신·창조활동에 대한 연구 패러다임의 변화 방향을 제시하고 있지만, 혁신·창조활동에 대한 새로운 경제학적 모형의 개발 및 관련 실증분석은 추후의 연구과제로 남기고 있다. 하지만 이러한 연구의 시발점으로 본 연구는 미국특허청 특허자료를 이용하여 아시아 신흥국들의 특허가 세계 각국이 출원한 특허에 인용되는 비중의 변화를 측정하였다. 그 결과 선진국들이 출원한 특허 중 아시아 신흥국들의 특허를 인용하는 비중이 최근에 매우 빠른 속도로 증가하는 것을 파악할 수 있었고, 아시아 신흥국들 상호 간의 특허 인용 비중은 다른 지역의 특허가 아시아 신흥국 특허를 인용하는 비중보다 상당히 높다는 사실을 발견하였다. 이러한 실증분석 결과는 아시아 신흥국의 지적자본이 선진국들로 이전되는 속도가 상당히 빠를 수 있으며, 아시아 신흥국들의 혁신·창조활동이 상호 간에 매우 밀접하게 연관되어 있다는 점을 시사한다.

이 연구는 서울대학교 아시아연구소의 학술지원(2014년도 아시아 기초연구지원 사업)과 연구재단 SSK사업(NRF-2014-S1A3A2043505)으로 수행되었다. 아시아연구소 소장이신 강명구 교수님과 이 연구를 진행하던 당시 연구소 연구위원장이셨던 홍백의 교수님께 깊은 감사를 드린다. 아시아와 세계의 혁신·창조활동에 대한 새로운 연구 방향을 모색했다는 점에서 이 책은 관련 연구의 종착역이 아니라 시발점이라 할 수 있기에 여러모로 부족한 점이 많지만, 후속 연구를 통해 연구 패러다임의 변화를 지속적으로 다루고자 한다. 끝으로 이 책의 출판에 도움을 주신 아시아연구소 실무자와 서울대학교출판문화원 관계자들에게 감사드리며, 연구조교로 도움을 준 권혁수, 박혜진, 오령하 학생에게도 고마움을 표한다.

2016년 여름
저자 일동

차례

제4장 세계통상체제에서 아시아 주요국의 지재권 보호체제 발전과 쟁점 _ 안덕근

제5장 학제적 종합을 통한 새로운 연구 방향 모색 _ 박지형 · 안덕근 · 이석배 · 이지홍

제6장 결론 _ 박지형 · 안덕근 · 이석배 · 이지홍

제1장

서론

박지형

아시아의 경제적 위상의 부상은 그동안 미국과 유럽을 중심으로 형성되었던 세계경제질서에 변화를 가져오고 있다. 제2차 세계대전 종료를 전후로, 미국과 유럽의 승전국들이 중심이 되어 만든 브레튼우즈 체제(Bretton Woods System)하에서 국제통화기금(International Monetary Fund, IMF), 세계은행그룹(World Bank Group, WBG; IBRD가 그 일부로 통합됨), 그리고 세계무역기구(World Trade Organization, WTO; GATT의 후신)는 각각 국제금융, 경제개발의 국제적 지원, 국제무역과 관련된 세계경제질서의 구축과 유지를 위해 기능해 왔다. 하지만, 아시아를 중심으로 한 신흥국들의 위상이 높아짐에 따라 이러한 국제기구들의 위상과 역할에 큰 변화가 일어나고 있다. IMF의 경우 2008년 개혁에 따라 신흥국들의 펀드에 대한 기여도와 투표권이 높아졌고, WBG의 경우 한국계 미국인이 총재로 취임하였다. WTO는 미국과 유럽 중심의 아젠다 대신 소위 도하 개발 라운드(Doha Development Round)를 2001년에 출범시켜 세계무역질서의 개선을 도모했으나, 이 또한 선진국들과 신흥국들 간 이해관계의 대립 속에서 그 동력을 잃고, 아시아를 중심으로 추진되고 있는 거대자유무역협정인 환태평양경제동반자협정(Trans-Pacific Partnership, TPP)과 역내포괄적경제동반자협정(Regional Comprehensive Economic Partnership, RCEP) 등에 세계무역질서 개편의 중심적 역할을 내어주고 있는 상황이다.

이러한 일련의 세계경제질서 변화의 흐름 속에서, 앞으로 가장 중요한 이슈로 부각될 부분 중 하나는 혁신·창조활동의 중심이 아시아로 이동하는 데 따른 선진국들과 신흥국들의 이해관계 충돌과 조정이다. 최근 몇 년 동안 언론의 많은 주목을 받았던 애플과 삼성의 국제적 특허소송전과 중국 IT기업인 화웨이의 약진에 대응한 선진국들의 견제는 혁신·창조활동을 중심으로 한 이해관계의 충돌을 잘 보여 주며, 이러한 흐름은 앞으로 상당 기간 동안 강화되어 나갈 것이다. 하지만 아시아 내부적으로도 국가들의 경제적 발전단계가 상이함에 따라 매우 다른 이해관계를 갖고 있고, 혁신·창조활동에서 중심적 역할을 하는 기업들 또한 대부분 다국적기업이기 때문에, 아시아와 선진국들 간의 이해관계의 대립이라는 단선적인 구도를 통해 이 문제에 접근하는 것은 적절하지 않을 수 있다. 최근에 있었던 삼성에 대한 화웨이의 특허침해소송 제기는 혁신·창조활동이 아시아로 이동하는 데 따른 세계경제질서의 변화 방향을 이해하는 것이 결코 단순하지 않음을 잘 보여 준다.

혁신·창조활동은 새로운 시식, 문화, 기술의 개발을 목표로 이루어지고, 그 결과물들은 본질적으로 국민국가의 경계를 넘어 전 세계로 쉽게 파급될 수 있는 성격을 지닌다. 이러한 활동이 다국적기업을 중심으로 국경을 넘어 진행됨에 따라 아시아의 혁신·창조활동에 대해서도 아시아뿐만 아니라 전 세계 지역에 대한 고려가 필요하며, 그동안 미국-유럽 중심적 사고를 대표해 온 제품수명주기이론(product-cycle theory)[1]의 틀에서 벗어난 혁신·창조활동에 대한 연구가 요구되고 있다. 본 연구팀

1 선진국들이 개발한 새로운 지식과 기술에 근거한 상품이 우선 선진국에서 독점적으로 생산되고, 일정 수준의 표준화 과정을 거친 뒤에는 이러한 상품이 아시아를 중심으로 한 개발도상국에 전파되어 대량 생산된다는 이론.

은 서울대학교 아시아연구소가 기획과제의 주제로 제시한 '이동과 흐름에서 본 아시아(Transnational Asia)'라는 관점에서 아시아의 혁신·창조활동을 분석하고, 이를 근거로 세계경제질서의 변화에 대한 새로운 개념화를 통해 연구 패러다임의 변화 방향을 모색하고자 하였다.

구체적인 연구내용은 크게 네 가지로 요약될 수 있다. 첫째, 아시아의 혁신·창조활동에 대하여 다음과 같은 실증분석을 진행하였다. 이 책의 제2장에서는 미국특허청(United States Patent and Trademark Office, USPTO)의 1980년부터 2014년까지의 특허자료를 이용하여 특허를 출원하는 중심 국가들의 시기별, 산업별 기술 진보의 추세를 살펴보고 그 특성을 파악하고자 하였다. 이 연구는 특허의 질적인 면을 고려하기 위해 선행연구인 Kwon, Lee, and Lee(2015)의 특허인용횟수를 이용한 다양한 방법론을 적용하되, 최근의 변화를 분석하기 위해 2012년부터 2014년까지 3년간의 자료를 추가하고 국가별 분석뿐 아니라 산업별 분석을 수행하였다. 특히 이 연구는 특허출원량으로 파악한 혁신·창조활동의 폭발적 증가를 보여 준 한국, 대만, 중국 등 아시아 신흥국들의 특허출원에 대하여 보다 자세한 연구를 수행하였고, 그 결과 이러한 아시아 신흥국의 특허출원은 단지 양적인 면에서만 확대된 것이 아니라 특허인용횟수를 이용하여 파악한 특허의 질적인 면에서도 향상된 측면이 있음을 밝혀내었다. 하지만 산업 부문별로 의약·의료 부문과 같이 전체 평균에 비하여 특허의 질적인 측면에서 차이가 오히려 더 벌어진 부문도 있으며, 한국과 대만의 경우 2000년대 이후에는 대부분의 산업 부문에서 전체평균과의 특허의 질적인 측면의 차이를 좁히지 못하고 있는 것 또한 확인할 수 있었다.

둘째, 앞서 언급된 아시아의 혁신·창조활동에 대한 실증분석에 비추어 혁신·창조활동에 대한 국제무역 분야의 기존 연구들을 비판적으로 검토함으로써 세계와 아시아의 혁신·창조활동을 분석하는 새로운 이론모형 구축의 방향을 모색해 보았다. 이 연구를 진행한 이 책의 제3장에서는 우선 세계의 혁신·창조활동에 대한 이론으로 중심적인 역할을 해온 선진국(북쪽) 혁신/개발도상국(남쪽) 모방 모형들과 관련 실증분석을 검토한 뒤, 이러한 모형을 확장하여 개발도상국(남쪽)이 모방뿐 아니라 혁신을 할 수 있는 가능성을 고려하는 보다 최근의 연구들을 검토하였다. 앞서 언급된 세계의 혁신·창조활동에 대한 이론들을 제2장의 실증분석 결과에 비추어 살펴보면 개발도상국(남쪽)이 모방뿐 아니라 혁신을 할 수 있는 모형이 보다 현실적이기는 하지만, 이 이론들 또한 몇 가지 중요한 부분에서 혁신·창조활동에 대한 새로운 현실을 설명하는 데 한계가 있음을 파악할 수 있었다. 보다 구체적으로 국가 간 지적자본의 이전속도와 개발도상국 혁신활동의 효율성 정도에 대해 적절한 내생변수화를 이룬 혁신·창조모형의 개발이 필요하다. 이렇게 개발된 창조·혁신모형은 세계경제의 창조·혁신활동의 변화를 예측하고, 개발도상국들뿐만 아니라 세계경제 전체의 입장에서 혁신·창조활동에 대한 최적의 지적재산권 보호체제가 무엇인가를 논의하는 데 있어도 필요함을 밝히고 있다.

셋째, 아시아의 혁신·창조활동에 대한 통상법 차원의 쟁점들을 검토함으로써 제도적 인프라 환경의 문제점과 과제들을 제기하고 이에 대한 현실성 있는 대안을 모색하였다. 특히 FTA를 통해 WTO 수준 이상으로 개편되는 지적재산권 보호체제의 내용을 분석함으로써 급격히 확대되는 아시아 국가들의 혁신·창조활동 역량 강화를 지원하는 데 제기될 수 있는 과제들을 연구하고, 이를 토대로 향후 개선사항과 정책적 대안을 도출하였다.

넷째, 아시아의 혁신·창조활동에 대한 실증분석, 국제무역 분야의 연구, 통상법 분야의 연구를 종합한 결과, 세계 및 아시아의 혁신·창조활동에 대한 다음과 같은 연구 방향을 모색하게 되었다. 제4장에서 살펴본 바와 같이 국제통상체제에서 지적재산권 보호체제의 발전은 주로 미국과 유럽의 선진국들을 중심으로 이루어져 왔고, 개발도상국의 모방을 통한 무임승차(?)를 제한하기 위해 지적재산권 보호체제를 개발도상국으로 확대하는 방향으로 발전해 온 것으로 파악할 수 있다. 하지만 제2장에서 살펴본 바와 같이 1990년대 이후 한국과 대만이, 그리고 보다 최근에는 중국·인도와 같은 아시아의 신흥국들이 혁신·창조활동에 적극적으로 참여하기 시작하였고 이들 신흥 4개국의 특허출원은 2010-2014년에는 미국특허청 특허출원의 12%에 달함에 따라서, 신흥국들에게 지적재산권 보호체제는 더 이상 모방을 통한 무임승차를 얼마나 제한받는가의 문제가 아니라 아시아의 혁신·창조활동, 더 나아가 세계의 혁신·창조활동에 적절한 지적재산권 보호체제는 무엇인가를 고민해야 하는 문제로 바뀌고 있다. 이를 해결하기 위해 제3장은 국가간 지적자본의 이전속도와 개발도상국 혁신활동의 효율성 정도에 대해 적절한 내생변수화를 이룬 혁신·창조모형의 개발이 필요함을 밝히고 있는데, 이러한 모형을 개발하기 위해서는 경제학뿐만 아니라 국제지적재산권의 역할을 규명하기 위한 통상법적인 분석을 종합하는 학제적 실증분석 연구가 선행되어야 함을 주장한다. 또한 제5장에서는 미국특허청의 특허출원 자료를 이용하여 아시아 신흥국들의 혁신·창조활동으로 형성된 지적자본이 선진국들과 아시아 신흥국들 간에 이전되는 정도를 측정함으로써 새로운 연구 방향을 제시한다.

제2장

아시아의 혁신·창조활동에 대한 다각적 실증분석

이석배 · 이지홍

1. 서론

기술 진보 및 혁신은 경제 성장에 핵심적인 요소 중 하나다. 기술 진보 및 혁신의 정도를 평가하기 위한 다양한 경제 지표들이 있는데, 그중에서도 본 연구에서는 특히 특허자료에 관심을 가지고 연구를 진행하였다. 특허는 넓게는 해당 국가, 좁게는 특허를 소유한 기업의 기술 수준이 고스란히 녹아 있는 지적 재산이다. 특히 지금까지의 연구는 특허와 기술 혁신, 그리고 경제적 성과의 관계는 복합적이지만 대체로 특허가 기술 혁신을 촉진한다고 결론짓고 있다(정성철·윤문섭·장진규, 2004). 따라서 특허자료 분석을 통해 각국의 기술 진보 및 혁신의 정도를 추정해 볼 수 있다. 본 연구는 미국특허청(United States Patent and Trademark Office, USPTO) 자료 중에서 1980년부터 2014년까지의 특허(utility patent)를 연구 대상으로 한다. 이를 바탕으로 우리는 각 국가의 시기별·산업별 기술 진보의 추세를 살펴보고 그 특성을 밝혀내고자 한다.

기술 진보 및 혁신의 연구를 위해 특허를 사용한 예는 다수의 선행 연구에서도 찾아볼 수 있다. 그중에서도 특히 최근 자료까지 반영하여 분석한 연구로는 Kwon, Lee, and Lee(2015)가 있다. 해당 연구는 1980년부터 2011년까지 USPTO의 특허 약 400만 개를 바탕으로 여러 국가 간

기술 진보의 양상을 분석한다. 본 연구는 마찬가지로 USPTO 특허자료를 사용하지만 분석대상 시기의 확장, 산업별 특허의 질 분석 등에서 차이가 있다. 또한 전 세계 각 국가들의 산업별 특허 질의 전반적인 변화 양상뿐 아니라 특히 아시아의 주요 4개국(한국, 일본, 대만, 중국)과 미국의 산업별 특성을 보다 집중적으로 비교 및 대조 분석하였다.

본 연구는 USPTO 특허자료를 가장 최근 시기까지 확장했다는 점에서 다른 연구와 가장 뚜렷이 구분된다. 지금까지 특허 관련 연구들은 대부분 National Bureau of Economic Research(NBER)에 의해 1999년까지 축적된 자료 혹은 종종 2000년대 초까지의 자료[1]만을 사용하였다. 이에 비해 Kwon et al.(2015)은 2011년까지의 자료를 반영하였고, 본 연구는 이에 더해 2014년까지의 특허자료를 모두 활용하여 분석의 범위를 확대했다는 점에서 기존 연구와 차이가 있다. 기술 진보 및 혁신은 다른 분야에 비하여 변화와 유행에 아주 민감하다. 더욱이 그 변화속도가 점점 더 빨라지고 있다는 점에서 최근 자료를 연구 대상에 포함시키고 적당한 구간으로 나누어 그 특징을 살펴보는 것은 매우 중요하다. 특히 우리가 주요 분석대상으로 삼은 국가 중 하나인 중국의 경우 2000년대 이후 특허의 양과 질에서 급격한 변화를 보이고 있다. 이러한 점을 고려하여 본 연구는 가장 최근의 자료까지 연구 대상으로 포함하여 기술 진보 및 혁신의 국제적 추세에 대한 보다 현실적인 통찰을 제시한다.

특허의 질적인 측면을 고려하지 않고 단순히 양적 팽창을 기술 진보로 평가하는 것은 자칫 잘못된 결론으로 이어질 수 있다. 특히 Jaffe and Lerner(2004)는 1980년대 이후 미국의 정책 변화로 인한 특허 등록 비용의 감소와 실력 있는 심사위원들의 부족으로 미국 특허의 수

1 예를 들어 Bronwyn Hall의 2002년까지의 특허자료.

가 빠르게 증가했음을 지적한다. 즉, 양적 증가에 대비하여 특허의 질적인 부분은 오히려 퇴보했을 수도 있다는 것이다. 따라서 보다 정확한 분석을 위해 특허의 양적 성장 외에도 질적 성장을 살펴볼 필요가 있다. Kwon et al.(2015)에서는 피인용 횟수를 특허의 질을 보여 주는 지표로 사용하고 있다. 피인용 횟수를 통해 특허의 질을 추정하는 방법은 Trajtenberg(1990)의 연구 이후 중요한 방법으로 인정받아 왔다. 보다 양질의 특허라면 산업에 더 큰 영향을 미칠 것이며 이는 활발한 인용으로 이어질 것이기 때문이다. 그는 특허 피인용 횟수에 가중치를 두는 방법을 활용하여 다양한 연구 투자의 효과를 측정했다. 인용 정보를 활용하여 특허 질의 지표를 나타내는 방식은 Lanjouw and Schankerman(2004)에 의해 개발되었으며, 또한 많은 연구들이 특허의 피인용 정도와 특허의 시장 가치 사이에 양의 상관관계가 있음을 보여 준다.[2] 이에 기반하여 본 연구도 특허의 피인용 횟수와 피인용된 특허가 전체 특허에서 차지하는 비율을 이용해 특허의 질을 측정하고자 한다.

Kwon et al.(2015) 및 다수의 연구는 주로 국가별 기술 진보 및 혁신의 차이점을 비교하고 변화 양태를 분석하는 데 중점을 두고 있다. 본 연구에서는 더 나아가 산업분류별 기술 진보의 양상을 구체적으로 살펴본다. 특히 주요 대상국가로 선정한 아시아 4개국과 미국이 어떠한 산업 분야에서 강세 또는 약세를 보이는지 구체적으로 살펴보았다. 또한 각국이 강세를 보이는 산업 분야가 어떻게 변화하고 있는가도 분석 대상으로 삼았다. 요약하면, 단순히 국가 전체의 기술 진보 및 발전만이 아니라 산업분류별 발전 추이를 분석함으로써 보다 복합적이고 다각적인 분석을 시도하였다.

2 예를 들어 Bloom and Van Reenen(2002), Hall, Jaffe, and Trajtenberg(2005), Belenzon(2012) 등이 있다.

제2장의 구성은 다음과 같다. 우선 2절에서 분석에 사용한 자료의 출처와 분석을 위한 분류법 등에 대해 자세히 서술할 것이다. 다음으로 3절에서는 각 국가의 시기별 특허 질의 양상과 변화에 대해 살펴본다. 이에 더불어 미국을 벤치마크로 하여 이중차분법(differences-in-differences, DiD)을 사용하여 국가와 시기별로 특허의 질에 미치는 영향을 회귀분석을 통해 알아본다. 4절에서는 각 산업의 시기별 특허 질의 양상과 변화에 대해 전반적인 추이를 살펴본 후 주요 국가에 대한 추이를 보다 집중적으로 분석한다. 마지막으로 5절에는 결론을, 부록에는 본문에서 다루지 못한 표들을 수록했다.

2. 자료

특허자료는 USPTO가 제공하는 bulk data 중에서 1980년부터 2014년까지의 자료를 사용하였다.[3] 그러나 해당 시기 전체에 대해 USPTO의 원 자료를 사용한 것은 아니다. 1980년에서 2011년까지는 USPTO 자료를 바탕으로 가공한 자료를 이용하였다. 1980년에서 1999년까지의 자료는 NBER U.S. Patent Citations Data Files(PAT 63_99와 CITE 75_99)를 이용하였다.[4] 2000년부터 2011년까지의 자료는 Kwon et al.(2015)

3 USPTO 자료는 https://www.google.com/googlebooks/uspto-patents-grants-biblio.html에서 다운로드할 수 있다. 1960년부터 최근의 자료까지 주간 단위로 제공하고 있지만, 1980년 이전에는 우리가 주요 관심 국가로 선정한 중국·한국·대만의 특허 수가 적기 때문에 해당 연도로 범위를 제한하였다.

4 이 데이터들은 지식의 확산에 대한 경제적인 분석을 위해 여러 연구에서 인용되고 있다. 이에 대한 자세한 설명은 Hall, Jaffe, and Trajtenberg(2001) 참조.

에서 사용한 자료를 활용하였다.[5] 2012년에서 2014년까지 추가적으로 본 연구에서 확장한 시기에 한하여 USPTO의 자료를 직접 사용하였다. USPTO는 각각의 특허마다 특허 승인 기록부터 특허의 상세 내용 등 다양한 정보를 세세하게 기록하여 제공하고 있다. 그중에서 본 연구를 위해 사용한 정보는 특허번호, 승인 날짜, 산업분류, 발명자 국가 정보, 타 특허 인용 정보다.[6]

1980년부터 2014년까지 총 특허 수는 대략 472만 개이다. 표 2-1은 미국에서 출원된 각 국가들의 특허 개수를 시기별로 보여 준다. 여기서 특허의 국적은 특허 발명자 정보 중 첫 발명자의 위치 정보로 부여되었다. 가령 첫 번째로 기입된 발명자의 위치가 일본이고 두 번째와 세 번째 발명자의 위치가 중국일 경우 해당 특허의 국적은 일본이다.[7] 이를 살펴보면 1980년대 이래로 미국 특허 중 절반 가까운 특허의 국적이 미국이 아닌 다른 나라들임을 알 수 있다. 전통적으로 일본, 독일, 프랑스, 영국 등이 미국 특허의 상당 부분을 차지해 왔다. 전체 국가의 출원 특허 수도 빠르게 증가하고 있으나, 그중에서도 한국을 비롯한 아시아 국가들의 성장세가 더욱 빨라지고 있다. 특히 한국과 대만의 특허 출원 수는 1990년대 이후 10배 가까이 늘어났으며, 2000년대 들어 프랑스와 영국을 따라잡았으며, 중국의 경우 2000년대 이후 특허 출원 수가 빠르게 증가하고 있다.

5 해당 논문에서도 밝히고 있지만, 자료는 본 연구와 동일하게 USPTO에서 제공하는 bulk data를 활용하였다.

6 각 정보에 대한 상세한 내용은 USPTO가 제공하는 code book에서 확인할 수 있다.

7 특허의 국적을 지정하는 방법에 대해 해당 특허의 발명자들의 국적 중 가장 많이 등장하는 국가로 지정하는 방법도 생각해 볼 수 있다. 그러나 실제로 첫 번째 발명자와 가장 많이 등장하는 국가가 다른 경우는 매우 적어 결과에는 거의 차이가 없다.

특허의 연도와 날짜는 특허가 승인된 날짜를 기준으로 지정하였다. 이 외에 특허 신청일을 기준으로 지정하는 방법도 생각해 볼 수 있다.

편의를 위해 나라는 크게 15개로 분류하였다. 15개 국가는 미국(US), 일본(JP), 독일(DE), 유럽연합(EU),[8] 프랑스(FR), 영국(GB), 대만(TW), 한국(KR), 캐나다(CA), 스위스(CH), 호주(AU), 이스라엘(IL), 중국(CN), 인도(IN), 구소련연합(FSU)[9]이다. 그리고 그 밖의 국가는 RW(Rest of the World)로 분류하였다. 이렇게 분류했을 때, 우리가 구한 자료와 USPTO에서 제공하는 중국, 홍콩의 특허 통계량이 일치하지 않음을 확인할 수 있었다. 이는 주로 특허 등록 시 일관되지 않은 발명자 위치 정보의 기입 때문인 것으로 판단된다. 예를 들어 USPTO는 중국과 홍콩을 다른 나라로 구분하여 통계량을 작성하지만, 홍콩 발명자들은 자신들의 위치를 중국으로 기입하기도 한다. 그뿐만 아니라 때때로 대만이나 싱가포르의 발명자 위치 정보가 중국으로 기입된 사례도 발견할 수 있었다. 이를 보정하기 위해, 중국과 홍콩의 특허에 대해 추가로 발명자의 도시 위치 정보를 사용하였다. 약 600개의 도시에 대해 국가 정보를 확인한 후, 특허의 국가를 도시 위치 정보를 바탕으로 정확하게 재지정하였다. 보정 후 USPTO가 제공하는 통계량과 우리가 정리한 국가별 특허 통계량이 일치하는 것을 확인할 수 있었다.

특허의 산업분류는 원 자료에서 three-digit main classification을 참고하였다. 이를 기반으로 Hall, Jaffe, and Trajtenberg(2001)가 제안하는

8 EU란 2002년 EU 가입 국가 중 독일, 프랑스, 영국을 제외한 12개국을 의미한다. 12개 국가는 오스트리아, 벨기에, 덴마크, 핀란드, 그리스, 아일랜드, 이탈리아, 룩셈부르크, 네덜란드, 포르투갈, 스페인, 스웨덴을 말한다.

9 분석 대상 시기 동안의 일관성을 위해 구소련연합 15개 국가의 특허를 일관되게 FSU로 분류하였다.

[표 2-1] 국가별 특허 출원 개수

국가	연도							합계
	1980-1984	1985-1989	1990-1994	1995-1999	2000-2004	2005-2009	2010-2014	
미국(US)	181,687	211,880	260,104	342,733	431,964	404,238	617,499	2,450,105
일본(JP)	43,560	78,838	107,143	129,938	170,324	169,926	248,485	948,214
독일(DE)	29,351	37,162	36,225	38,858	54,975	45,999	69,993	312,563
유럽연합(EU)	15,111	20,304	21,284	26,987	37,674	32,525	56,059	209,944
한국(KR)	95	427	2,890	11,366	19,000	32,895	68,378	135,051
대만(TW)	397	1,773	5,271	12,367	26,706	30,602	50,113	127,229
프랑스(FR)	10,299	13,444	14,613	16,060	19,149	15,741	27,082	116,388
영국(GB)	11,207	13,347	12,542	14,645	18,548	16,283	25,766	112,338
캐나다(CA)	5,412	7,698	9,811	12,915	17,258	16,834	28,942	98,870
스위스(CH)	5,842	6,426	6,111	5,815	6,703	5,560	9,863	46,320
중국(CN)	7	132	239	332	1,290	4,705	23,624	30,329
이스라엘(IL)	621	1,176	1,602	2,899	5,002	5,821	12,529	29,650
호주(AU)	1,378	2,020	2,149	2,835	4,307	6,027	8,466	27,182
인도(IN)	40	68	126	316	1,258	2,726	9,070	13,604
구소련(FSU)	1,478	641	591	850	1,173	1,079	2,115	7,927
기타(RW)	3,018	3,593	3,609	5,117	9,078	9,778	20,235	54,428
합계	309,503	398,929	484,310	624,033	824,409	800,739	1,278,219	4,720,142

참고: 1. USPTO가 제공하는 bulk data 중에서 1980년부터 2014년까지의 특허(utility patent) 자료로, 해당 기간 동안 출원된 각국의 특허 개수를 정리했다.
2. 특허의 국적은 특허 발명자 정보 중 첫 발명자의 위치 정보로 부여되었다.
3. EU는 독일, 프랑스, 영국을 제외한 2002년 기준 유럽연합 국가들을 의미한다.

방법에 따라 특허별로 산업 카테고리(cat)를 지정하였다.[10] 각각의 three-digit main classification에 해당하는 카테고리의 번호는 NBER 홈페이지에서 확인할 수 있다. 또한 최근 새로 생성된 분류에 대해서는 2006년에 추가된 자료를 참조하였다.[11] 여기에서도 확인할 수 없는 분류에 대해서는 누락으로 처리하였다. 카테고리가 누락된 특허는 2000년 이후에 발견되며, 그 수치는 매년 90개를 넘지 않는다.

3. 특허의 질과 기술 혁신

특허의 질을 측정하는 방법 중 하나로 해당 특허가 다른 특허에 의해 인용된 횟수를 살펴볼 수 있다. 그런데 특허 출원 이후 인용된 총 횟수를 특허의 질로 이용할 경우, 과거에 출원된 특허는 인용될 수 있는 기간이 긴 반면, 최근에 출원된 특허는 인용될 수 있는 기간이 짧아 특허 질의 객관적인 비교가 힘들다. 따라서 본 연구에서는 특허의 질을 특허 출원 이후 5년 또는 2년 동안 인용된 횟수로 제한하여 측정하는 방법을 사용하였다. 즉, 나라별, 시점별, 그리고 산업별 5년 또는 2년 동안 평균 피인용 횟수를 특허의 질 또는 기술 혁신의 정도로 평가하는 것이다. 이러한 방법은 앞서 언급한 Kwon et al.(2015)에서 사용한 특허 질의 측정 방법에서 차용한 것이다. Kwon et al.(2015)에서는 주로 2년 동안 평균 피

10 Hall, Jaffe, and Trajtenberg(2001)는 보다 세분화된 subcat으로 분류기준을 제시하고 cat은 subcat을 다시 큰 산업 단위로 묶은 변수이다(subcat은 약 40개이고 cat은 총 6개이다). 우리의 논의를 위해서는 cat 단위로 나누는 것으로 충분하다고 판단되어 subcat은 사용하지 않았다.

11 새롭게 추가된 분류에 대한 카테고리는 https://sites.google.com/site/patent-dataproject/Home/downloads/patn-data-description에서 확인할 수 있다.

인용 횟수를 분석도구로 사용한 반면, 본 연구에서는 5년 동안 평균 피인용 횟수를 중점적으로 살펴보았다. 이는 2011년까지의 미국 특허 데이터를 사용한 Kwon et al.(2015)에 비해 본 연구에서는 추가적으로 3년의 특허 데이터를 확보했기 때문이다.

그 밖에도 출원 이후 5년 또는 2년 동안 한 번이라도 인용된 적이 있는 특허가 전체 특허에서 차지하는 비율을 기술 혁신의 정도로 볼 수 있다. 따라서 본 연구는 5년 또는 2년 동안의 평균 피인용 횟수, 5년 또는 2년 이내에 피인용된 특허의 비율, 이렇게 네 가지 기준을 이용하여 기술 혁신의 정도를 평가하여 그 결과를 제시한다.[12] 전반적인 흐름은 네 가지 기준들 간에 큰 차이가 없다. 따라서 본문에서는 특허 출원 후 5년 동안의 평균 피인용 횟수를 중점적으로 사용하여 분석을 진행했으며, 다른 세 가지 기준에 따른 결과들은 부록에 첨부하였다.

1) 각국의 기간별 특허의 질 비교

표 2-2는 각 나라 특허들의 기간별 5년간 평균 피인용 횟수를 정리한 것으로, 괄호 안에는 표준오차가 제시되어 있다. 표 2-2의 수치들은 1980년에서 2014년까지의 특허 데이터를 이용하여 계산한 값이며, 5년 동안의 피인용 횟수를 측정하는 과정에서 마지막 5년(2010-2014) 동안의 데이터는 생략되었다. 이는 최근 2010-2014년에 출원된 특허들의 경우 피인용된 기간이 충분하지 않기 때문이다. 2절에서 밝혔듯이 특허의 국적은 해당 특허의 발명자 정보에 첫 번째로 기입된 발명자의 위치 정보로 부여되었다. 예를 들어 첫 번째 발명자의 위치 정보가 한국이고,

12 회귀분석에서는 이에 더하여 피인용 횟수를 조정한 변수도 사용하였다.

두 번째 발명자의 위치 정보가 미국일 경우 해당 특허는 한국 특허로 분류하였다. 그림 2-1은 표 2-2의 내용을 도식화하여 보여 준다. 비교의 편의를 위해 미국의 기간별 평균 피인용 횟수가 벤치마크로서 점선으로 제시되어 있으며, 각국의 기간별 평균 피인용 횟수는 실선으로 나타내었다.

Kwon et al.(2015)에 의하면, 미국 특허의 질적 수준이 다른 나라들에 비해 꾸준히 우위를 점하고 있으나, 아시아 신흥국 특허의 질적 수준이 빠르게 향상되면서 미국과 아시아 신흥국들 사이의 질적 격차가 줄어들었다. 특허의 질에서 특히 한국과 대만은 1990년대에 미국과 격차를 빠르게 줄였으며, 중국은 2000년대에 들어 미국과 격차를 줄여 나가고 있다. 또한 Kwon et al.(2015)은 상대적으로 기술이 진보된 유럽 국가들과 일본 특허의 질적 수준이 감소하고 있음을 밝혔다. 이러한 사실들은 구체적인 부분에서는 조금씩 차이가 있을 수 있으나, 2011-2014년의 데이터가 추가된 본 연구에서도 유사하게 나타나고 있다.

그림 2-1과 표 2-2의 결과를 살펴보면 다음과 같은 사실들을 확인할 수 있다. 우선 1980년대와 1990년대까지 아시아 신흥국들의 특허 질이 빠른 속도로 향상되었다. 다른 대부분의 나라들이 해당 기간 동안 1에서 2 정도의 평균 피인용 횟수 증가를 보인 반면, 한국은 0.84에서 3.48로 2.64의 평균 피인용 횟수 증가를, 대만은 1.12에서 4.16으로 3.04의 평균 피인용 횟수 증가를 보였다. 2절에서 살펴본 바에 의하면 한국과 대만은 출원되는 특허 수가 가장 빠르게 증가하고 있는 국가들에 해당한다. 따라서 이러한 사실은 한국과 대만의 특허가 양적인 부분만이 아니라 질적인 부분에서도 빠르게 증가했음을 시사한다.

두 번째로, 일본과 유럽 국가들의 기술 혁신 정도가 미국에 비해 상대적으로 감소하고 있음을 알 수 있다. 일본 특허의 경우 1980년대 초 평균 피인용 횟수가 2.32로 해당 기간 미국 특허의 평균 피인용 횟수

(1.83)를 상회하고 있었다. 그러나 1990년대에 들어서면서 미국에 대한 특허 질의 우위를 잃은 이후 지속적으로 미국과의 평균 피인용 횟수 격차가 벌어지고 있다. 유럽 국가들의 경우에도 이와 유사한 결과가 나타나고 있다. 독일, 프랑스, 영국과 그 밖의 EU 국가들은 1980년대 초 특허의 질적 수준이 미국과 유사했다. 그러나 미국 특허와의 질적 격차가 점차 커지면서 2000년대에 들어서는 1에서 2 이상의 평균 피인용 횟수 차이를 보이고 있다.

세 번째로, 중국과 호주는 2000년대에 특허의 평균 피인용 횟수가 빠르게 증가하고 있다. 중국은 1990년대 후반 평균 피인용 횟수가 2.12 정도로 미국과 2.78 정도의 큰 차이를 보이고 있었으나, 그 격차는 2000년대에 빠르게 줄어들어 2000년대 후반에 이르면 1.26 정도의 차이만 보였다. 호주의 경우에도 꾸준히 특허의 질적 향상을 보이고 있다. 1990년대 후반 미국에 비해 1.89만큼 뒤처져 있던 평균 피인용 횟수의 격차가 크게 줄어들어, 2000년대 후반에는 미국과 0.5 정도의 차이만 나는 상황이다.

마지막으로 미국 특허의 질적인 우위가 전 기간에 걸쳐 지속적으로 나타남을 알 수 있다. 1980년대에는 일본이 유일하게 미국보다 높은 평균 피인용 횟수를 보였으나, 이는 곧 역전되어 이후 미국이 다른 국가들에 비해 질적 우위를 점하고 있다. 미국과 가장 유사한 특허의 질적 수준을 보유한 국가는 이스라엘로, 평균 피인용 횟수에서 미국과 가장 근소한 차이를 유지하고 있다. 2000년대 후반에는 이스라엘이 미국보다 평균 피인용 횟수가 다소 높게 나타나고 있기도 하다.

이러한 분석 내용은 Kwon et al.(2015)에서 밝힌 결과를 추가적인 데이터를 활용해 다시금 확인한 것이라 볼 수 있다. 그러나 앞으로 4절에서는 주요 5개국(미국, 일본, 한국, 대만, 중국)에 대해 보다 중점적으로 분석할 예정이다. 구체적으로는 국가별 분석을 넘어서 각국의 산업별

[표 2-2] 국가별 특허 출원 후 5년간 평균 피인용 횟수

국가	연도					
	1980-1984	1985-1989	1990-1994	1995-1999	2000-2004	2005-2009
미국 (US)	1.83 (0.01)	2.66 (0.01)	3.44 (0.01)	4.9 (0.01)	4.41 (0.01)	3.94 (0.01)
일본 (JP)	2.32 (0.01)	3.12 (0.01)	3.16 (0.01)	3.84 (0.01)	3.15 (0.01)	2.18 (0.01)
독일 (DE)	1.55 (0.01)	1.94 (0.01)	2.03 (0.02)	2.53 (0.02)	2.11 (0.02)	1.72 (0.02)
유럽연합 (EU)	1.45 (0.02)	1.81 (0.02)	2.05 (0.02)	2.85 (0.03)	2.45 (0.02)	2.23 (0.03)
한국 (KR)	0.84 (0.12)	1.71 (0.09)	2.86 (0.07)	3.48 (0.04)	3.11 (0.03)	2.14 (0.02)
대만 (TW)	1.12 (0.08)	1.84 (0.06)	2.49 (0.05)	4.16 (0.05)	3.06 (0.03)	2.06 (0.03)
프랑스 (FR)	1.52 (0.02)	1.93 (0.02)	2.1 (0.03)	2.69 (0.03)	2.15 (0.03)	1.78 (0.03)
영국 (GB)	1.66 (0.02)	2.17 (0.03)	2.38 (0.03)	3.19 (0.04)	2.96 (0.04)	2.81 (0.04)
캐나다 (CA)	1.49 (0.03)	2.09 (0.03)	2.63 (0.04)	3.77 (0.05)	3.43 (0.04)	3.14 (0.05)
스위스 (CH)	1.39 (0.03)	1.88 (0.03)	2.02 (0.04)	2.49 (0.05)	1.94 (0.04)	1.95 (0.06)
중국 (CN)	0.43 (0.3)	1.72 (0.21)	1.84 (0.18)	2.12 (0.15)	2.56 (0.1)	2.68 (0.07)
이스라엘 (IL)	1.57 (0.09)	2.33 (0.08)	3.05 (0.1)	4.64 (0.14)	4.45 (0.1)	4.17 (0.1)
호주 (AU)	1.24 (0.05)	1.68 (0.05)	2.23 (0.08)	3.01 (0.09)	3.16 (0.09)	3.44 (0.09)
인도 (IN)	0.88 (0.23)	1.18 (0.23)	2.11 (0.4)	2.36 (0.22)	1.84 (0.11)	2.24 (0.09)
구소련 (FSU)	0.78 (0.04)	1.03 (0.06)	1.39 (0.1)	2.72 (0.14)	2.43 (0.13)	2.55 (0.16)
기타 (RW)	1.0 (0.03)	1.43 (0.03)	1.94 (0.06)	3.12 (0.08)	2.8 (0.06)	2.5 (0.06)

참고: 괄호 안의 숫자는 표준오차(standard errors)이다.

미국(US)과 일본(JP)

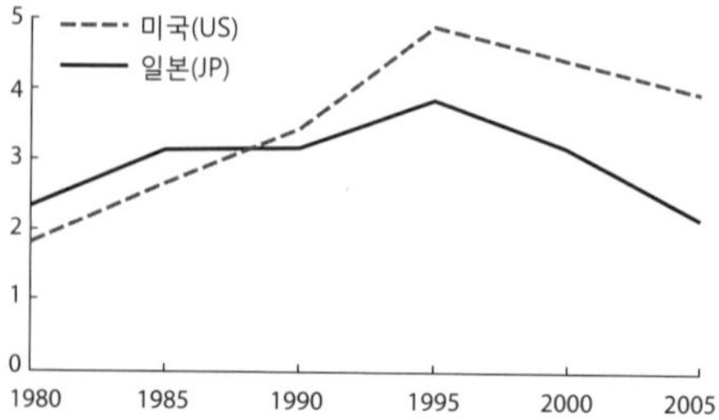

미국(US)과 독일(DE)

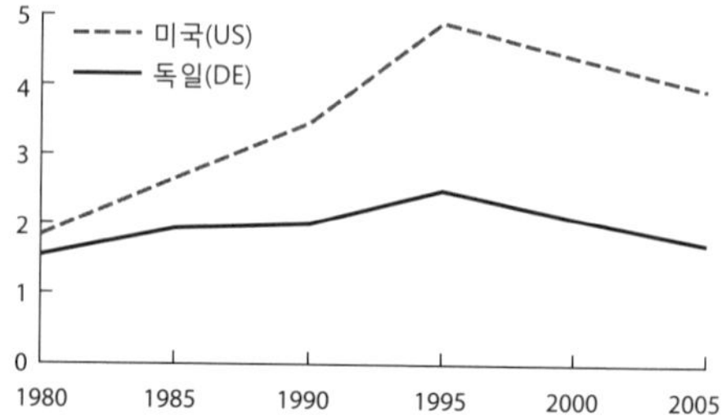

미국(US)과 유럽연합(EU)

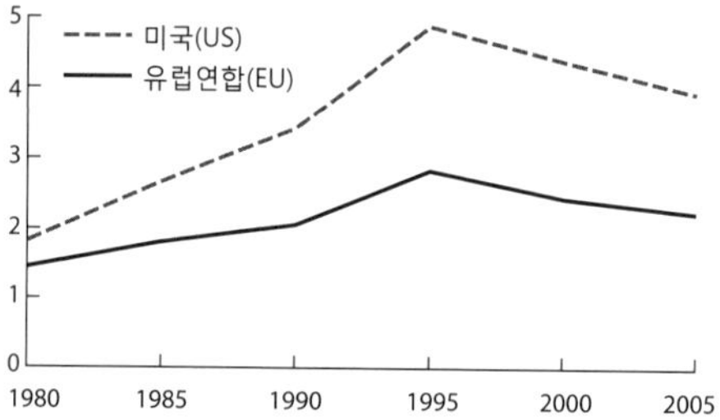

미국(US)과 한국(KR)

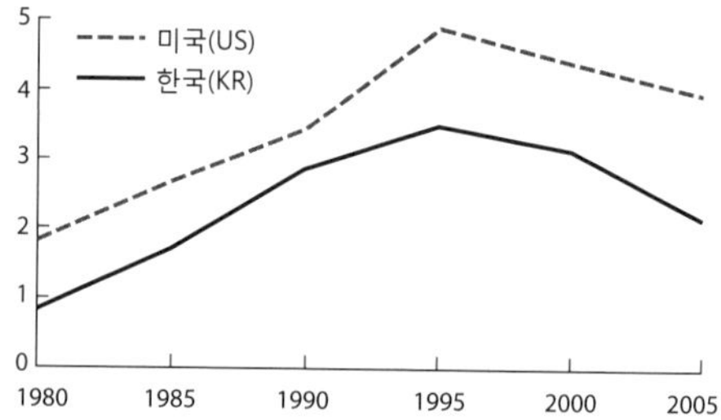

미국(US)과 대만(TW)

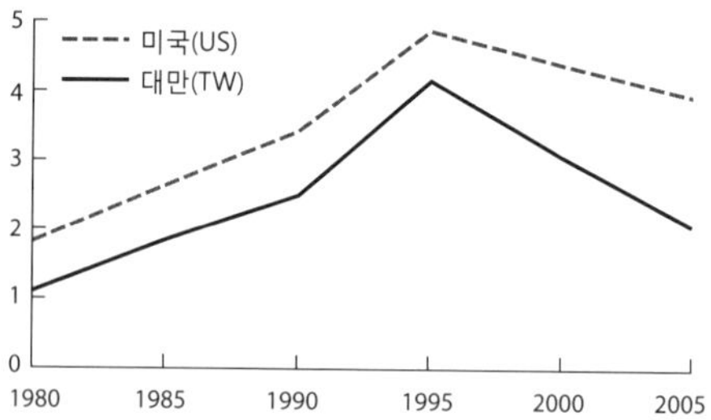

미국(US)과 프랑스(FR)

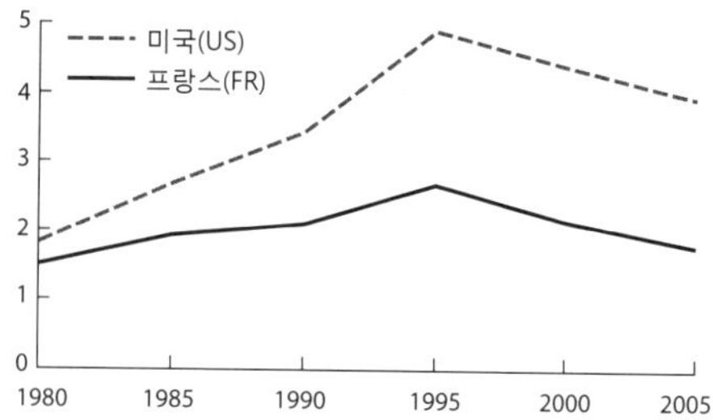

미국(US)과 영국(GB)

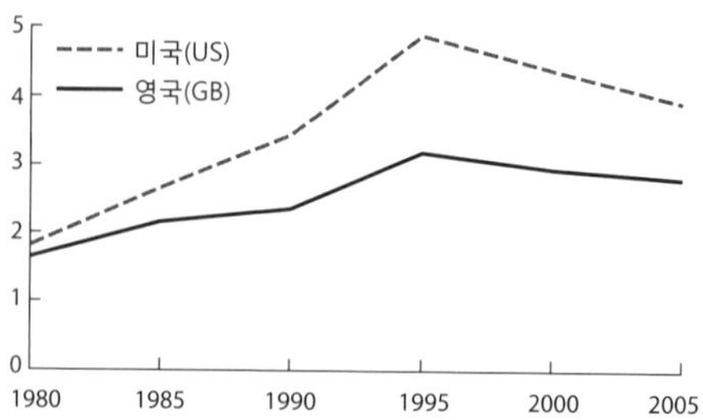

미국(US)과 캐나다(CA)

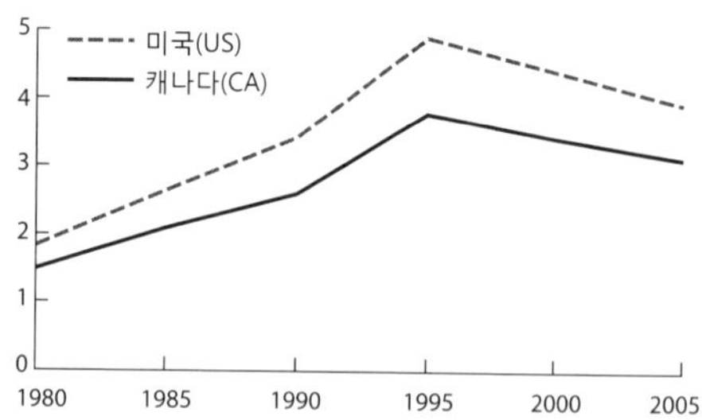

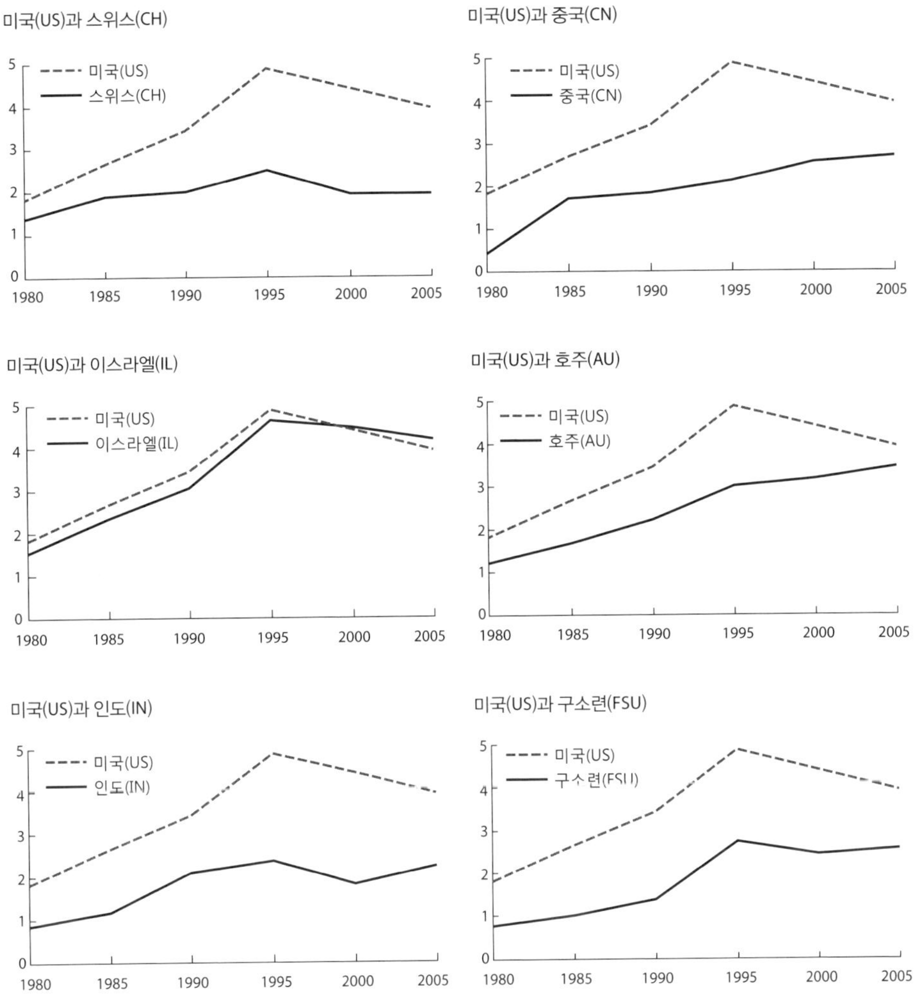

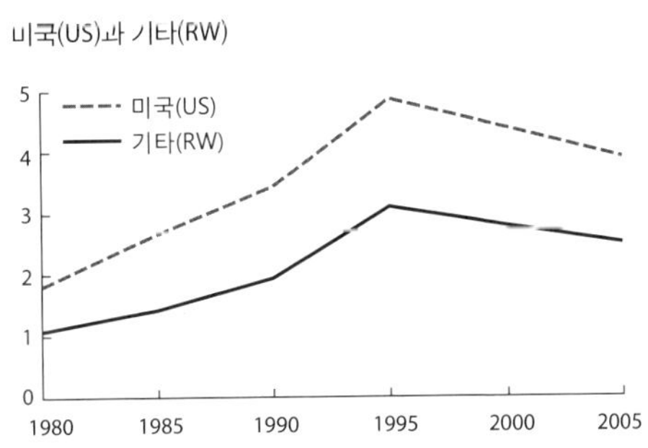

[그림 2-1] 미국과 각 국가들의 특허 출원 후 5년간 평균 피인용 횟수 비교

특허 질이 어떠한 양상을 띠고 있는지 살펴볼 것이며, 이러한 산업별 분석은 국가별 분석에 그친 Kwon et al.(2015)과 비교하여 본 연구의 가장 큰 기여라고 할 수 있다.

2) 회귀분석

이제 국가별 특허의 질을 단순 통계량을 통해 분석하는 것에서 더 나아가 계량 모형을 이용하여 분석할 것이다. 이를 통해 각 국가가 출원한 특허의 질을 시기별로 구체적으로 알아본다. 분석을 위해 Kwon et al.(2015)에서 제시한 모형을 이용하였다. 이는 고정효과를 고려한 패널 모형으로 미국을 기준으로 그 밖의 15개 국가 분류에 대하여 비교·분석한다. Kwon et al.(2015)에서는 종속변수로서 로그를 취한 평균 피인용 횟수(average citations)와 로그를 취한 조정된 평균 피인용 횟수(weighted average citations)를 사용하였다. 본 연구에서는 이와 더불어 피인용 빈도(frequency)를 종속변수로 사용하였다. Kwon et al.(2015)에서 특허 등재일로부터 2년 이내에 피인용된 횟수만을 분석대상으로 한 것과 달리 본 연구에서는 그 기간을 5년으로 설정하였다. 이는 본 연구에서 추가로 자료를 확보하여 기간을 5년으로 확장해도 2010년까지를 분석대상으로 포함할 수 있기 때문이다. 아래의 표 2-3 및 회귀분석 결과 표 2-4와 표 2-5에서 확인할 수 있듯이 피인용 기간을 다르게 설정하더라도 결과에 큰 차이가 없었다. 구체적인 모형은 다음과 같다.

$$Y_{cst} = a_0 + \sum_{i=1}^{36} a_i s_i + \sum_{i=1}^{29} \beta_i t_i + \sum_{i=1}^{7} \eta_i X_{c\{80+5(i-1)\}} + \epsilon_{cst}$$

여기서 Y_{cst}의 아래첨자인 cst는 각각 국가, sub-category, 연도[13]를 의미한다. 만약 $Y_{us,19,\ 2000-2004}$라면 미국의 sub-category가 19인 2000년

에서 2004년까지의 로그를 취한 평균 피인용 횟수(혹은 로그를 취한 조정된 평균 피인용 횟수, 피인용 빈도)를 나타낸다. $\{s_i\}_{i=1}^{36}$은 36개의 sub-category 더미 변수를 의미하며,[14] $\{t_i\}_{i=1}^{29}$[15]은 29개의 연도 더미 변수이다. 그리고 DiD 추정치를 얻기 위해 다음과 같은 벡터를 정의하였다.

$$X_{c\{80+5(i-1)\}} = \begin{pmatrix} 1c = JP, 1980 + 5(i-1) \leq t \leq 1980 + 5i \\ \vdots \\ 1c = JP, 1980 + 5(i-1) \leq t \leq 1980 + 5i \end{pmatrix}$$

1{ • }은 지시함수로서 미국을 제외한 각 시기별 해당 국가에서만 1의 값을 갖는다. 예를 들어 $X_{c2000-2004}$는 2000년에서 2004년 일본의 경우 맨 첫 번째만 1이고 나머지는 0의 값을 갖는 벡터이다. Kwon et al.(2015)에서는 분석 시기를 10년 단위[16]로 설정한 것과 달리 본 연구에서는 5년 단위로 세분화하였다. 이는 서론에서 밝힌 바와 같이 주요 관심 5개국의 1990년대 이후 특허 질의 변화를 보다 잘 이해하기 위해서이다. 또한 5년을 단위로 할 경우 1980년부터 2014년까지 보다 확장된 시기를 분석 대상으로 포함시킬 수 있다는 큰 장점이 있다.

첫 번째로 사용한 종속변수인 '로그를 취한 평균 피인용 횟수'란 특정 국가의 특정 시기의 해당 산업분류의 5년 이내 평균 피인용 횟수

13 여기서 연도란 자료에서 밝힌 바와 같이 '특허가 등재된 연도'를 말한다. 또 다른 분석 방법으로 '특허 신청 연도'를 기준으로 선정해 볼 수 있다.

14 Sub-category는 자료 부분에서 밝혔듯이 NBER에서 제시하는 방식을 따랐으며, 총 37개의 종류가 있다. 여기서 다중공선성 문제로 인해 총 36개만 설명변수로 포함하였다.

15 마찬가지 이유로 30개 중 29개만 설명변수로 사용하였다.

16 1980-1989년, 1990-1999년, 2000-2009년을 의미한다.

에 로그를 취한 값을 말한다. 세 번째 종속변수인 '평균 피인용 빈도'란 마찬가지로 해당 카테고리의 특허 중 5년 이내에 한 번이라도 인용된 적이 있는 특허의 비율이다. 마지막으로 두 번째 종속변수인 '로그를 취한 조정된 평균 피인용 횟수'는 보다 구체적인 설명이 필요하다. 조정된 평균 피인용 횟수는 아래와 같이 정의하였다.

$$\frac{\textit{Average citations, excluding citations made by patents from } (c,s)}{1 - \dfrac{\#\textit{ of patents in the } (c,s,t) \textit{ cell}}{\textit{Total }\#\textit{ of patents in grant year } t}}$$

단순한 특허 피인용 횟수의 경우 그 숫자가 해당 국가 혹은 산업의 규모에 크게 영향을 받아 편향되어 있을 가능성이 크다. 예를 들어 중국 특허의 경우 다른 국가보다는 중국의 특허를 인용하기 쉽다. 또한 다른 산업분류의 특허보다는 비슷한 산업분류 혹은 동일한 산업분류의 특허를 인용할 가능성이 크다. 이때 만약 중국의 특정 산업의 규모가 크다면 종속변수의 값이 크게 나타날 것이며, 이에 대한 조정이 이루어지지 않은 종속변수를 사용할 경우 중국 특허의 질이 높다는 결론으로 이어진다. 특히 서론에서 밝힌 바와 같이 특허의 양적 성장은 결코 질적 성장과 동일시되어서는 안 된다. 그러나 이 경우 특정 국가의 특허의 양적 성장이 곧 질적 성장으로 해석될 여지가 있다. 따라서 종속변수를 조정해 주는 것이 필요하다. 위에서 정의한 바와 같이 조정된 종속변수란 등재일로부터 5년 이내에 인용된 횟수만을 고려하되, 같은 국가 및 같은 산업분류 내에서 인용한 횟수는 제외하였다. 그리고 이후 다시 국가와 산업분류 및 해당 연도의 특허의 숫자, 즉 코호트 크기로 크기를 보정하였다.

Kwon et al.(2015)과 비교하기 위해 우선 해당 논문의 회귀분석 결과를 표 2-3에 인용하였다. 그리고 Kwon et al.(2015)과의 비교를 위해 본 연구에서 제시한 방법인 5년 동안의 평균 피인용 횟수와 조정된 평균 피인용 횟수에 대해 10년 단위로 분석을 시행한 결과를 표 2-4와 표 2-5에 수록하였다. 확인해 보면 추정된 계수가 일치하지 않음을 알 수 있다. 이는 앞에서 밝힌 바와 같이 Kwon et al.(2015)에서는 승인된 후 2년 이내의 피인용 횟수만을 고려 대상으로 삼고, 본 연구에서는 이를 5년 이내의 피인용 횟수로 확장했기 때문이다. 하지만 전반적인 추이는 유사하다. 예를 들어 표 2-3에서 로그를 취한 평균 피인용 횟수로 회귀분석을 시행한 결과 일본의 추정된 계수가 0.203에서 -0.26으로 급격히 하락하였다. 이는 표 2-4에서도 동일하게 확인되는데 1980년에서 1999년까지 추정된 계수는 0.12였으나 2000년에서 2009년에는 -0.44까지 하락하였다. 다음으로 본 연구에서 중점적으로 다루고자 하는 세 가지 종속변수에 대한 5년 단위의 회귀분석 결과는 표 2-6에서 표 2-8에 정리되어 있으며, 아시아 주요 국가에 대한 추정 계수치를 쉽게 비교하기 위해 그래프를 해당 절 마지막 부분에 첨부하였다.

로그를 취한 평균 피인용 횟수, 로그를 취한 조정된 평균 피인용 횟수, 피인용 빈도를 각각 종속변수로 한 회귀분석을 실시하였고, 각 종속변수에 대해 추정치 $\{n_i\}_{i=1}^{7}$를 얻었다. 표 2-6부터 표 2-8과 그림 2-2부터 그림 2-4는 순서대로 회귀분석의 결과를 표와 그래프로 나타낸 것으로, 윗줄은 추정된 계수(coefficients)이며 아랫줄의 괄호 안 숫자는 표준오차(standard errors)이다. 그리고 표 뒤에 첨부된 그래프는 우리가 특히 관심을 갖는 미국을 제외한 아시아의 4개국(일본, 한국, 대만, 중국)을 비교하기 위해 추정된 계수를 막대그래프로 나타낸 것이다. 주요 결과를 요약하면 다음과 같다.

우선 한국과 대만의 특허의 질은 1990년대에 급격히 상승하였다가 2000년대부터 성장세가 둔화되고 있다. 표 2-6을 보면 한국의 1980년대 추정치는 -0.51이고 대만의 경우 1980-1984년의 추정치는 -0.6

[표 2-3] Kwon et al.(2015)의 회귀분석 결과

국가	종속변수:					
	평균 로그 인용			조정된 평균 로그 인용		
	(1)	(2)	(3)	(4)	(5)	(6)
	1980-1989	1990-1999	2000-2009	1980-1989	1990-1999	2000-2009
일본 (JP)	.203*** (.051)	-.079 (.041)	-.260*** (.048)	.354*** (.049)	.131*** (.034)	-.081* (.040)
독일 (DE)	-.150** (.049)	-.363*** (.037)	-.529*** (.046)	.251*** (.046)	.072 (.038)	-.119** (.038)
유럽연합 (EU)	-.272*** (.051)	-.391*** (.040)	-.471*** (.050)	.258*** (.046)	.137** (.044)	.003 (.062)
프랑스 (FR)	-.293*** (.048)	-.438*** (.042)	-.616*** (.039)	.262*** (.046)	.079 (.046)	-.138** (.049)
영국 (GB)	-.151* (.067)	-.304*** (.049)	-.344*** (.044)	.397*** (.056)	.277*** (.044)	.197*** (.060)
대만 (TW)	-.605*** (.080)	-.000 (.082)	-.266** (.086)	-.225** (.071)	.302*** (.057)	-.000 (.062)
한국 (KR)	-1.359*** (.142)	-.282*** (.069)	-.380*** (.052)	-.885*** (.155)	.157 (.081)	-.022 (.057)
캐나다 (CA)	-.281*** (.051)	-.221*** (.046)	-.218*** (.044)	.300*** (.049)	.351*** (.045)	.287*** (.060)
스위스 (CH)	-.202* (.084)	-.399*** (.056)	-.678*** (.058)	.298*** (.078)	.107 (.063)	-.221** (.069)
호주 (AU)	-.747*** (.084)	-.605*** (.068)	-.352*** (.091)	-.116 (.088)	.039 (.083)	-.071 (.161)
이스라엘 (IL)	-.634*** (.109)	-.413*** (.088)	-.280*** (.077)	-.067 (.105)	.177 (.104)	.269** (.087)
중국 (CN)	-1.985*** (.202)	-1.529*** (.178)	-.338* (.149)	-1.427*** (.211)	-.975*** (.163)	.106 (.126)
인도 (IN)	-2.088*** (.230)	-1.450*** (.164)	-.890*** (.148)	-1.663*** (.184)	-.983*** (.187)	-.490* (.209)
구소련 (FSU)	-1.373*** (.106)	-1.220*** (.140)	-.886*** (.123)	-.880*** (.136)	-.725*** (.172)	-.469** (.143)
기타 (RW)	-.711*** (.060)	-.526*** (.051)	-.410*** (.053)	-.120 (.064)	.100 (.065)	.156** (.055)

참고: 1. (1)-(3)열에 표시된 숫자는 로그 평균을 취한 피인용 횟수를 종속변수로 취한 이중차분모형 추정 계수를 나타내며, (4)-(6)열은 조정된 로그 평균 피인용 횟수를 종속변수로 취한 결과이다.
* 유의확률 〈 0.05, ** 유의확률 〈 0.01, *** 유의확률 〈 0.001
2. 괄호 안에 표시된 숫자는 표준오차(standard errors)이다.
3. 연도와 산업분류(sub-category)를 더미변수로 포함하였다.
4. 표준오차는 국가와 산업분류(sub-category)별로 군집(clustered)하였다.
5. 각 코호트(cohort)별 샘플 사이즈로 가중치를 두어 분석하였다.
6. 총 샘플 사이즈는 15,746이다.
7. 첫 번째와 두 번째 회귀분석에서 평균 피인용 횟수가 0인 경우는 각각 1,781개와 1,972개가 있었으며, 각 분석에서 0.018과 0.014로 대체되었다.

출처: Kwon et al.(2015)의 Table 2 인용.

이다. 그러나 1990년대 들어 한국의 추정치는 -0.43까지, 대만의 경우 -0.21까지 상승했음을 확인할 수 있다. 특히 한국과 대만의 경우 추정된 계수들의 모든 유의확률(p-value)이 0.01 미만으로 유의하다는 점을 고려하면 두 국가가 해당 기간 동안 괄목할 만한 성장을 이루었음을 짐작할 수 있다. 이는 조정된 평균 피인용 횟수를 종속변수로 한 회귀분석 결과를 나타낸 표 2-7에서도 확인할 수 있다. 한국의 경우 1985-1989년 사이 추정된 계수가 0.56이었지만 1990-2004년에 추정치는 약 0.7로 올랐음을 확인할 수 있다. 다만 1980-1984년의 경우 추정된 계수가 1.6으로 매우 높다. 앞서 조정되기 전 추정치의 경우 1980-1984년과 1985-1989년에 추정된 계수가 동일했던 것과 상반된 결과다. 이는 해당 시기 한국에서 코호트 외 인용이 활발하게 이루어졌음을 의미한다. 대만은 조정된 후 추정된 계수의 변화 추이가 이전과 유사하게 1990년대까지 증가하다가 이후 감소한다. 다만 한국과 대만에 대하여 2000년대 이후 추정된 계수의 크기가 감소하는 것을 근거로 특허 질의 성장세가 급격히 감소하고 있다고 단정 짓기에는 다소 무리가 있다. 본 연구에서는 DiD 모형을 통해 미국 대비 해당 국가가 어느 정도의 성과를 보이고 있는가를 측정하고 있다. 회귀분석 결과들을 보면 2000년대 이후 대

[표 2-4] 회귀분석(로그 평균 피인용 횟수, 10년)

국가	연도		
	1980-1989	1990-1999	2000-2009
일본(JP)	0.12 (0.04)	-0.21 (0.04)	-0.44 (0.04)
독일(DE)	-0.18 (0.04)	-0.44 (0.03)	-0.61 (0.04)
유럽연합(EU)	-0.27 (0.04)	-0.45 (0.04)	-0.52 (0.05)
한국(KR)	-0.49 (0.07)	-0.47 (0.06)	-0.57 (0.05)
대만(TW)	-0.4 (0.05)	-0.24 (0.07)	-0.5 (0.07)
프랑스(FR)	-0.26 (0.04)	-0.47 (0.04)	-0.66 (0.04)
영국(GB)	-0.13 (0.05)	-0.34 (0.04)	-0.34 (0.04)
캐나다(CA)	-0.21 (0.04)	-0.2 (0.04)	-0.2 (0.04)
스위스(CH)	-0.2 (0.05)	-0.44 (0.05)	-0.65 (0.04)
중국(CN)	-0.67 (0.15)	-0.73 (0.07)	-0.42 (0.08)
이스라엘(IL)	-0.25 (0.08)	-0.24 (0.06)	-0.12 (0.05)
호주(AU)	-0.43 (0.04)	-0.44 (0.04)	-0.28 (0.07)
인도(IN)	-0.51 (0.12)	-0.7 (0.12)	-0.84 (0.16)
구소련(FSU)	-0.91 (0.06)	-0.8 (0.08)	-0.64 (0.08)
기타(RW)	-0.54 (0.04)	-0.49 (0.04)	-0.45 (0.05)

참고: 1. 괄호 안에 표시된 숫자는 표준오차(standard errors)이다.
2. 연도와 산업분류(sub-category)를 더미변수로 포함하였다.
3. 표준오차는 국가와 산업분류(sub-category)별로 군집(clustered)하였다.
4. 각 코호트(cohort)별 샘플 사이즈로 가중치를 주어 분석하였다.
5. 이스라엘 2000-2009년을 제외한 추정치에 대하여 유의확률 〈 0.01이다.

[표 2-5] 회귀분석(로그 조정된 평균 피인용 횟수, 10년)

국가	연도		
	1980-1989	1990-1999	2000-2009
일본(JP)	0.04 (0.01)	-0.02 (0.01)	-0.06 (0.01)
독일(DE)	-0.03 (0.01)	-0.08 (0.01)	-0.12 (0.01)
유럽연합(EU)	-0.06 (0.01)	-0.09 (0.01)	-0.12 (0.01)
한국(KR)	-0.1 (0.03)	-0.08 (0.01)	-0.1 (0.01)
대만(TW)	-0.09 (0.01)	-0.04 (0.01)	-0.09 (0.02)
프랑스(FR)	-0.05 (0.01)	-0.09 (0.01)	-0.13 (0.01)
영국(GB)	-0.03 (0.01)	-0.06 (0.01)	-0.07 (0.01)
캐나다(CA)	-0.04 (0.01)	-0.03 (0.01)	-0.02 (0.01)
스위스(CH)	-0.04 (0.01)	-0.08 (0.01)	-0.11 (0.01)
중국(CN)	-0.13 (0.04)	-0.13 (0.02)	-0.06 (0.02)
이스라엘(IL)	-0.02 (0.02)	-0.03 (0.01)	-0.01 (0.01)
호주(AU)	-0.09 (0.01)	-0.07 (0.01)	-0.07 (0.01)
인도(IN)	-0.16 (0.04)	-0.12 (0.03)	-0.13 (0.03)
구소련(FSU)	-0.21 (0.02)	-0.15 (0.02)	-0.13 (0.02)
기타(RW)	-0.13 (0.01)	-0.11 (0.01)	-0.09 (0.01)

참고: 1. 괄호 안에 표시된 숫자는 표준오차(standard errors)이다.
2. 연도와 산업분류(sub-category)를 더미변수로 포함하였다.
3. 표준오차는 국가와 산업분류(sub-category)별로 군집(clustered)하였다.
4. 각 코호트(cohort)별 샘플 사이즈로 가중치를 주어 분석하였다.
5. 영국 1980-1989년, 캐나다 2000-2009년, 이스라엘 1980-1989년과 2000-2009년, 중국 2000-2009년을 제외한 추정치는 유의확률 〈 0.01이다.

[표 2-6] 회귀분석(로그 평균 피인용 횟수)

국가	연도					
	1980-1984	1985-1989	1990-1994	1995-1999	2000-2004	2005-2009
일본(JP)	0.17 (0.06)	0.09 (0.04)	-0.13 (0.03)	-0.28 (0.04)	-0.34 (0.05)	-0.56 (0.05)
독일(DE)	-0.11 (0.05)	-0.23 (0.04)	-0.38 (0.04)	-0.48 (0.04)	-0.56 (0.05)	-0.66 (0.05)
유럽연합(EU)	-0.19 (0.04)	-0.33 (0.04)	-0.43 (0.04)	-0.47 (0.04)	-0.53 (0.06)	-0.5 (0.05)
한국(KR)	-0.51 (0.15)	-0.51 (0.07)	-0.43 (0.07)	-0.49 (0.06)	-0.43 (0.05)	-0.67 (0.06)
대만(TW)	-0.6 (0.11)	-0.37 (0.05)	-0.32 (0.06)	-0.21 (0.07)	-0.36 (0.06)	-0.62 (0.08)
프랑스(FR)	-0.19 (0.04)	-0.32 (0.04)	-0.44 (0.03)	-0.5 (0.04)	-0.61 (0.05)	-0.72 (0.05)
영국(GB)	-0.07 (0.06)	-0.18 (0.04)	-0.31 (0.04)	-0.36 (0.04)	-0.37 (0.05)	-0.31 (0.04)
캐나다(CA)	-0.21 (0.06)	-0.22 (0.04)	-0.21 (0.04)	-0.2 (0.05)	-0.21 (0.06)	-0.2 (0.04)
스위스(CH)	-0.16 (0.06)	-0.23 (0.05)	-0.37 (0.05)	-0.5 (0.05)	-0.65 (0.05)	-0.65 (0.06)
중국(CN)	-0.26 (0.32)	-0.7 (0.15)	-0.66 (0.09)	-0.78 (0.08)	-0.44 (0.1)	-0.45 (0.09)
이스라엘(IL)	-0.27 (0.07)	-0.25 (0.09)	-0.26 (0.06)	-0.23 (0.06)	-0.17 (0.08)	-0.08 (0.05)
호주(AU)	-0.41 (0.06)	-0.45 (0.04)	-0.46 (0.06)	-0.42 (0.04)	-0.36 (0.08)	-0.24 (0.07)
인도(IN)	-0.53 (0.17)	-0.5 (0.14)	-0.67 (0.2)	-0.71 (0.13)	-0.89 (0.12)	-0.84 (0.18)
구소련(FSU)	-0.86 (0.07)	-0.99 (0.06)	-1.05 (0.1)	-0.63 (0.07)	-0.69 (0.08)	-0.6 (0.13)
기타(RW)	-0.47 (0.05)	-0.6 (0.04)	-0.56 (0.04)	-0.45 (0.05)	-0.45 (0.07)	-0.47 (0.05)

참고: 1. 괄호 안에 표시된 숫자는 표준오차(standard errors)이다.
2. 연도와 산업분류(sub-category)를 더미변수로 포함하였다.
3. 표준오차는 국가와 산업분류(sub-category)별로 군집(clustered)하였다.
4. 각 코호트(cohort)별 샘플 사이즈로 가중치를 주어 분석하였다.
5. 일본 1985-1989년, 독일 1980-1984년, 영국 1980-1984년, 이스라엘 2000-2004년과 2005-2009년, 중국 1980-1984년, 인도 1980-1984년을 제외한 추정치에 대하여 유의확률 〈 0.01이다.

[표 2-7] 회귀분석(로그 조정된 평균 피인용 횟수)

국가	연도					
	1980-1984	1985-1989	1990-1994	1995-1999	2000-2004	2005-2009
일본(JP)	0.73 (0.07)	0.65 (0.06)	0.74 (0.06)	0.65 (0.06)	0.51 (0.05)	0.39 (0.06)
독일(DE)	0.75 (0.04)	0.7 (0.04)	0.79 (0.04)	0.68 (0.04)	0.6 (0.05)	0.6 (0.04)
유럽연합(EU)	0.79 (0.05)	0.68 (0.04)	0.83 (0.05)	0.77 (0.05)	0.69 (0.04)	0.86 (0.06)
한국(KR)	1.6 (0.25)	0.56 (0.17)	0.7 (0.1)	0.69 (0.08)	0.71 (0.06)	0.46 (0.08)
대만(TW)	0.64 (0.22)	0.69 (0.08)	0.79 (0.08)	0.78 (0.08)	0.57 (0.06)	0.48 (0.07)
프랑스(FR)	0.84 (0.06)	0.76 (0.05)	0.83 (0.05)	0.8 (0.05)	0.66 (0.06)	0.59 (0.06)
영국(GB)	1 (0.05)	0.98 (0.04)	1.1 (0.04)	1.05 (0.05)	1.05 (0.04)	1.21 (0.06)
캐나다(CA)	0.82 (0.05)	0.86 (0.05)	1.14 (0.05)	1.13 (0.06)	1.1 (0.06)	1.15 (0.06)
스위스(CH)	0.77 (0.08)	0.79 (0.06)	0.84 (0.06)	0.84 (0.07)	0.7 (0.06)	0.7 (0.07)
중국(CN)	0 (0.00)	1.12 (0.18)	0.86 (0.27)	0.56 (0.12)	0.66 (0.21)	0.72 (0.08)
이스라엘(IL)	1.14 (0.14)	0.98 (0.09)	1.14 (0.08)	1.19 (0.11)	1.31 (0.07)	1.37 (0.08)
호주(AU)	0.76 (0.07)	0.68 (0.09)	0.94 (0.08)	0.93 (0.06)	0.89 (0.08)	0.76 (0.27)
인도(IN)	1.29 (0.07)	1.01 (0.32)	1.3 (0.13)	0.37 (0.2)	0.12 (0.18)	0.53 (0.23)
구소련(FSU)	0.28 (0.15)	0.39 (0.09)	0.44 (0.1)	0.83 (0.1)	0.82 (0.09)	0.92 (0.1)
기타(RW)	0.59 (0.08)	0.49 (0.06)	0.82 (0.05)	0.9 (0.08)	0.86 (0.05)	0.92 (0.07)

참고: 1. 괄호 안에 표시된 숫자는 표준오차(standard errors)이다.
2. 연도와 산업분류(sub-category)를 더미변수로 포함하였다.
3. 표준오차는 국가와 산업분류(sub-category)별로 군집(clustered)하였다.
4. 각 코호트(cohort)별 샘플 사이즈로 가중치를 주어 분석하였다.
5. 인도 1995-1999년, 2000-2004년, 2005-2009년과 구소련 1980-1984년을 제외한 추정치의 경우 유의확률 〈 0.01로 유의함을 확인하였다.
6. 중국 1980-1984년의 경우 조정 후 피인용 횟수가 0회였다.

[표 2-8] 회귀분석(피인용 빈도)

국가	연도					
	1980-1984	1985-1989	1990-1994	1995-1999	2000-2004	2005-2009
일본(JP)	0.05* (0.01)	0.04* (0.01)	-0.01 (0.01)	-0.03* (0.01)	-0.04* (0.01)	-0.08* (0.01)
독일(DE)	-0.02 (0.01)	-0.05* (0.01)	-0.08* (0.01)	-0.08* (0.01)	-0.11* (0.01)	-0.14* (0.01)
유럽연합 (EU)	-0.05* (0.01)	-0.08* (0.01)	-0.09* (0.01)	-0.09* (0.01)	-0.12* (0.01)	-0.11* (0.01)
한국(KR)	-0.18* (0.06)	-0.08* (0.03)	-0.07* (0.01)	-0.09* (0.01)	-0.07* (0.01)	-0.12* (0.01)
대만(TW)	-0.14* (0.03)	-0.08* (0.01)	-0.07* (0.01)	-0.03 (0.01)	-0.06* (0.01)	-0.11* (0.02)
프랑스(FR)	-0.04* (0.01)	-0.06* (0.01)	-0.09* (0.01)	-0.09* (0.01)	-0.12* (0.01)	-0.14* (0.01)
영국(GB)	-0.02 (0.02)	-0.04* (0.01)	-0.06* (0.01)	-0.06* (0.01)	-0.07* (0.01)	-0.06* (0.01)
캐나다(CA)	-0.04 (0.02)	-0.04* (0.01)	-0.04* (0.01)	-0.02 (0.01)	-0.03 (0.01)	-0.02 (0.01)
스위스(CH)	-0.02 (0.01)	-0.05* (0.01)	-0.08* (0.01)	-0.08* (0.01)	-0.11* (0.01)	-0.11* (0.01)
중국(CN)	-0.35 (0.17)	-0.12* (0.04)	-0.14* (0.02)	-0.11* (0.03)	-0.08* (0.03)	-0.05 (0.03)
이스라엘(IL)	-0.02 (0.03)	-0.02 (0.02)	-0.02 (0.01)	-0.04* (0.01)	-0.03 (0.02)	0 (0.01)
호주(AU)	-0.08 (0.02)	-0.09 (0.01)	-0.08 (0.02)	-0.06 (0.01)	-0.07 (0.02)	-0.07 (0.02)
인도(IN)	-0.15 (0.06)	-0.17* (0.05)	-0.12* (0.04)	-0.11* (0.04)	-0.16* (0.03)	-0.12* (0.03)
구소련(FSU)	-0.21* (0.02)	-0.2* (0.02)	-0.2* (0.03)	-0.11* (0.02)	-0.13* (0.02)	-0.12* (0.02)
기타(RW)	-0.12* (0.01)	-0.14* (0.01)	-0.12* (0.01)	-0.1* (0.01)	-0.09* (0.02)	-0.09* (0.01)

참고: 1. 괄호 안에 표시된 숫자는 표준오차(standard errors)이다.
2. 연도와 산업분류(sub-category)를 더미변수로 포함하였다.
3. 표준오차는 국가와 산업분류(sub-category)별로 군집(clustered)하였다.
4. 각 코호트(cohort)별 샘플 사이즈로 가중치를 주어 분석하였다.
5. 유의확률 〈 0.01인 추정치에 대해 *로 표시하였다.

[그림 2-2] 로그를 취한 평균 피인용 횟수

부분의 국가들의 추정치가 감소하고 있음을 확인할 수 있다. 따라서 한국과 대만의 성장세가 주춤한 것은 사실이지만 다른 국가들에 비해 상대적으로 성장세가 매우 저조하다고 결론짓기는 어렵다.

중국 특허의 질은 2000년대부터 비교적 가파르게 상승하고 있다. 첫 번째 종속변수인 평균 피인용 횟수를 기준으로 분석한 결과를 살펴보면, 표 2-6에서 확인할 수 있듯이 중국의 경우 1990년대 후반까지 추정치가 -0.78로 매우 낮았지만 2000년대에 -0.44까지 큰 폭으로 상승하였다. 이러한 경향성은 조정된 평균 피인용 횟수를 종속변수로 한 분석을 나타낸 표 2-7에서도 확인할 수 있는데, 다만 첫 번째 분석보다는 다소 상승폭이 작았다. 한 가지 유의할 점은 중국의 경우 앞서 한국에

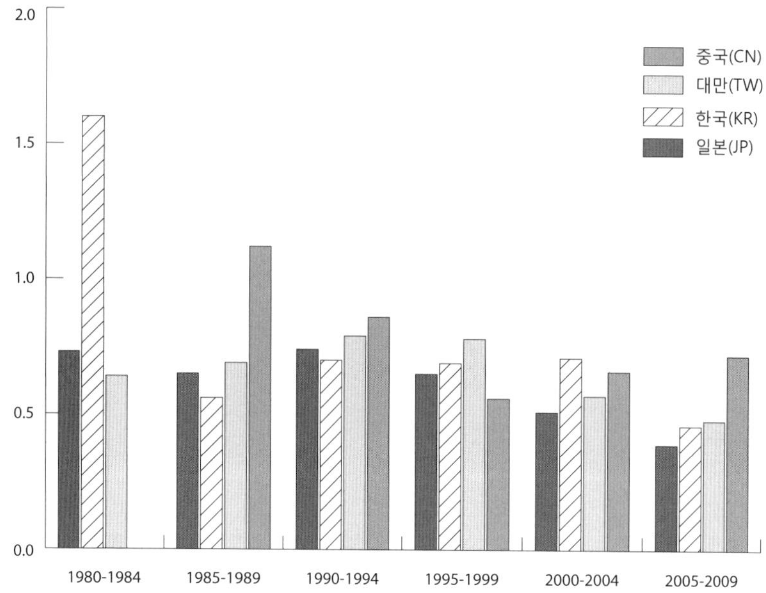

[그림 2-3] 로그를 취한 조정된 평균 피인용 횟수

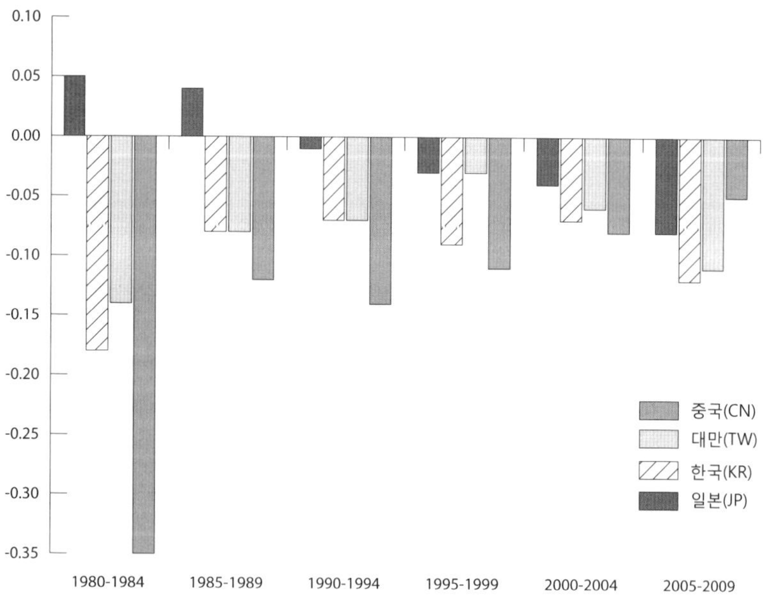

[그림 2-4] 피인용 빈도

서 1980-1984년의 조정된 평균 피인용 횟수가 높았던 것과 비슷하게 1985-1989년의 추정된 계수가 1.12로 매우 높은 편이다. 중국의 경우 한국에 비해 1990-1994년 동안의 추정치가 0.84로 여전히 높은 편이어서 이러한 현상이 비교적 장기간 지속되었음을 알 수 있다. 피인용 빈도를 종속변수로 한 회귀분석 결과를 나타낸 표 2-8에서도 중국의 2000년대의 성장세는 두드러진다. 1980년대 후반과 1990년대 초반의 추정치는 -0.12에서 -0.14였지만 2000년대 후반의 추정치는 -0.05까지 올랐다.

다음으로 일본은 앞의 세 국가와 달리 1980년대에 특허의 질적 수준이 가장 높았으나, 이후 꾸준히 하락하고 있음을 확인할 수 있다. 표 2-6에서 1980-1984년 일본의 추정치는 0.17로 미국에 비해 특허의 질이 높다고 여겨지는 유일한 국가였다. 그러나 2005-2009년의 추정치는 -0.56까지 하락하였다. 일본뿐 아니라 1980년대 초반 비교적 상위권 성적을 유지하던 독일, 유럽 국가에게서도 공통적으로 이러한 추세가 나타난다. 이는 종속변수와는 무관하게 세 가지 회귀분석 결과에서 공통적으로 얻을 수 있는 결론이다. 특히 앞서 분석한 다른 아시아의 세 국가의 경우 종속변수 선택 여부에 따라 특정 시기의 추세가 상이하게 나타난 것과 구분된다. 즉, 일본의 상대적인 특허의 질이 1980년대 이후 꾸준히 하락하고 있다는 것은 분석 결과 매우 유의하다.

마지막으로 미국 특허의 질은 다른 국가에 비해 분석 기간 동안 상대적으로 상승했음을 알 수 있다. 앞서 밝힌 바와 같이 본 모형은 미국과 비교한 상대적인 특허의 질을 측정한 것이다. 분석 첫 번째 기간인 1980년에서 1984년까지 미국에 비해 특허 수준이 높았던 국가는 일본뿐이었으며, 미국은 분석 초기부터 우위를 점하고 있었다. 그러나 이러한 추이는 분석 기간의 후반에 더욱 뚜렷해졌다. 표 2-6에서 2005-2009년의 추정치가 -0.4 이상인 경우는 4개국에 불과해 전반적인 추정치가 하락하고 있음을 확인할 수 있다.

4. 각국의 산업별 특허의 질 비교

현재 분석하고 있는 미국 특허 데이터는 유사 산업별로 묶을 수 있다. 이를 위한 특허 분류 방법은 다양하겠으나, 본 연구에서는 NBER의 분류 방법을 따르기로 한다. NBER은 USPTO의 특허 데이터를 크게 여섯 가지 분류로 나눈다. 분류 1은 화학(Chemical), 분류 2는 컴퓨터·통신(Computer and Communication), 분류 3은 의약·의료(Drugs and Medical), 분류 4는 전기·전자(Electrical and Electronic), 분류 5는 기계(Mechanical), 그리고 마지막으로 분류 6은 기타(Others)에 해당한다. 우선은 전체 국가의 특허가 산업별로 어떠한 피인용 횟수를 지니는지 살펴보도록 하자. 4절에서도 주된 분석은 특허 출원 후 5년 동안의 평균 피인용 횟수를 기준으로 이뤄질 것이다. 2년 평균 피인용 횟수, 5년 평균 피인용 특허의 비율, 그리고 2년 평균 피인용 특허 비율을 분석한 표는 부록에 첨부하였다.

표 2-9는 NBER의 분류 체계에 따라 각 산업별 평균 피인용 횟수가 어떻게 나타나는지 비교하고 있다. 이러한 표 2-9의 내용은 그림 2-5와 그림 2-6에서 도식화하였다. 시각적으로 비교가 용이하도록, 그림 2-6은 그림 2-5를 다시 평균 피인용 횟수가 높은 산업들(컴퓨터·통신, 의약·의료, 전기·전자)과 낮은 산업들(화학, 기계, 기타)로 나누어 표시한 것이다.

우선 평균 피인용 횟수는 모든 산업에서 1980년대부터 꾸준히 증가하다가 1990년대 후반을 기점으로 떨어지고 있다. 이 중에서 의약·의료 부문만 2000년대 후반 다시 평균 피인용 횟수가 조금 증가하는 추세를 보이고 있다. 평균 피인용 횟수가 가장 높은 분야는 컴퓨터·통신

[표 2-9] 산업별 특허 출원 후 5년간 평균 피인용 횟수

산업	연도					
	1980-1984	1985-1989	1990-1994	1995-1999	2000-2004	2005-2009
화학	1.75 (0.01)	2.28 (0.01)	2.47 (0.01)	2.99 (0.01)	2.32 (0.01)	1.85 (0.01)
컴퓨터 · 통신	3.08 (0.02)	4.18 (0.02)	5.52 (0.03)	7.12 (0.03)	5.67 (0.02)	4.2 (0.02)
의약 · 의료	1.89 (0.02)	2.94 (0.02)	3.91 (0.03)	4.34 (0.03)	2.99 (0.02)	3.49 (0.04)
전기 · 전자	2.07 (0.01)	2.82 (0.01)	3.32 (0.01)	4.67 (0.02)	4.2 (0.02)	2.92 (0.01)
기계	1.57 (0.01)	2.23 (0.01)	2.46 (0.01)	3.22 (0.01)	2.87 (0.01)	2.3 (0.02)
기타	1.51 (0.01)	2.08 (0.01)	2.35 (0.01)	3.01 (0.01)	2.68 (0.01)	2.32 (0.02)

참고: 괄호 안에 표시된 숫자는 표준오차(standard errors)이다.

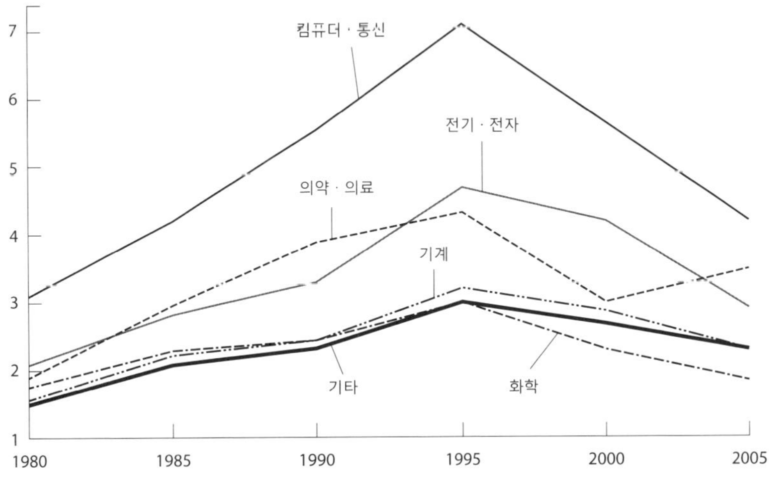

[그림 2-5] 산업별 특허 출원 후 5년간 평균 피인용 횟수 비교

피인용 횟수가 높은 산업

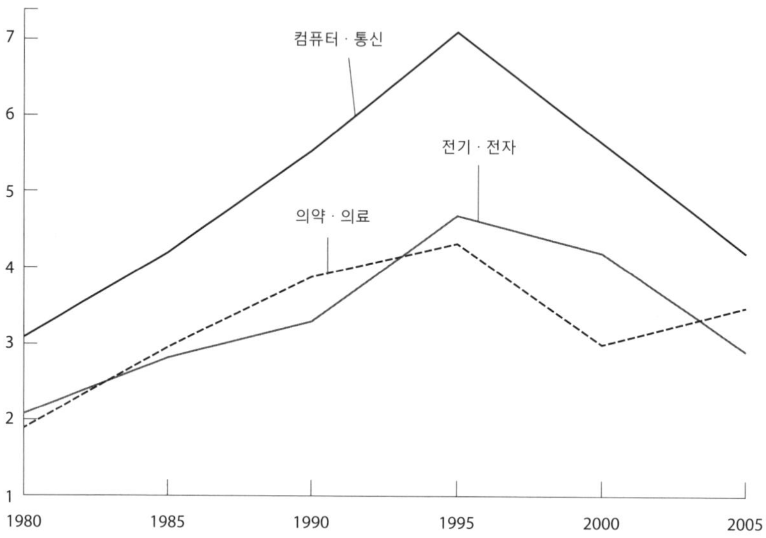

피인용 횟수가 낮은 산업

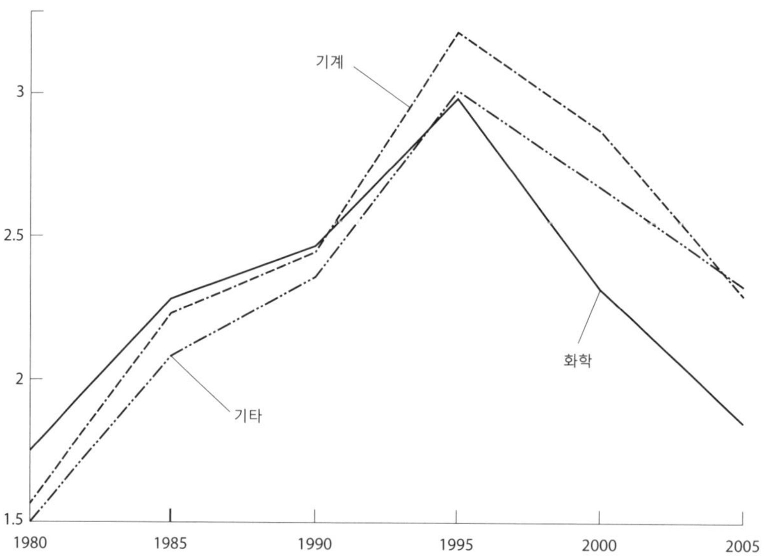

[그림 2-6] 특허 출원 후 5년간 평균 피인용 횟수가 높은 산업과 낮은 산업 비교

[표 2-10] 산업별 미국 특허의 출원 후 5년간 평균 피인용 횟수

산업	연도					
	1980-1984	1985-1989	1990-1994	1995-1999	2000-2004	2005-2009
화학	1.82 (0.01)	2.42 (0.02)	2.77 (0.02)	3.44 (0.02)	2.84 (0.02)	2.25 (0.02)
컴퓨터 · 통신	3.13 (0.03)	4.41 (0.03)	6.59 (0.05)	8.85 (0.05)	6.97 (0.03)	5.32 (0.02)
의약 · 의료	2.14 (0.03)	3.46 (0.03)	4.77 (0.04)	5.08 (0.04)	3.57 (0.03)	4.29 (0.05)
전기 · 전자	2.13 (0.02)	2.97 (0.02)	3.65 (0.02)	5.3 (0.03)	5.09 (0.03)	3.75 (0.03)
기계	1.48 (0.01)	2.13 (0.01)	2.57 (0.02)	3.46 (0.02)	3.31 (0.02)	2.96 (0.04)
기타	1.52 (0.01)	2.19 (0.01)	2.53 (0.01)	3.24 (0.02)	3 (0.02)	2.66 (0.02)

참고: 괄호 안에 표시된 숫자는 표준오차(standard errors)이다.

부분이며, 의약·의료 산업과 전기·전자 산업이 그 다음으로 평균 피인용 횟수가 높다. 화학과 기계 분야는 평균 피인용 횟수가 2회 내외로 상대적으로 낮은 편이다.

표 2-10부터 표 2-14까지는 주요 5개국(미국, 일본, 한국, 대만, 중국)에 대해 위와 동일하게 분석한 결과를 보여 준다. 구체적으로, 주요 5개국이 어느 산업에서 비교우위를 지니는지, 그리고 산업별로 특허 질이 어떠한 추세를 보이고 있는지를 살펴볼 것이다. 표 2-10에서 표 2-14까지의 내용을 그래프로 나타낸 것이 그림 2-7부터 그림 2-11까지이다. 해당 그림들은 각국 특허의 평균 피인용 횟수를 도식화하여 보여 주며, 주요 5개국의 산업별 평균 피인용 횟수는 실선으로, 그리고 전체 국가의 산업별 평균 피인용 횟수는 점선으로 표시하였다.

특허 출원 후 5년간 평균 피인용 횟수:
미국(US)과 전체 비교

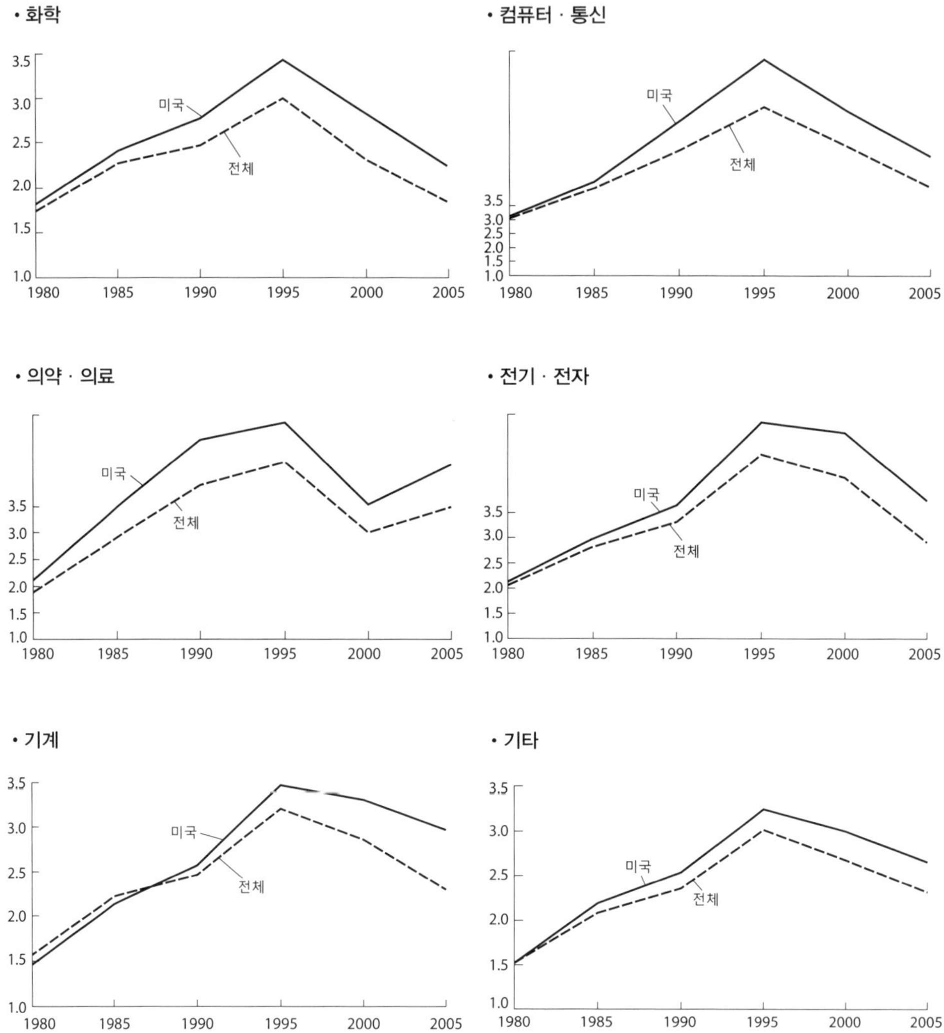

[그림 2-7] 산업별 미국 특허의 출원 후 5년간 평균 피인용 횟수 비교

[표 2-11] 산업별 일본 특허의 출원 후 5년간 평균 피인용 횟수

산업	연도					
	1980-1984	1985-1989	1990-1994	1995-1999	2000-2004	2005-2009
화학	2.07 (0.03)	2.68 (0.03)	2.47 (0.02)	2.97 (0.03)	2.1 (0.02)	1.64 (0.03)
컴퓨터 · 통신	3.5 (0.06)	4.37 (0.04)	4.56 (0.03)	4.8 (0.03)	3.78 (0.02)	2.45 (0.02)
의약 · 의료	1.74 (0.05)	2.19 (0.05)	2.31 (0.05)	2.24 (0.05)	1.54 (0.03)	1.47 (0.05)
전기 · 전자	2.41 (0.03)	3.23 (0.03)	3.42 (0.02)	4.43 (0.03)	3.69 (0.02)	2.37 (0.02)
기계	2.28 (0.03)	3.06 (0.03)	2.91 (0.02)	3.5 (0.03)	2.91 (0.02)	1.95 (0.02)
기타	2.01 (0.04)	2.47 (0.03)	2.45 (0.03)	3.02 (0.03)	2.4 (0.03)	1.8 (0.03)

참고: 괄호 안에 표시된 숫자는 표준오차(standard errors)이다.

표 2-10과 그림 2-7은 미국 특허의 산업별 질적 수준을 보여 준다. 먼저 미국의 경우 모든 산업에서 다른 국가들에 비해 높은 평균 피인용 횟수를 유지하고 있음을 알 수 있다. 특히 1980년대에 비해 시간이 갈수록 다른 국가들과 특허의 질적 격차가 평균적으로 증가하는 것으로 나타난다. 이러한 변화는 미국이 점하고 있는 기술 수준의 상대적인 우위가 더욱 공고해진 것으로 해석할 수도 있으나, 주된 원인은 미국 특허가 전체 특허에서 차지하는 비중이 점차 줄어들고 있는 상황이라고 볼 수 있다. 미국 특허가 전체 특허에서 차지하는 비중이 높았던 1980년대에는 전체 특허의 평균 피인용 횟수가 미국 특허의 평균 피인용 횟수에 의해 결정되는 경향이 강했다. 하지만 1990년대 이후 미국 이외 국가들의 특허 비중이 점차 증가하면서 전체 특허의 질적 수준과 미국 특허의

특허 출원 후 5년간 평균 피인용 횟수:
일본(JP)과 전체 비교

• 화학

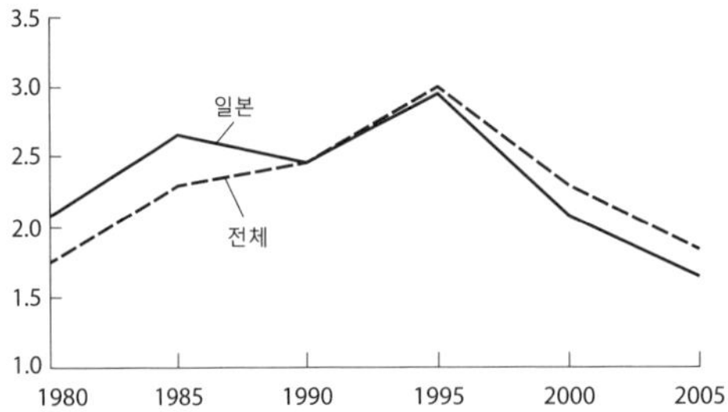

• 컴퓨터 · 통신

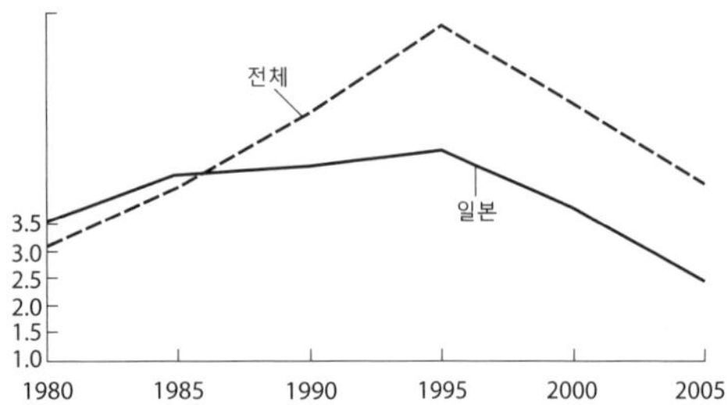

• 의약 · 의료

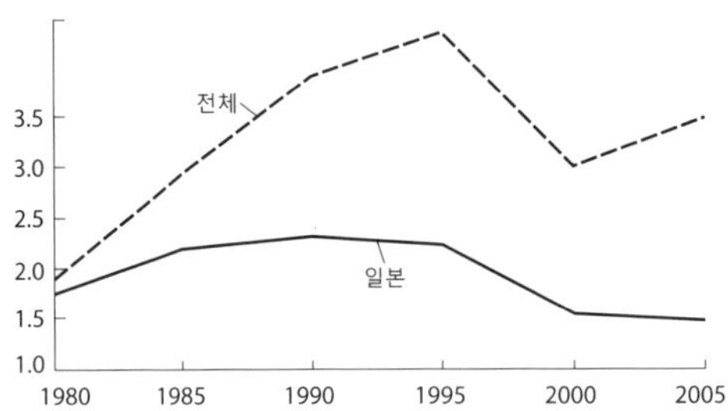

• 전기 · 전자

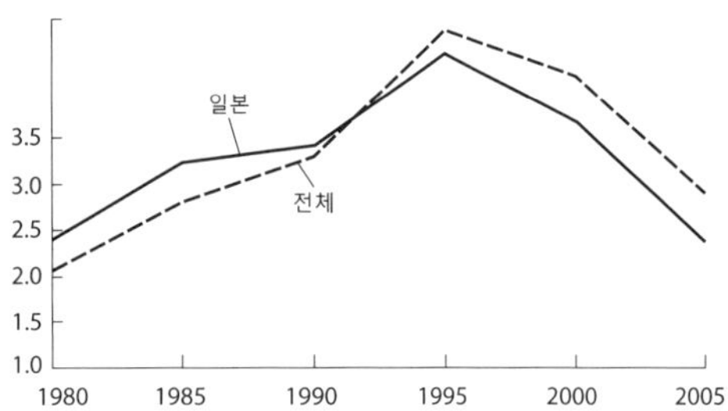

• 기계

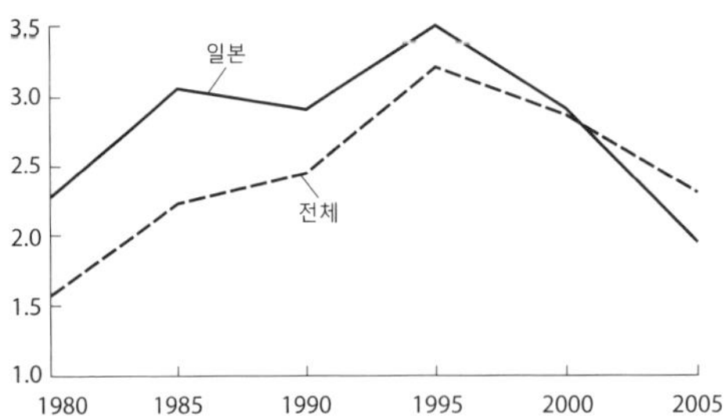

• 기타

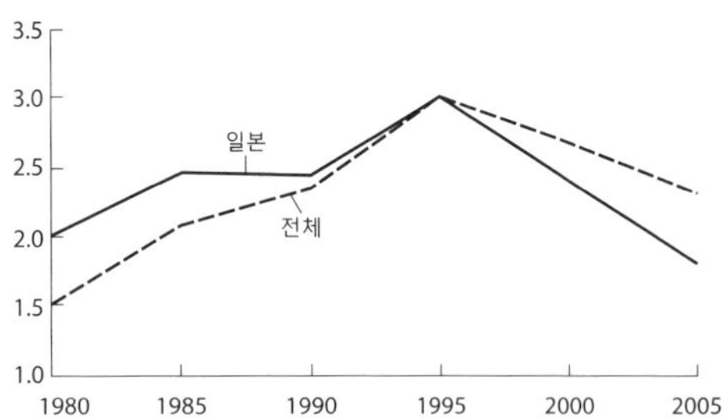

[그림 2-8] 산업별 일본 특허의 출원 후 5년간 평균 피인용 횟수 비교

질적 수준 사이에 차이가 벌어지고 있는 것이다. 즉, 다른 국가들의 평균 피인용 횟수가 미국에 비해 저조한 상황에서, 미국 특허가 전체 특허에서 차지하는 비중이 줄어들수록 전체 특허의 평균 피인용 횟수는 미국 특허의 평균 피인용 횟수에 비해 낮아지는 것이다.

표 2-11은 일본 특허의 산업별 평균 피인용 횟수를 보여 준다. 일본의 경우 3절에서 살펴본 특허 질적 수준의 역전 현상이 산업별 분석에서도 나타난다. 1980년대에 일본은 의약·의료 부문을 제외한 모든 산업에서 특허의 질적 우위를 점하고 있다. 그러나 2000년대에 들어서는 모든 산업에서 평균 피인용 횟수가 전체 특허 평균에 비해 떨어지는 현상이 나타난다.

주목할 점은 산업별로 역전 현상이 나타나는 시기에 차이가 있다는 것이다. 컴퓨터·통신 부문은 1990년대 초반에 이미 일본 특허의 질적 우위가 사라지고, 화학과 전기·전자 부문은 1990년대 후반에 질적인 우위를 잃고 있다. 기계 분야는 2000년대 초반까지도 일본 특허의 평균 피인용 횟수가 다른 나라들에 비해 높은 수준을 유지하고 있었으나, 2000년대 후반에 이르면 마찬가지로 그러한 우위가 사라지고 있음을 알 수 있다. 마지막으로 일본의 의약·의료 부문은 1980년대 초반부터 현재까지 전체 특허 평균에 비해 상대적으로 낮은 특허의 질적 수준을 보여 주며, 그러한 격차는 시간이 지날수록 빠르게 증가하고 있다. 산업별로 비교해 보면 일본은 화학, 전기·전자, 기계 부문이 상대적으로 발전해 있는 반면, 컴퓨터·통신과 기타 부문은 2000년대 들어 뒤처지고 있다. 또한 의약·의료 부문의 일본 특허의 질은 상당히 낮은 수준에 머물러 있음을 알 수 있다.

표 2-12는 한국 특허의 산업별 평균 피인용 횟수를 보여 준다. 한국은 산업 전반에 걸쳐 전체 특허 평균에 비해 낮은 평균 피인용 횟수를 보여 준다. 그러나 화학 부문은 평균 피인용 횟수의 격차를 빠른 속도로

[표 2-12] 산업별 한국 특허의 출원 후 5년간 평균 피인용 횟수

산업	연도					
	1980-1984	1985-1989	1990-1994	1995-1999	2000-2004	2005-2009
화학	0.5 (0.14)	1.06 (0.17)	1.7 (0.18)	2.78 (0.12)	2.27 (0.10)	1.56 (0.05)
컴퓨터 · 통신	0.6 (0.60)	3.02 (0.37)	3.5 (0.19)	3.9 (0.09)	3.7 (0.06)	2.71 (0.05)
의약 · 의료	0.89 (0.42)	0.56 (0.24)	2.45 (0.81)	1.7 (0.16)	1.52 (0.12)	1.08 (0.20)
전기 · 전자	0.62 (0.33)	1.57 (0.15)	3.44 (0.12)	4.25 (0.08)	3.51 (0.07)	2.08 (0.04)
기계	1.54 (0.46)	1.74 (0.23)	1.86 (0.11)	2.26 (0.07)	2.33 (0.08)	1.53 (0.05)
기타	0.91 (0.21)	1.66 (0.17)	2.02 (0.13)	2.56 (0.09)	2.05 (0.07)	1.78 (0.09)

참고: 괄호 안에 표시된 숫자는 표준오차(standard errors)이다.

줄여 나갔다. 1980년대 초반에 한국의 화학 부문 특허는 0.5 정도의 평균 피인용 횟수를 보여, 전체 평균과 1.5 정도의 격차가 있었으나, 이후 지속적으로 그 격차를 줄여 나감에 따라 2000년대 초반에는 전체 특허의 평균과 유사한 수준에 도달하게 되었다.

컴퓨터·통신과 기타 부문에서는 전체 평균에 비해 낮은 수준의 특허 질을 보여 주며, 그 격차가 줄어드는 등의 변화는 관찰되지 않고 있다. 기계 부문에서는 1980년대에 비해 평균 피인용 횟수가 상대적으로 떨어지고 있으며, 2000년대에 들어서도 전체 평균에 비해 낮은 수준의 평균 피인용 횟수를 보인다. 특히 한국은 일본과 마찬가지로 의약·의료 부문에서 낮은 평균 피인용 횟수를 보이는데, 해당 부문에서 전체 평균과의 격차는 2000년대 후반에 들어 더욱 커지고 있는 실정이다.

특허 출원 후 5년간 평균 피인용 횟수:
한국(KR)과 전체 비교

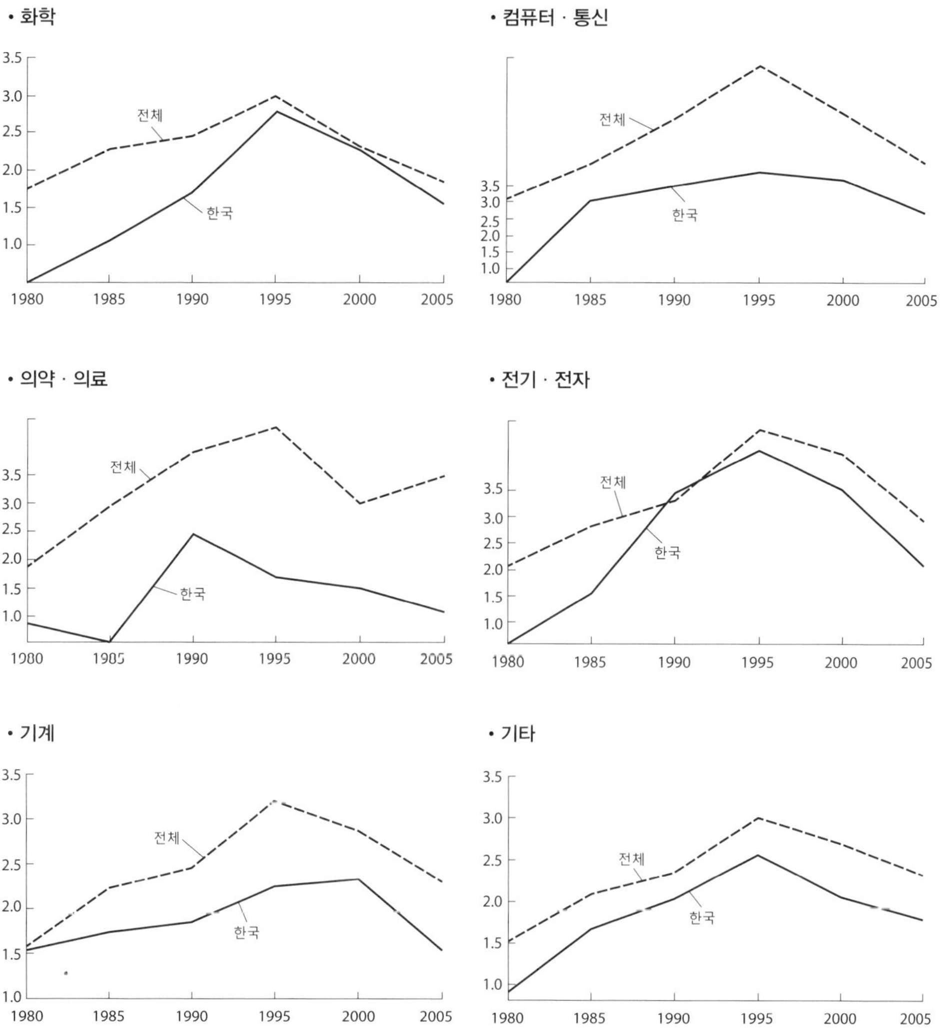

[그림 2-9] 산업별 한국 특허의 출원 후 5년간 평균 피인용 횟수 비교

마지막으로 전기·전자 부문에서는 한국 특허의 질적 수준이 빠른 상승을 보였으며, 2000년대까지도 높은 평균 피인용 횟수를 일정 부분 유지하고 있다. 1990년대 초반에는 전기·전자 부문에서 한국 특허의 평균 피인용 횟수가 전체 특허 평균을 넘어설 정도로 높은 수준을 보였으나, 이후에는 그러한 우위가 나타나지 않는 것을 살펴볼 수 있다.

대만의 경우 컴퓨터·통신과 의약·의료 부문을 제외한 나머지 산업 부문에서 1990년대 후반까지 특허 질의 급격한 향상을 보여 주었다. 그러나 2000년대 들어서는 전반적으로 특허 질적 수준의 하락을 경험하고 있다. 화학 부문에서는 1980년대 전체 평균에 비해 상당히 낮은 평균 피인용 횟수를 보였으나, 1990년대에는 대만 특허의 평균 피인용 횟수가 전체 평균에 육박하는 수준까지 올라갔다. 이후 2000년대에 접어

[표 2-13] 산업별 대만 특허의 출원 후 5년간 평균 피인용 횟수

산업	연도					
	1980-1984	1985-1989	1990-1994	1995-1999	2000-2004	2005-2009
화학	1.18 (0.23)	1.35 (0.22)	1.62 (0.10)	2.78 (0.14)	1.89 (0.08)	1.36 (0.10)
컴퓨터 · 통신	2.24 (0.51)	2.4 (0.23)	3.53 (0.22)	4.48 (0.17)	2.81 (0.08)	1.78 (0.04)
의약 · 의료	0.86 (0.26)	2.17 (0.49)	2.42 (0.25)	2.11 (0.16)	1.46 (0.08)	0.95 (0.07)
전기 · 전자	1.56 (0.30)	1.95 (0.15)	3.31 (0.14)	6.17 (0.11)	3.91 (0.05)	2.43 (0.04)
기계	0.9 (0.13)	1.67 (0.11)	2.21 (0.08)	3.06 (0.08)	2.59 (0.06)	1.99 (0.08)
기타	1.01 (0.11)	1.88 (0.08)	2.3 (0.06)	3.07 (0.06)	2.37 (0.04)	1.96 (0.05)

참고: 괄호 안에 표시된 숫자는 표준오차(standard errors)이다.

특허 출원 후 5년간 평균 피인용 횟수:
대만(TW)과 전체 비교

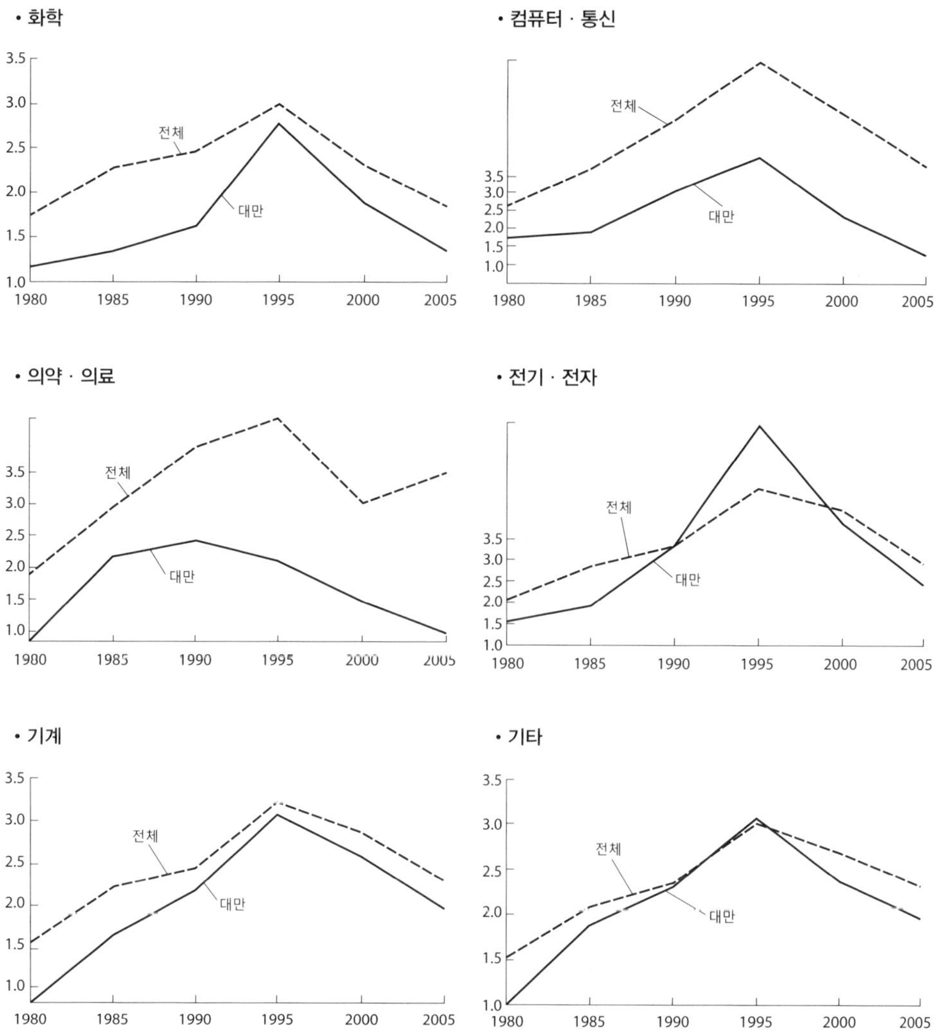

[그림 2-10] 산업별 대만 특허의 5년간 평균 피인용 횟수 비교

들면서 평균 피인용 횟수의 격차가 다시금 커지고 있다. 컴퓨터·통신과 의약·의료 부문의 대만 특허는 1980년대부터 낮은 평균 피인용 횟수를 보일 뿐 아니라 전체 평균과의 격차가 지속적으로 커지는 추세다.

1990년대 후반에 들어 특허 질적 수준의 빠른 향상을 보인 대만이 전체 특허의 평균적인 수준을 넘어선 분야는 전기·전자와 기타 부문이다. 표 2-13을 보면 전기·전자 부문은 1990년대 후반에 평균 피인용 횟수가 6.17까지 치솟았는데, 이는 해당 시기 전체 평균 피인용 횟수인 4.67보다 1.4회가량 많은 수치다. 그러나 대만이 보여 준 전기·전자 부문에서의 특허의 질적 우위는 2000년대에 들어 사라졌음을 확인할 수 있다.

마지막으로 대만의 기계 부문 특허는 전체 특허의 평균 수준에 육박하는 평균 피인용 횟수를 유지하고 있다. 기계 부문에서도 1990년대에 특허의 질적 수준이 상대적으로 향상되었다가 2000년대에 들어 다시 낮아지는 현상이 나타나고 있으나, 그 변화 정도가 다른 산업 부문들에 비해서는 작다.

표 2-14는 중국 특허의 평균 피인용 횟수를 보여 준다. 중국은 2000년대 들어서야 출원되는 특허의 수가 5년을 단위로 했을 때 1,000개를 넘어선 만큼 평균 피인용 횟수의 표준오차가 상당히 높게 나타난다. 1980년에서 1984년까지는 중국이 보유한 미국 특허 수가 총 7개밖에 되지 않아 표 2-14에서는 1980년에서 1984년까지의 기간은 생략하였다. 데이터가 어느 정도 축적된 2000년대 평균 피인용 횟수를 중점적으로 살펴보도록 하자.

중국은 2000년대 들어 의약·의료 부문을 제외한 대부분의 산업에서 특허의 질적 수준이 빠르게 향상되고 있으며, 평균 피인용 횟수가 전체 특허의 평균 수준에 근접하고 있다. 이는 중국 특허가 양적인 성장뿐만 아니라 질적인 성장을 하고 있음을 시사한다. 특히 중국의 전기·전

[표 2-14] 산업별 중국 특허의 출원 후 5년간 평균 피인용 횟수

산업	연도				
	1985-1989	1990-1994	1995-1999	2000-2004	2005-2009
화학	1.46 (0.35)	1.58 (0.31)	1.8 (0.24)	1.56 (0.22)	1.57 (0.27)
컴퓨터 · 통신	7.0 (3.21)	3.2 (0.44)	2.7 (0.44)	3.79 (0.4)	3.5 (0.16)
의약 · 의료	1.47 (0.56)	2.85 (0.92)	2.28 (0.35)	1.87 (0.29)	0.99 (0.23)
전기 · 전자	2.04 (0.49)	2.17 (0.51)	2.27 (0.39)	3.34 (0.17)	2.84 (0.09)
기계	1.03 (0.27)	1.27 (0.26)	1.75 (0.42)	1.43 (0.17)	1.68 (0.11)
기타	1.97 (0.48)	1.64 (0.32)	2.53 (0.59)	2.37 (0.26)	2.27 (0.13)

참고: 괄호 안에 표시된 숫자는 표준오차(standard errors)이다.

자 부문과 기타 부문은 2000년대 후반에 전체 특허의 평균 수준과 거의 차이가 없는 특허의 질적 수준을 보여 준다. 이러한 전기·전자 부문에서의 중국 특허의 질적 수준은 일본·한국·대만을 넘어설 만큼 높게 나타난다는 점에 주목할 필요가 있다.

그러나 2000년대 중국 특허가 보여 주는 의약·의료 부문에서의 변화는 다른 산업 부문의 변화와 크게 대조를 이룬다. 전체 특허의 의약·의료 부문 평균 피인용 횟수는 1990년대 후반 4.34에서 2000년대 초반에는 2.99로 떨어졌다가 2000년대 후반에 다시 3.49로 증가했다. 표 2-14에서 볼 수 있듯이 중국도 의약·의료 부문에서 평균 피인용 횟수가 2000년대 초반 1.87까지 떨어지고 있음을 알 수 있다. 그러나 중국의 경우 2000년대 후반 전체 특허에서 나타났던 평균 피인용 횟수의 증가는 보이지 않고, 오히려 평균 피인용 횟수가 0.99까지 큰 폭으로 떨어졌

특허 출원 후 5년간 평균 피인용 횟수:
중국(CN)과 전체 비교

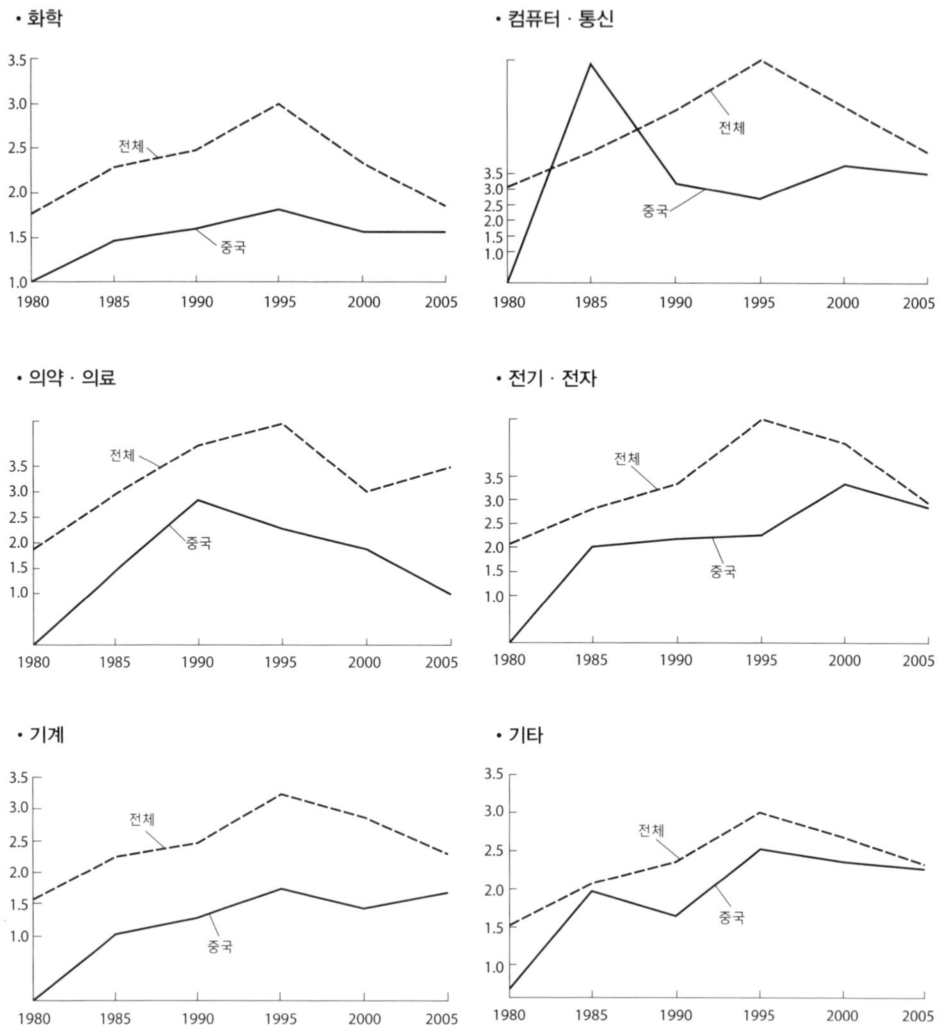

[그림 2-11] 산업별 중국 특허의 출원 후 5년간 평균 피인용 횟수 비교

다. 중국의 다른 부문들의 변화를 살펴볼 때 이러한 의약·의료 부문에서의 변화는 특이하다고 할 수 있다.

5. 결론

2장에서는 1980년부터 2014년 동안 USPTO에 등재된 특허에 대해 국가·시기·산업별로 특허의 질을 분석하였다. 이를 위해 기간을 5년 단위로 나누고, 국가를 16개의 분류로 묶어 여러 가지 분석을 시도하였다. 특허는 서론에서도 강조하였듯이 경제 발전의 가장 중요한 요소 중 하나인 기술 발전을 가늠할 수 있는 수단이다.

본 연구는 1980년부터 2014년까지의 특허자료를 사용하여 가장 최근의 변화 추이까지도 연구 대상으로 삼았다. 이는 대부분의 연구들은 물론 최근 발표된 Kwon et al.(2015)의 연구 범위보다도 확장된 기간이다. 본 연구는 특허의 단순한 규모뿐 아니라, 평균 피인용 횟수와 기타 다양한 변수를 징의함으로써 특허의 양과 질직인 측면 모두에서 정교한 분석을 시도하였다. 특히 한국과 보다 밀접한 관련이 있는 국가인 주요 4개국을 선정하여 심도 있게 비교·분석하여 보다 깊이 있는 논의를 진행하였다. 더불어 국가뿐 아니라 산업을 기준으로 추가 분석함으로써 산업별 특성에 따른 특허의 질적 변화 양상을 확인해 보았다. 즉, 주요 5개국에 대해 산입별로 더욱 세부적으로 추가 분석하여 다각적이고도 깊이 있는 논의를 이끌어내었다.

여러 변수를 통해 분석한 결과 정의된 변수에 따라 조금씩 차이는 있었지만 다음과 같은 공통적인 결론을 이끌어낼 수 있었다. 우선 다른 많은 선행 연구에서도 밝혔듯이 아시아의 신흥국인 한국·대만·중국이 실제로 1990년대 혹은 2000년대 이후 놀라운 성장을 이루었음을 확인하였다. 반면, 16개국 중 일본, 유럽과 같이 전통적으로 강세를 보이던 국가의 경우 분석 기간 동안 미국에 비해 특허의 질이 상대적으로 낮아졌음을 확인하였다. 미국의 경우 특허의 양과 질 두 가지 측면 모두에서 전 기간에 걸쳐 높은 수준을 보여 주었다. 그리고 다른 국가에 비해 미국의 지위는 특허의 질이라는 측면에서 2000년대에 더욱 상승했음도 알 수 있었다.

산업별 특허의 질을 비교·분석함으로써 한 국가 내에서 산업별로 특허 인용 수준이 상이하다는 것도 살펴보았다. 다만 2000년대 이후 특허의 피인용 횟수가 전 산업에 걸쳐 공통적으로 하락하고 있다는 점 등에서 유사성도 크다. 추가적으로 주요 5개국에 대해 집중적으로 분석해 본 결과, 국가별 특징이 산업별 분석에서도 전반적으로 유사하게 나타남을 확인할 수 있었다. 다만 국가별로 강세 또는 약세를 보이는 산업 분야는 조금씩 달랐다.

본 연구에서는 USPTO의 특허자료를 이용하여 국가별 특허의 질과 이를 통한 기술 발전의 특징을 살펴보았다. 미국의 특허자료만을 이용했다는 점에서 어느 정도의 편향성이 있을 수는 있다. 하지만 분석에 사용한 USPTO의 특허자료는 광범위한 기간에 걸쳐 투명하게 공개되고 있다. 더욱이 미국과 타국의 비교가 아니라 주로 미국을 비교 기준으로 삼고 주 관심 대상인 아시아의 일본·한국·중국·대만을 비교·분석하였다는 점에서 연구 결과의 타당성에 대한 비판을 피할 수 있다.

추후 연구되어야 할 점은 본 연구에서 제시한 특징들의 원인을 규명하는 일이다. 특히 종속변수별로 상이한 결과를 나타낸 몇몇 국가의 특정 시기에 대해서는 더욱 흥미로운 연구가 이루어질 수 있다고 기대한다. 또한 본 연구가 주요 관심국가로 선정한 아시아의 국가에 대해 해당 국가의 특허자료를 사용하여 미국에 등재된 특허와 어떤 차이를 보이는지, 또한 이런 차이의 원인은 무엇인지 분석해 볼 수 있다. 유사하다면 본 연구를 뒷받침할 수 있으며, 큰 차이를 보인다면 이는 해당 국가의 독특한 성격을 보여 주는 자료가 될 것이다. 더 나아가 특허뿐 아니라 기술 발전 및 혁신을 측정할 수 있는 다른 지표들과의 본 연구의 내용을 비교·분석 혹은 대조해 보는 것도 의미 있는 논의가 될 것이다.

부록

[표 1] 국가별 특허 출원 후 2년간 평균 피인용 횟수

국가	연도					
	1980-1984	1985-1989	1990-1994	1995-1999	2000-2004	2005-2009
미국(US)	0.39 (0.00)	0.57 (0.00)	0.65 (0.00)	0.89 (0.00)	0.9 (0.00)	0.63 (0.00)
일본(JP)	0.54 (0.00)	0.77 (0.00)	0.7 (0.00)	0.83 (0.00)	0.78 (0.00)	0.45 (0.00)
독일(DE)	0.34 (0.00)	0.46 (0.00)	0.44 (0.00)	0.5 (0.00)	0.49 (0.00)	0.31 (0.00)
유럽연합(EU)	0.31 (0.01)	0.41 (0.01)	0.42 (0.01)	0.55 (0.01)	0.53 (0.01)	0.38 (0.01)
한국(KR)	0.16 (0.04)	0.36 (0.03)	0.62 (0.02)	0.86 (0.01)	0.76 (0.01)	0.45 (0.01)
대만(TW)	0.22 (0.03)	0.43 (0.02)	0.61 (0.02)	1.06 (0.02)	0.85 (0.01)	0.45 (0.01)
프랑스(FR)	0.31 (0.01)	0.44 (0.01)	0.43 (0.01)	0.51 (0.01)	0.48 (0.01)	0.3 (0.01)
영국(GB)	0.35 (0.01)	0.48 (0.01)	0.47 (0.01)	0.6 (0.01)	0.61 (0.01)	0.46 (0.01)
캐나다(CA)	0.3 (0.01)	0.46 (0.01)	0.5 (0.01)	0.7 (0.01)	0.72 (0.01)	0.5 (0.01)
스위스(CH)	0.32 (0.01)	0.44 (0.01)	0.42 (0.01)	0.46 (0.01)	0.42 (0.01)	0.3 (0.01)
중국(CN)	0.14 (0.14)	0.35 (0.08)	0.35 (0.04)	0.42 (0.05)	0.65 (0.03)	0.6 (0.02)
이스라엘(IL)	0.32 (0.03)	0.49 (0.03)	0.56 (0.02)	0.82 (0.03)	0.82 (0.02)	0.58 (0.02)
호주(AU)	0.25 (0.01)	0.34 (0.02)	0.43 (0.02)	0.5 (0.02)	0.59 (0.02)	0.59 (0.02)
인도(IN)	0.25 (0.12)	0.22 (0.07)	0.34 (0.07)	0.4 (0.05)	0.42 (0.03)	0.38 (0.02)
구소련(FSU)	0.15 (0.01)	0.22 (0.02)	0.27 (0.02)	0.49 (0.04)	0.55 (0.03)	0.38 (0.03)
기타(RW)	0.22 (0.01)	0.3 (0.01)	0.38 (0.01)	0.58 (0.02)	0.64 (0.01)	0.42 (0.01)

참고: 이하 괄호 안에 표시된 숫자는 표준오차(standard errors)이다.

[표 2] 국가별 출원 후 5년간 피인용된 특허의 비율

국가	연도					
	1980-1984	1985-1989	1990-1994	1995-1999	2000-2004	2005-2009
미국(US)	0.64 (0.00)	0.74 (0.00)	0.78 (0.00)	0.83 (0.00)	0.78 (0.00)	0.71 (0.00)
일본(JP)	0.71 (0.00)	0.79 (0.00)	0.79 (0.00)	0.81 (0.00)	0.75 (0.00)	0.64 (0.00)
독일(DE)	0.61 (0.00)	0.68 (0.00)	0.67 (0.00)	0.72 (0.00)	0.64 (0.00)	0.55 (0.00)
유럽연합(EU)	0.58 (0.00)	0.65 (0.00)	0.67 (0.00)	0.71 (0.00)	0.64 (0.00)	0.58 (0.00)
한국(KR)	0.46 (0.05)	0.67 (0.02)	0.74 (0.01)	0.78 (0.00)	0.73 (0.00)	0.61 (0.00)
대만(TW)	0.51 (0.03)	0.66 (0.01)	0.72 (0.01)	0.81 (0.00)	0.73 (0.00)	0.61 (0.00)
프랑스(FR)	0.6 (0.00)	0.67 (0.00)	0.67 (0.00)	0.71 (0.00)	0.64 (0.00)	0.55 (0.00)
영국(GB)	0.61 (0.00)	0.69 (0.00)	0.7 (0.00)	0.74 (0.00)	0.69 (0.00)	0.64 (0.00)
캐나다(CA)	0.61 (0.01)	0.69 (0.01)	0.73 (0.00)	0.79 (0.00)	0.74 (0.00)	0.68 (0.00)
스위스(CH)	0.58 (0.01)	0.65 (0.01)	0.66 (0.01)	0.7 (0.01)	0.63 (0.01)	0.56 (0.01)
중국(CN)	0.29 (0.18)	0.62 (0.04)	0.62 (0.03)	0.69 (0.03)	0.67 (0.01)	0.66 (0.01)
이스라엘(IL)	0.61 (0.02)	0.71 (0.01)	0.75 (0.01)	0.8 (0.01)	0.77 (0.01)	0.72 (0.01)
호주(AU)	0.57 (0.01)	0.64 (0.01)	0.68 (0.01)	0.75 (0.01)	0.69 (0.01)	0.64 (0.01)
인도(IN)	0.45 (0.08)	0.49 (0.06)	0.58 (0.04)	0.61 (0.03)	0.51 (0.01)	0.56 (0.01)
구소련(FSU)	0.41 (0.01)	0.53 (0.02)	0.57 (0.02)	0.69 (0.02)	0.64 (0.01)	0.57 (0.02)
기타(RW)	0.5 (0.01)	0.58 (0.01)	0.64 (0.01)	0.71 (0.01)	0.67 (0.00)	0.6 (0.00)

[표 3] 국가별 출원 후 2년간 피인용된 특허의 비율

국가	연도					
	1980-1984	1985-1989	1990-1994	1995-1999	2000-2004	2005-2009
미국(US)	0.26 (0.00)	0.35 (0.00)	0.38 (0.00)	0.44 (0.00)	0.44 (0.00)	0.32 (0.00)
일본(JP)	0.33 (0.00)	0.43 (0.00)	0.41 (0.00)	0.45 (0.00)	0.43 (0.00)	0.29 (0.00)
독일(DE)	0.24 (0.00)	0.3 (0.00)	0.3 (0.00)	0.32 (0.00)	0.31 (0.00)	0.21 (0.00)
유럽연합(EU)	0.22 (0.00)	0.28 (0.00)	0.28 (0.00)	0.33 (0.00)	0.32 (0.00)	0.23 (0.00)
한국(KR)	0.15 (0.04)	0.29 (0.02)	0.36 (0.01)	0.45 (0.00)	0.41 (0.00)	0.28 (0.00)
대만(TW)	0.17 (0.02)	0.3 (0.01)	0.36 (0.01)	0.48 (0.00)	0.43 (0.00)	0.28 (0.00)
프랑스(FR)	0.23 (0.00)	0.3 (0.00)	0.29 (0.00)	0.32 (0.00)	0.3 (0.00)	0.2 (0.00)
영국(GB)	0.25 (0.00)	0.31 (0.00)	0.31 (0.00)	0.35 (0.00)	0.34 (0.00)	0.27 (0.00)
캐나다(CA)	0.22 (0.01)	0.31 (0.01)	0.32 (0.00)	0.38 (0.00)	0.38 (0.00)	0.29 (0.00)
스위스(CH)	0.23 (0.01)	0.29 (0.01)	0.29 (0.01)	0.29 (0.01)	0.28 (0.01)	0.2 (0.01)
중국(CN)	0.14 (0.14)	0.22 (0.04)	0.27 (0.03)	0.29 (0.02)	0.37 (0.01)	0.33 (0.01)
이스라엘(IL)	0.22 (0.02)	0.31 (0.01)	0.35 (0.01)	0.39 (0.01)	0.41 (0.01)	0.31 (0.01)
호주(AU)	0.2 (0.01)	0.24 (0.01)	0.29 (0.01)	0.31 (0.01)	0.34 (0.01)	0.29 (0.01)
인도(IN)	0.15 (0.06)	0.16 (0.04)	0.21 (0.04)	0.25 (0.02)	0.24 (0.01)	0.24 (0.01)
구소련(FSU)	0.12 (0.01)	0.18 (0.02)	0.21 (0.02)	0.28 (0.02)	0.32 (0.01)	0.24 (0.01)
기타(RW)	0.17 (0.01)	0.21 (0.01)	0.26 (0.01)	0.32 (0.01)	0.34 (0.00)	0.25 (0.00)

[**표 4**] 산업별 특허 출원 후 2년간 평균 피인용 횟수

산업	연도					
	1980-1984	1985-1989	1990-1994	1995-1999	2000-2004	2005-2009
화학	0.41 (0.00)	0.49 (0.00)	0.5 (0.00)	0.55 (0.00)	0.5 (0.00)	0.3 (0.00)
컴퓨터 · 통신	0.59 (0.01)	0.96 (0.01)	0.97 (0.01)	1.46 (0.01)	1.17 (0.00)	0.71 (0.00)
의약 · 의료	0.38 (0.01)	0.56 (0.01)	0.65 (0.01)	0.63 (0.00)	0.52 (0.00)	0.37 (0.00)
전기 · 전자	0.44 (0.00)	0.68 (0.00)	0.69 (0.00)	0.92 (0.00)	0.95 (0.00)	0.57 (0.00)
기계	0.34 (0.00)	0.52 (0.00)	0.55 (0.00)	0.66 (0.00)	0.69 (0.00)	0.45 (0.00)
기타	0.33 (0.00)	0.46 (0.00)	0.49 (0.00)	0.57 (0.00)	0.6 (0.00)	0.4 (0.00)

[**표 5**] 산업별 출원 후 5년간 피인용된 특허의 비율

산업	연도					
	1980-1984	1985-1989	1990-1994	1995-1999	2000-2004	2005-2009
화학	0.62 (0.00)	0.69 (0.00)	0.7 (0.00)	0.72 (0.00)	0.63 (0.00)	0.53 (0.00)
컴퓨터 · 통신	0.78 (0.00)	0.86 (0.00)	0.89 (0.00)	0.9 (0.00)	0.86 (0.00)	0.75 (0.00)
의약 · 의료	0.63 (0.00)	0.74 (0.00)	0.76 (0.00)	0.75 (0.00)	0.63 (0.00)	0.56 (0.00)
전기 · 전자	0.69 (0.00)	0.77 (0.00)	0.8 (0.00)	0.84 (0.00)	0.8 (0.00)	0.69 (0.00)
기계	0.61 (0.00)	0.7 (0.00)	0.72 (0.00)	0.78 (0.00)	0.73 (0.00)	0.63 (0.00)
기타	0.61 (0.00)	0.7 (0.00)	0.73 (0.00)	0.79 (0.00)	0.72 (0.00)	0.64 (0.00)

[표 6] 산업별 출원 후 2년간 피인용된 특허의 비율

산업	연도					
	1980-1984	1985-1989	1990-1994	1995-1999	2000-2004	2005-2009
화학	0.27 (0.00)	0.31 (0.00)	0.32 (0.00)	0.33 (0.00)	0.3 (0.00)	0.19 (0.00)
컴퓨터 · 통신	0.36 (0.00)	0.5 (0.00)	0.51 (0.00)	0.59 (0.00)	0.53 (0.00)	0.37 (0.00)
의약 · 의료	0.26 (0.00)	0.34 (0.00)	0.36 (0.00)	0.34 (0.00)	0.28 (0.00)	0.19 (0.00)
전기 · 전자	0.3 (0.00)	0.4 (0.00)	0.41 (0.00)	0.47 (0.00)	0.47 (0.00)	0.33 (0.00)
기계	0.24 (0.00)	0.33 (0.00)	0.34 (0.00)	0.38 (0.00)	0.38 (0.00)	0.27 (0.00)
기타	0.24 (0.00)	0.31 (0.00)	0.33 (0.00)	0.36 (0.00)	0.36 (0.00)	0.25 (0.00)

[표 7] 산업별 미국 특허의 출원 후 2년간 평균 피인용 횟수

산업	연도					
	1980-1984	1985-1989	1990-1994	1995-1999	2000-2004	2005-2009
화학	0.42 (0.00)	0.52 (0.01)	0.55 (0.00)	0.59 (0.01)	0.57 (0.00)	0.35 (0.01)
컴퓨터 · 통신	0.59 (0.01)	0.96 (0.01)	1.07 (0.01)	1.77 (0.01)	1.39 (0.01)	0.86 (0.00)
의약 · 의료	0.42 (0.01)	0.64 (0.01)	0.77 (0.01)	0.71 (0.01)	0.6 (0.01)	0.45 (0.01)
전기 · 전자	0.45 (0.01)	0.7 (0.01)	0.72 (0.01)	0.97 (0.01)	1.09 (0.01)	0.69 (0.01)
기계	0.31 (0.00)	0.46 (0.00)	0.53 (0.00)	0.65 (0.01)	0.73 (0.01)	0.52 (0.01)
기타	0.33 (0.00)	0.47 (0.00)	0.52 (0.00)	0.59 (0.00)	0.64 (0.01)	0.44 (0.01)

[**표 8**] 산업별 출원 후 5년간 피인용된 미국 특허의 비율

산업	연도					
	1980-1984	1985-1989	1990-1994	1995-1999	2000-2004	2005-2009
화학	0.63 (0.00)	0.7 (0.00)	0.73 (0.00)	0.76 (0.00)	0.68 (0.00)	0.58 (0.00)
컴퓨터 · 통신	0.78 (0.00)	0.87 (0.00)	0.9 (0.00)	0.93 (0.00)	0.9 (0.00)	0.8 (0.00)
의약 · 의료	0.66 (0.00)	0.78 (0.00)	0.82 (0.00)	0.79 (0.00)	0.68 (0.00)	0.61 (0.00)
전기 · 전자	0.7 (0.00)	0.78 (0.00)	0.81 (0.00)	0.86 (0.00)	0.83 (0.00)	0.74 (0.00)
기계	0.59 (0.00)	0.69 (0.00)	0.73 (0.00)	0.8 (0.00)	0.75 (0.00)	0.67 (0.00)
기타	0.62 (0.00)	0.72 (0.00)	0.75 (0.00)	0.81 (0.00)	0.75 (0.00)	0.68 (0.00)

[**표 9**] 산업별 출원 후 2년간 피인용된 미국 특허의 비율

신업	연도					
	1980-1984	1985-1989	1990-1994	1995-1999	2000-2004	2005-2009
화학	0.27 (0.00)	0.32 (0.00)	0.34 (0.00)	0.35 (0.00)	0.33 (0.00)	0.21 (0.00)
컴퓨터 · 통신	0.36 (0.00)	0.5 (0.00)	0.53 (0.00)	0.64 (0.00)	0.58 (0.00)	0.41 (0.00)
의약 · 의료	0.28 (0.00)	0.38 (0.00)	0.41 (0.00)	0.37 (0.00)	0.31 (0.00)	0.22 (0.00)
전기 · 전자	0.3 (0.00)	0.4 (0.00)	0.42 (0.00)	0.48 (0.00)	0.5 (0.00)	0.36 (0.00)
기계	0.22 (0.00)	0.31 (0.00)	0.34 (0.00)	0.38 (0.00)	0.4 (0.00)	0.28 (0.00)
기타	0.24 (0.00)	0.32 (0.00)	0.34 (0.00)	0.37 (0.00)	0.37 (0.00)	0.26 (0.00)

[표 10] 산업별 일본 특허의 출원 후 2년간 평균 피인용 횟수

산업	연도					
	1980-1984	1985-1989	1990-1994	1995-1999	2000-2004	2005-2009
화학	0.47 (0.01)	0.6 (0.01)	0.53 (0.01)	0.62 (0.01)	0.5 (0.01)	0.3 (0.01)
컴퓨터 · 통신	0.72 (0.02)	1.06 (0.01)	0.91 (0.01)	1.05 (0.01)	0.9 (0.01)	0.5 (0.00)
의약 · 의료	0.38 (0.02)	0.44 (0.01)	0.44 (0.01)	0.39 (0.01)	0.34 (0.01)	0.18 (0.01)
전기 · 전자	0.55 (0.01)	0.82 (0.01)	0.77 (0.01)	0.93 (0.01)	0.9 (0.01)	0.5 (0.00)
기계	0.57 (0.01)	0.8 (0.01)	0.73 (0.01)	0.83 (0.01)	0.77 (0.01)	0.46 (0.01)
기타	0.49 (0.01)	0.59 (0.01)	0.54 (0.01)	0.62 (0.01)	0.62 (0.01)	0.37 (0.01)

[표 11] 산업별 출원 후 5년간 피인용된 일본 특허의 비율

산업	연도					
	1980-1984	1985-1989	1990-1994	1995-1999	2000-2004	2005-2009
화학	0.68 (0.00)	0.73 (0.00)	0.71 (0.00)	0.73 (0.00)	0.63 (0.00)	0.52 (0.00)
컴퓨터 · 통신	0.81 (0.01)	0.88 (0.00)	0.89 (0.00)	0.87 (0.00)	0.81 (0.00)	0.68 (0.00)
의약 · 의료	0.63 (0.01)	0.69 (0.01)	0.67 (0.01)	0.63 (0.01)	0.52 (0.01)	0.45 (0.01)
전기 · 전자	0.75 (0.00)	0.82 (0.00)	0.82 (0.00)	0.85 (0.00)	0.8 (0.00)	0.67 (0.00)
기계	0.7 (0.00)	0.79 (0.00)	0.78 (0.00)	0.81 (0.00)	0.74 (0.00)	0.64 (0.00)
기타	0.67 (0.01)	0.74 (0.00)	0.74 (0.00)	0.78 (0.00)	0.71 (0.00)	0.6 (0.00)

[표 12] 산업별 출원 후 2년간 피인용된 일본 특허의 비율

산업	연도					
	1980-1984	1985-1989	1990-1994	1995-1999	2000-2004	2005-2009
화학	0.3 (0.00)	0.36 (0.00)	0.34 (0.00)	0.36 (0.00)	0.31 (0.00)	0.2 (0.00)
컴퓨터 · 통신	0.42 (0.01)	0.53 (0.00)	0.5 (0.00)	0.53 (0.00)	0.48 (0.00)	0.32 (0.00)
의약 · 의료	0.27 (0.01)	0.29 (0.01)	0.29 (0.01)	0.26 (0.01)	0.22 (0.01)	0.13 (0.00)
전기 · 전자	0.35 (0.01)	0.46 (0.00)	0.44 (0.00)	0.49 (0.00)	0.48 (0.00)	0.31 (0.00)
기계	0.33 (0.00)	0.43 (0.00)	0.42 (0.00)	0.45 (0.00)	0.42 (0.00)	0.3 (0.00)
기타	0.31 (0.01)	0.36 (0.00)	0.35 (0.00)	0.37 (0.00)	0.38 (0.00)	0.25 (0.00)

[표 13] 산업별 한국 특허의 출원 후 2년간 평균 피인용 횟수

산업	연도					
	1980-1984	1985-1989	1990-1994	1995-1999	2000-2004	2005-2009
화학	0.14 (0.07)	0.13 (0.06)	0.47 (0.07)	0.63 (0.03)	0.56 (0.02)	0.34 (0.01)
컴퓨터 · 통신	0.2 (0.2)	0.69 (0.14)	0.69 (0.04)	1.04 (0.03)	0.87 (0.02)	0.55 (0.01)
의약 · 의료	0.22 (0.15)	0.11 (0.11)	0.36 (0.08)	0.3 (0.04)	0.33 (0.03)	0.09 (0.02)
전기 · 전자	0.15 (0.1)	0.37 (0.06)	0.79 (0.04)	0.99 (0.02)	0.86 (0.02)	0.45 (0.01)
기계	0.15 (0.15)	0.4 (0.07)	0.36 (0.05)	0.61 (0.03)	0.6 (0.02)	0.37 (0.01)
기타	0.15 (0.06)	0.32 (0.05)	0.38 (0.04)	0.67 (0.03)	0.51 (0.02)	0.37 (0.03)

[표 14] 산업별 출원 후 5년간 피인용된 한국 특허의 비율

산업	연도					
	1980-1984	1985-1989	1990-1994	1995-1999	2000-2004	2005-2009
화학	0.41 (0.11)	0.56 (0.07)	0.56 (0.03)	0.68 (0.01)	0.62 (0.01)	0.54 (0.01)
컴퓨터 · 통신	0.2 (0.20)	0.82 (0.06)	0.81 (0.02)	0.82 (0.01)	0.81 (0.01)	0.68 (0.00)
의약 · 의료	0.56 (0.18)	0.44 (0.18)	0.64 (0.06)	0.57 (0.03)	0.48 (0.02)	0.3 (0.02)
전기 · 전자	0.23 (0.12)	0.69 (0.04)	0.79 (0.01)	0.82 (0.01)	0.76 (0.01)	0.61 (0.00)
기계	0.62 (0.14)	0.66 (0.05)	0.71 (0.02)	0.71 (0.01)	0.68 (0.01)	0.56 (0.01)
기타	0.55 (0.09)	0.67 (0.04)	0.71 (0.02)	0.75 (0.01)	0.66 (0.01)	0.55 (0.01)

[표 15] 산업별 출원 후 2년간 피인용된 한국 특허의 비율

산업	연도					
	1980-1984	1985-1989	1990-1994	1995-1999	2000-2004	2005-2009
화학	0.14 (0.07)	0.12 (0.04)	0.24 (0.02)	0.35 (0.01)	0.33 (0.01)	0.24 (0.01)
컴퓨터 · 통신	0.2 (0.20)	0.45 (0.07)	0.44 (0.02)	0.52 (0.01)	0.47 (0.01)	0.33 (0.00)
의약 · 의료	0.22 (0.15)	0.11 (0.11)	0.24 (0.05)	0.23 (0.03)	0.2 (0.02)	0.07 (0.01)
전기 · 전자	0.15 (0.1)	0.31 (0.04)	0.43 (0.01)	0.49 (0.01)	0.45 (0.01)	0.28 (0.00)
기계	0.08 (0.08)	0.34 (0.05)	0.22 (0.02)	0.36 (0.01)	0.36 (0.01)	0.24 (0.01)
기타	0.15 (0.06)	0.25 (0.04)	0.27 (0.02)	0.39 (0.01)	0.33 (0.01)	0.21 (0.01)

[표 16] 산업별 대만 특허의 출원 후 2년간 평균 피인용 횟수

산업	연도					
	1980-1984	1985-1989	1990-1994	1995-1999	2000-2004	2005-2009
화학	0.24 (0.09)	0.32 (0.08)	0.39 (0.04)	0.63 (0.04)	0.46 (0.02)	0.23 (0.01)
컴퓨터 · 통신	0.76 (0.20)	0.7 (0.10)	0.61 (0.06)	1.04 (0.05)	0.62 (0.02)	0.37 (0.01)
의약 · 의료	0 (0.00)	0.3 (0.10)	0.57 (0.09)	0.43 (0.04)	0.31 (0.03)	0.2 (0.02)
전기 · 전자	0.37 (0.11)	0.5 (0.05)	0.79 (0.04)	1.62 (0.03)	1.1 (0.02)	0.53 (0.01)
기계	0.14 (0.04)	0.38 (0.03)	0.55 (0.03)	0.82 (0.03)	0.76 (0.02)	0.44 (0.01)
기타	0.18 (0.04)	0.44 (0.03)	0.6 (0.02)	0.77 (0.02)	0.71 (0.02)	0.46 (0.02)

[표 17] 산업별 출원 후 5년간 피인용된 대만 특허의 비율

산업	연도					
	1980-1984	1985-1989	1990-1994	1995-1999	2000-2004	2005-2009
화학	0.52 (0.07)	0.58 (0.05)	0.62 (0.02)	0.7 (0.01)	0.59 (0.01)	0.47 (0.01)
컴퓨터 · 통신	0.76 (0.11)	0.77 (0.05)	0.82 (0.02)	0.84 (0.01)	0.72 (0.01)	0.58 (0.01)
의약 · 의료	0.71 (0.18)	0.68 (0.08)	0.76 (0.04)	0.71 (0.03)	0.58 (0.02)	0.4 (0.02)
전기 · 전자	0.56 (0.08)	0.68 (0.03)	0.76 (0.01)	0.88 (0.01)	0.79 (0.00)	0.65 (0.00)
기계	0.53 (0.06)	0.64 (0.02)	0.72 (0.01)	0.76 (0.01)	0.71 (0.01)	0.61 (0.01)
기타	0.47 (0.04)	0.68 (0.02)	0.7 (0.01)	0.79 (0.01)	0.71 (0.01)	0.64 (0.01)

[표 18] 산업별 출원 후 2년간 피인용된 대만 특허의 비율

산업	연도					
	1980-1984	1985-1989	1990-1994	1995-1999	2000-2004	2005-2009
화학	0.16 (0.05)	0.22 (0.04)	0.27 (0.02)	0.33 (0.02)	0.29 (0.01)	0.16 (0.01)
컴퓨터 · 통신	0.59 (0.12)	0.45 (0.06)	0.39 (0.03)	0.52 (0.01)	0.36 (0.01)	0.25 (0.01)
의약 · 의료	0 (0.00)	0.25 (0.07)	0.3 (0.04)	0.28 (0.03)	0.22 (0.02)	0.15 (0.01)
전기 · 전자	0.24 (0.07)	0.33 (0.03)	0.42 (0.02)	0.61 (0.01)	0.51 (0.00)	0.32 (0.00)
기계	0.13 (0.04)	0.28 (0.02)	0.36 (0.01)	0.42 (0.01)	0.4 (0.01)	0.28 (0.01)
기타	0.14 (0.02)	0.3 (0.02)	0.34 (0.01)	0.43 (0.01)	0.4 (0.01)	0.29 (0.01)

[표 19] 산업별 중국 특허의 출원 후 2년간 평균 피인용 횟수

산업	연도				
	1985-1989	1990-1994	1995-1999	2000-2004	2005-2009
화학	0.29 (0.11)	0.25 (0.07)	0.32 (0.07)	0.21 (0.04)	0.16 (0.03)
컴퓨터 · 통신	1.33 (0.88)	1 (0.33)	0.3 (0.13)	0.89 (0.11)	0.68 (0.04)
의약 · 의료	0.27 (0.12)	0.33 (0.16)	0.39 (0.09)	0.35 (0.07)	0.1 (0.02)
전기 · 전자	0.5 (0.24)	0.54 (0.12)	0.56 (0.15)	0.93 (0.06)	0.76 (0.03)
기계	0.09 (0.05)	0.24 (0.07)	0.47 (0.11)	0.38 (0.06)	0.37 (0.04)
기타	0.47 (0.21)	0.29 (0.08)	0.5 (0.17)	0.74 (0.10)	0.56 (0.05)

[표 20] 산업별 출원 후 5년간 피인용된 중국 특허의 비율

산업	연도				
	1985-1989	1990-1994	1995-1999	2000-2004	2005-2009
화학	0.67 (0.10)	0.55 (0.06)	0.69 (0.05)	0.51 (0.03)	0.42 (0.03)
컴퓨터 · 통신	1 (0.00)	1 (0.00)	0.87 (0.06)	0.8 (0.03)	0.71 (0.01)
의약 · 의료	0.4 (0.13)	0.67 (0.09)	0.69 (0.06)	0.5 (0.04)	0.32 (0.03)
전기 · 전자	0.82 (0.07)	0.63 (0.08)	0.76 (0.06)	0.78 (0.02)	0.73 (0.01)
기계	0.44 (0.09)	0.61 (0.07)	0.6 (0.07)	0.61 (0.04)	0.6 (0.02)
기타	0.67 (0.09)	0.62 (0.07)	0.58 (0.08)	0.63 (0.03)	0.67 (0.02)

[표 21] 산업별 출원 후 2년간 피인용된 중국 특허의 비율

산업	연도				
	1985-1989	1990-1994	1995-1999	2000-2004	2005-2009
화학	0.25 (0.09)	0.22 (0.05)	0.27 (0.05)	0.16 (0.03)	0.11 (0.02)
컴퓨터 · 통신	0.67 (0.33)	0.6 (0.16)	0.2 (0.07)	0.48 (0.04)	0.35 (-0.01)
의약 · 의료	0.27 (0.12)	0.22 (0.08)	0.31 (0.06)	0.22 (0.03)	0.09 (-0.02)
전기 · 전자	0.21 (0.08)	0.41 (0.08)	0.33 (0.06)	0.52 (0.02)	0.42 (-0.01)
기계	0.09 (0.05)	0.2 (0.06)	0.31 (0.06)	0.29 (0.04)	0.25 (-0.02)
기타	0.27 (0.08)	0.24 (0.06)	0.29 (0.07)	0.35 (0.03)	0.33 (-0.02)

참고문헌

정성철 · 윤문섭 · 장진규(2004). 「특허와 기술혁신 및 경제발전의 상관관계」. 『정책연구』 2004-15. 과학기술정책연구원.

Aghion, P., and P. Howitt (1992). "A Model of Growth Through Creative Destruction." *Econometrica*, 60(2): 323-351.

Belenzon, S. (2012). "Cumulative Innovation and Market Value: Evidence from Patent Citations." *Economic Journal*, 122(559): 265-285.

Bloom, N., and J. Van Reenen (2002). "Patents, Real Options and Firm Performance." *Economic Journal*, 112(478): C97-C116.

Caballero, R. J., and A. B. Jaffe (1993). "How High Are the Giants' Shoulders: An Empirical Assessment of Knowledge Spillovers and Creative Destruction in a Model of Economic Growth." *NBER Macroeconomics Annual 1993*, Volume 8. MIT Press.

Eaton, J., and S. Kortum (1996). "Trade in Ideas Patenting and Productivity in the OECD." *Journal of International Economics*, 40(3-4): 251-278.

Eaton, J., and S. Kortum (1999). "International Technology Diffusion: Theory and Measurement." *International Economic Review*, 40(3): 537-570.

Eaton, J., S. Kortum, and J. Lerner (2004). "International Patenting and the European Patent Oce: A Quantitative Assessment." *Patents, Innovation and Economic Performance: OECD Conference Proceedings*. OECD Publishing.

Ellison, G. (2013). "How Does the Market Use Citation Data? The Hirsch Index in Economics." *American Economic Journal: Applied Economics*, 5(3): 63-90.

Federal Trade Commission (2003). "To Promote Innovation: The Proper Balance of Competition and Patent Law and Policy." Available at http://www.ftc.gov/opa/2003/10/cpreport.htm.

Griffith, R., and H. Miller (2011). "Innovation in China: The Rise of Chinese Inventors in the Production of Knowledge." IFS Working Papers W11/15, Institute for Fiscal Studies.

Griffith, R., S. Lee, and J. Van Reenen (2011). "Is Distance Dying at Last? Falling Home Bias in Fixed-effects Models of Patent Citations." *Quantitative Economics*, 2(2):

211-249.

Griffith, R., S. Redding, and J. Van Reenen (2003). "R&D and Absorptive Capacity: Theory and Empirical Evidence." *Scandinavian Journal of Economics*, 105(1): 99-118.

Griffith, R., S. Redding, and J. Van Reenen (2004). "Mapping the Two Faces of R&D: Productivity Growth in a Panel of OECD Industries." *Review of Economics and Statistics*, 86(4): 883-895.

Griliches, Z. (1990). "Patent Statistics as Economic Indicators: A Survey." *Journal of Economic Literature*, 28(4): 1661-1707.

Grossman, G. M., and E. Helpman (1991). "Quality Ladders in the Theory of Growth." *Review of Economic Studies*, 58(1): 43-61.

Guellec, D., and B. V. P. de La Potterie (2007). *The Economics of the European Patent System*. Oxford University Press.

Hall, B. H., and D. Harhoff (2012). "Recent Research on the Economics of Patents." *Annual Review of Economics*, 4(1): 541-565.

Hall, B. H., A. B. Jaffe, and M. Trajtenberg (2001). "The NBER Patent Citation Data File: Lessons, Insights and Methodological Tools." NBER working papers, National Bureau of Economic Research.

Hall, B. H., A. B. Jaffe, and M. Trajtenberg (2005). "Market Value and Patent Citations." *RAND Journal of Economics*, 36(1): 16-38.

Henderson, R., A. B. Jaffe, and M. Trajtenberg (2005). "Patent Citations and the Geography of Knowledge Spillovers: A Reassessment: Comment." *American Economic Review*, 95(1): 461-464.

Hirsch, J. E. (2005). "An Index to Quantify an Individual's Scientific Research Output." *Proceedings of the National Academy of Sciences of the United States of America*, 102(46): 16569-16572.

Hu, A. G. (2009). "The Regionalization of Knowledge Flows in East Asia: Evidence from Patent Citations Data." *World Development*, 37(9): 1465-1477.

Hu, A. G., and A. B. Jaffe (2003). "Patent Citations and International Knowledge Flow: The Cases of Korea and Taiwan." *International Journal of Industrial Organization*, 21(6): 849-880.

Hu, A. G., and G. H. Jefferson (2009). "A Great Wall of Patents: What is Behind China's Recent Patent Explosion?" *Journal of Development Economics*, 90(1): 57-68.

Hu, M.-C., and J. A. Mathews (2005). "National Innovative Capacity in East Asia." *Research Policy*, 34(9): 1322-1349.

Jaffe, A. B., and J. Lerner (2004). *Innovation and its Discontents: How Our Broken Patent System is Endangering Innovation and Progress, and What to do About It*. Princeton University Press.

Jaffe, A. B., and M. Trajtenberg (1999). "International Knowledge Flows: Evidence from Patent Citations." *Economics of Innovation and New Technology*, 8(1-2): 105-136.

Jaffe, A. B., and M. Trajtenberg (2002). *Patents, Citations, and Innovations: A Window on the Knowledge Economy*. MIT Press.

Jaffe, A. B., M. Trajtenberg, and M. S. Fogarty (2000). "Knowledge Spillovers and Patent Citations: Evidence from a Survey of Inventors." *American Economic Review*, 90(2): 215-218.

Jaffe, A. B., M. Trajtenberg, and R. Henderson (1993). "Geographic Localization of Knowledge Spillovers as Evidenced by Patent Citations." *Quarterly Journal of Economics*, 108(3): 577-598.

Jones, B. F. (2009). "The Burden of Knowledge and the Death of the Renaissance Man: Is Innovation Getting Harder?" *Review of Economic Studies*, 76(1): 283-317.

Kwon, S., J. Lee, and S. Lee (2015). "International Trends in Technological Progress: Evidence from Patent Citations, 1980-2011." *Economic Journal*, forthcoming.

Lanjouw, J. O., and M. Schankerman (2004). "Patent Quality and Research Productivity: Measuring Innovation with Multiple Indicators." *Economic Journal*, 114(495): 441-465.

Lee, K. (2013). *Schumpeterian Analysis of Economic Catch-up*. Cambridge University Press.

Lieberman, M. B. (1987). "Patents, Learning by Doing, and Market Structure in the Chemical Processing Industries." *International Journal of Industrial Organization*, 5(3): 257-276.

Mancusi, M. L. (2008). "International Spillovers and Absorptive Capacity: A Cross-country Cross-sector Analysis Based on Patents and Citations." *Journal of International Economics*, 76(2): 155-165.

Merrill, S. A., R. C. Levin, M. B. Myers, et al. (2004). *A Patent System for the 21st Century*. National Academies Press.

OECD (2011). "Technology Performance: Quality." *OECD Science, Technology and Industry Scoreboard 2011*. OECD.

Page, J. (1994). "The East Asian Miracle: Four Lessons for Development Policy." *NBER Macroeconomics Annual 1994*, Volume 9. MIT Press.

Thompson, P. (2006). "Patent Citations and the Geography of Knowledge Spillovers: Evidence from Inventor-and Examiner-added Citations." *Review of Economics and*

Statistics, 88(2): 383-388.

Thompson, P., and M. Fox-Kean (2005). "Patent Citations and the Geography of Knowledge Spillovers: A Reassessment." *American Economic Review*, 95(1): 450-460.

Trajtenberg, M. (1990). "A Penny for Your Quotes: Patent Citations and the Value of Innovations." *RAND Journal of Economics*, 21(1): 172-187.

Young, A. (1995). "The Tyranny of Numbers: Confronting the Statistical Realities of the East Asian Growth Experience." *Quarterly Journal of Economics*, 110(3): 641-680.

제3장

아시아 혁신·창조활동 관련 국제무역 분야 연구의 비판적 검토

박지형

1. 혁신·창조활동에 대한 국제무역 분야의 선행 연구

1) North Innovation/South Imitation 모형 및 관련 실증분석[1]

Vernon(1966)은 제품수명주기이론을 최초로 제시했는데, 북쪽(선진국)에서 개발된 새로운 상품이 처음에는 북쪽에서 생산되어 남쪽(개발도상국)으로 수출되지만, 생산기술의 개량 및 표준화를 거친 이후에는 생산비용을 낮추려는 유인 때문에 직접투자를 통해 생산시설이 남쪽으로 이전되고, 이렇게 이전되어 남쪽에서 생산된 상품을 북쪽이 수입하게 된다는 이론이다. 이러한 제품수명주기를 통해 북쪽과 남쪽의 상품개발 및 무역 패턴을 설명하려고 했던 Vernon(1966)의 이론은 추후 다양한 형태로 모형화되면서 북쪽 혁신/남쪽 모방 모형으로 발전하게 되는데, 여기서는 이렇게 발전해 온 모형들과 관련 실증분석을 검토한다.

1 1항에서 검토한 세계의 혁신·창조활동에 대한 연구들은 대부분 최근 서베이 논문인 Saggi(2016)에 의해서도 검토된 연구들이다. 하지만 여기서는 '아시아로의 혁신·창조활동 이동에 따른 세계경제질서의 변화 방향'이라는 이 책의 연구방향에 따라 기존 연구들을 재구성하여 검토하였다.

특히 국제 지적재산권(이하 '지재권') 강화가 북쪽과 남쪽에 어떤 영향을 미치는가에 초점을 맞추어 관련 연구를 살펴본다.

① 다양성 증가 모형과 국제 지재권 강화의 효과: 이론

Krugman(1979)은 Vernon(1966)의 제품수명주기이론을 다음과 같이 모형화한다. 소비자는 매기 n개의 차별화된 상품을 CES(Constant Elasticity of Substitution: 상품 간 대체 탄력성이 ∈라는 상수로 주어진) 효용함수에 근거하여 소비하는데, 이 상품들 중 일부는 북쪽에서 외생적으로 주어진 속도(i^N)로 개발되어 생산되고, 나머지 상품은 남쪽에서 북쪽의 상품이 외생적으로 주어진 속도(t^S)로 모방되어 생산된다. 또한, 모든 상품은 각 지역에서 완전경쟁하에 생산되고, 각 지역에서 노동 1단위는 각 지역의 상품 1단위를 생산한다. 이 경우, 북쪽에 비교한 남쪽의 상대 임금(w^S/w^N)은 다음과 같이 북쪽의 상대적 노동공급(L^N/L^S) 및 남쪽에서 생산되는 상품의 상대적 숫자(n^S/n^N)에 의존하게 된다.

$$\frac{w^S}{w^N} = \left[\frac{L^N}{L^S}\frac{n^S}{n^N}\right]^{1/\epsilon} \qquad (3.1)$$

남쪽에서 생산되는 상품의 상대적 숫자(n^S/n^N)는 균제상태에서 북쪽의 혁신속도에 대비한 남쪽의 모방속도(t^S/i^N)에 의해 결정되기 때문에, 남쪽의 모방속도 증가는 남쪽의 상대임금(w^S/w^N) 증가와 교역조건(남쪽의 상품 1단위가 북쪽의 상품 1단위와 교환되는 비율)의 개선으로 이어진다. 따라서 Krugman(1979)의 모형에 따르면 남쪽은 모방속도를 증가시킬 유인을 갖는데, 만일 국제 지재권 보호 강화가 모방속도를 감소시킨다면 남쪽은 이러한 변화에 반대할 것이고, 상대임금과 교역조건의 개선이 이루어지는 북쪽의 경우 이를 지지할 가능성이 높다.

하지만, Krugman(1979)의 모형은 북쪽의 혁신속도(i^N)와 남쪽의 모방속도(t^S)가 외생적으로 주어지는 모형이기 때문에, 국제 지재권 보호 강화와 같은 정책변수의 변화가 어떻게 혁신 및 모방의 속도에 영향을 줄 것인가에 대하여 제대로 된 답을 제시하기 어렵다. 이러한 한계를 극복하기 위해 혁신 및 모방의 속도가 내생적으로 결정되는 모형들이 개발되었는데, 이러한 모형들은 혁신 혹은 모방의 속도를 결정하는 R&D 투자에 대하여 규모의 효과 때문에 한계수확체감이 적용되지 않는다고 가정하는 모형들과 R&D 투자에도 한계수확체감이 적용된다고 가정하는 모형으로 나누어 볼 수 있다.

우선, R&D 투자에 대하여 규모의 효과 때문에 한계수확체감이 적용되지 않는다고 가정하는 모형들을 검토한다. 이러한 모형 중 북쪽의 혁신활동과 남쪽의 모방활동을 내생변수화한 최초의 모형인 Grossman and Helpman(1991b)의 이론은 다음과 같이 정리될 수 있다. Grossman and Helpman(1991b)은 Krugman(1979)과 마찬가지로 CES 효용함수를 가정하지만, 시장구조가 완전경쟁이 아니라 독점적 경쟁이라고 가정한다. 하지만 Krugman 모형과의 보다 중요한 차별성은 북쪽의 기업들이 새로운 상품 개발에 자원을 소모하되 이를 통해 과점적 이윤을 획득하여 선행 개발자금을 회수하며, 남쪽기업 역시 북쪽에서 개발된 새로운 상품을 모방하는 데 자원을 소모하여 모방에 성공하면 상대적으로 낮은 임금을 기반으로 모방된 북쪽의 상품을 대체하면서 과점적 이윤을 얻게 된다는 것에 있다.

보다 구체적으로, 북쪽의 기업이 새로운 상품을 개발하는 데에는 a_D/n만큼의 노동력이 필요하다고 가정하는데, 시장에 존재하는 제품 다양성의 총합인 n이 증가할수록 새로운 상품 개발에 필요한 노동력이 비례적으로 감소한다고 가정함으로써 한계수확체감이 R&D 투자에 적용되지 않도록 하고 있다. 마찬가지로 남쪽기업이 차별화된 상품을 모방하는 데에는 a_I/n^S만큼의 노동력을 필요로 한다고 가정함으로써 남쪽기업의 모방을 위한 R&D 투자에도 한계수확체감이 적용되지 않는다고 가정한다. 물론 남쪽의 기업도 모방을 위한 R&D 투자 대신 새로운 상품을 개발하기 위해 R&D 투자를 할 수는 있지만, Grossman and Helpman(1991b)은 남쪽기업의 새로운 상품 개발의 효율성이 북쪽기업에 비하여 현저히 낮아(남쪽기업의 a_D가 북쪽기업의 a_D에 비하여 현저히 큰 경우) 균형에서 북쪽기업만이 새로운 상품을 개발하는 경우에 한해 분석한다. 끝으로 각 기업이 1개의 상품을 생산하는 데에는 a_x만큼의 노동력이 필요하다고 가정한다.

위와 같은 모형의 균제상태에서 상품의 다양성은 $g = \dot{n}/n$ 속도로 정해져 일정한 속도로 늘어나고, 모방의 속도는 다음과 같이 정의되어 $\mu \equiv \dot{n}_S/n_N$도 일정한 속도를 갖는다. 이 모형에 따르면 균제상태에서 남쪽의 모방속도(μ)가 증가하면 북쪽의 혁신속도(g)도 증가하는데 모방속도와 혁신속도의 이러한 관계는 다음과 같이 설명될 수 있다. Grossman and Helpman(1991b)의 모형에서는 남쪽기업의 모방을 통해 북쪽에서 남쪽으로 상품생산이 이전되기 때문에, 모방의 속도가 빠르다는 것은 균제상태에서 보다 많은 상품(다양성)이 남쪽에서 생산되는 것을 의미한다. 이는 북쪽의 노동력이 상품생산보다는 새로운 상품의 생산을 위한 R&D에 고용됨을 의미하기 때문에 남쪽의 보다 높은 모방속도는 북쪽의 보다 높은 혁신속도로 이어지게 된다. 모방속도와 혁신속도 간 이러한 정(正)의 관계는 이들 변수들이 외생적으로 결정되는 Krugman(1979) 모형에서는 있을 수 없고, 모방속도와 혁신속도가 내생적으로 결정되는 Grossman and Helpman(1991b) 모형의 특징이다. 또한, Krugman(1979)의 모형과는 달리 인구 증가 등으로 북쪽의 경제규모가 상대적으로 커지면 북쪽의 상대임금이 증가하는 것을 보여 주는데, 이는 R&D 투자와 관련된 규모의 경제를 가정했기 때문이다.

그렇다면 국제 지재권 보호 강화와 같은 정책변수의 변화는

Grossman and Helpman(1991b)의 모형하에서 혁신 및 모방의 속도에 어떤 영향을 줄 것인가? Grossman and Helpman은 혁신 혹은 모방에 대한 보조금이 장기 혁신속도 혹은 모방속도를 증가시킨다는 것을 보여준다. 다음 장에서 논의될 WTO 체제하에서 도입된 TRIPS(Trade Related Intellectual Property Rights)와 같이 북쪽(선진국)의 지재권 보호는 그대로 둔 채 남쪽(개발도상국)의 지재권 보호를 강화하는 형식의 국제 지재권 보호 강화가 이루어지면, 이는 남쪽의 모방활동에 대해 세금을 인상하는 역할을 할 것이다. 따라서 Grossman and Helpman(1991b)의 모형하에서 TRIPS의 도입은 남쪽의 장기적 모방속도를 낮출 뿐 아니라, 북쪽의 혁신속도 또한 낮추는 결과로 이어질 것이다. 남쪽의 모방속도가 낮아짐에 따라 균제상태에서 보다 많은 상품이 북쪽에서 생산되어야 하고, 이에 따라 북쪽의 혁신활동에 투자가 줄어들어 북쪽의 혁신속도도 감소하는 것이다. 이러한 분석결과는 전 세계적인 혁신활동 증가를 위해 국제 지재권 보호 강화가 이루어져야 한다는 주장과 상반되는 결과라고 할 수 있다.[2]

하지만 TRIPS와 같은 국제 지재권 보호 강화가 내생적으로 혁신

2 Helpman(1993)은 남쪽의 지재권 보호 수준 변화에 관한 보다 복합적인 후생 분석 결과를 제시하는데, 특히 생산물 시장을 독점적 경쟁으로 놓고 후생 분석을 수행하기 때문에 소비자의 효용에 영향을 미치는 총 가격지수가 남쪽 지재권 보호 강화에 어떤 영향을 받는가를 분석한다. 북쪽에 비해 남쪽의 임금이 낮기 때문에 남쪽에서 생산되는 상품의 가격이 상대적으로 낮고, 남쪽의 지재권 보호 강화는 이러한 남쪽 상품의 상대적 비중을 낮추기 때문에 총 가격지수를 높여 소비자의 효용을 떨어뜨리는 효과가 있다는 것을 보인다. 이에 따라 남쪽의 지재권 보호 강화는 Krugman(1979) 모형과 연관되어 위에 언급된 남쪽 교역조건의 악화를 통해 남쪽의 후생 수준을 떨어뜨리는 효과 이외에도 추가적으로 소비자 효용을 떨어뜨리는 효과가 있으며, 북쪽에 대해서도 이러한 총 가격지수를 변화를 통한 부정적인 효과가 북쪽 교역조건의 개선이라는 긍정적인 효과를 압도할 수 있음을 보인다.

의 속도가 결정되는 모형에서 반드시 혁신속도에 부정적인 영향을 미칠 것인가? 이러한 의문에 대하여, Lai(1998)는 북쪽의 다국적기업이 남쪽으로 해외직접투자를 할 경우 이 질문에 대한 답이 달라질 수 있음을 보여 준다. Lai(1998)는 Grossman and Helpman(1991b)의 모형에 해외직접투자를 추가하고, 남쪽의 기업이 오직 다국적기업만을 모방할 수 있다고 가정한다. 이러한 경우 새로운 상품 개발에 성공한 북쪽기업은 모방의 위협에서 자유롭지만 보다 높은 비용으로 북쪽에서 생산을 할 것인지, 아니면 모방의 위협에 놓이긴 하지만 상대적으로 임금이 낮은 남쪽의 노동력을 이용하여 생산을 할 것인지를 선택해야 하고, 균형은 이 두 선택이 북쪽기업 입장에서 무차별해지는 점에서 결정된다. Lai(1998)의 분석에 따르면 TRIPS와 같은 국제 지재권 보호 강화는 남쪽기업의 모방 위협을 낮추어 북쪽기업의 해외직접투자 유인을 증가시키고, 이에 따라 보다 많은 북쪽기업이 생산을 남쪽으로 이전하게 되며 북쪽의 혁신활동에 보다 많은 생산요소(노동력)가 투입되어 북쪽의 혁신속도를 증가시킨다. 또한, 국제 지재권 보호 강화 등을 통한 남쪽의 모방속도 감소는 북쪽의 상대임금 역시 증가시켜 북쪽에 유리한 결과로 이어지는 것을 보여 준다.[3]

Branstetter and Saggi(2011)는 해외직접투자를 고려하는 Lai(1998)의 모형을 남쪽의 모방속도를 내생변수화함으로써 확장한다. 이러한 모형의 확장은 국제 지재권 보호 강화가 남쪽의 실질임금을 증가시키고 오히려 북쪽의 실질임금을 감소시키는 놀라운 결과로 이어질 수 있

3 Helpman(1993)도 해외직접투자를 모형에 추가하여 분석하지만, 다국적기업이 북쪽에서 생산하는 기업과 동일한 모방 위협에 놓인다고 가정하였고, 이 경우 해외직접투자는 양 지역 간 임금 균등화로 이어진다. 이러한 남쪽과 북쪽의 임금 균등화는 남북 교역조건이 국제 지재권 보호 수준 변화에 의해 영향을 받지 않도록 한다.

음을 보여 준다. Branstetter and Saggi(2011)는 Lai(1998)와 마찬가지로 남쪽기업이 오직 다국적기업만을 모방할 수 있다고 가정하지만, 남쪽의 노동력이 모방에 투입된 후 모방된 상품을 생산할 수도 있고 북쪽 다국적기업의 상품을 생산할 수도 있다는 점에서 남쪽의 모방속도를 내생화한 모형을 가정한다. 국제 지재권 보호 강화는 Lai(1998)의 모형과 마찬가지로 남쪽기업의 모방가능성을 낮추어 보다 많은 북쪽의 다국적기업이 남쪽으로 생산을 이동시키는 결과로 이어지고, 또한 보다 많은 북쪽의 노동력이 새로운 제품 생산을 위한 R&D에 투입됨으로써 북쪽의 혁신속도를 증가시킨다. 하지만 Lai(1998)와는 다르게 해외직접투자를 통한 남쪽으로의 제품생산 이동이 남쪽의 노동 수요를 크게 증가시키고, 이러한 효과가 상대적으로 비싼 북쪽 상품생산의 확대효과를 상쇄시켜 남쪽의 상대임금뿐 아니라 실질임금을 증가시키는 것을 보여 준다.

이제까지 상품다양성 증가를 위한 북쪽의 R&D 투자와 북쪽의 상품을 모방하여 생산하는 남쪽의 투자가 규모의 경제로 인하여 한계수확체감의 적용을 받지 않는 모형을 검토하였다. 이러한 모형에서 TRIPS와 같은 국제 지재권 보호 강화가 북쪽의 혁신속도 및 남쪽과 북쪽의 복지에 각각 어떤 영향을 미치는가는 남쪽기업이 북쪽에서 이루어지는 혁신을 직접적으로 모방하는가, 아니면 북쪽기업이 해외직접투자를 통해 남쪽으로 생산을 이전하는 경우에만 주로 모방이 일어나는가에 따라 크게 달라짐을 알 수 있다. 전자의 경우 국제 지재권 보호 강화를 통한 남쪽의 모방 감소는 북쪽의 노동력이 R&D보다 상품 생산에 집중되는 결과를 가져오면서 북쪽의 혁신속도를 감소시킨다. 그러나 후자의 경우 남쪽의 모방(가능성) 감소가 오히려 북쪽의 해외직접투자를 통해 남쪽으로 상품생산활동의 이전을 증가시킴으로써 북쪽의 노동력이 R&D 활동에 보다 집중되게 하여 혁신의 속도를 증가시킨다. 특히, 후자의 해외직접투자를 통한 상품생산활동의 남쪽 이전 효과가 매우 큰 경우(예를 들면, 모방의 속도가 내생적으로 결정되는 경우) 국제 지재권 보호 강화는 심지어 남쪽의 실질임금을 증가시키고 북쪽의 실질임금을 감소시킬 수 있다.

앞서 언급한 바와 같이, 이제 혁신 혹은 모방의 속도를 결정하는 R&D 투자에도 한계수확체감이 적용된다고 가정하는 모형을 살펴볼 것이다. 이러한 모형은 Jones(1995)의 폐쇄경제 성장모형이 가정하는 것처럼 새로운 상품을 개발하기 위한 (북쪽의) R&D 비용이 a_D/n^θ라고 가정한다. 여기서 $\theta < 1$이기 때문에 상품 수가 증가할 때 이에 따른 R&D 비용의 감소율이 감소한다는 의미에서 R&D에 대한 한계수확체감이 존재하는 것이다. 한계수확체감이 존재하면 북쪽이나 남쪽의 노동력(시장) 확대가 혁신속도의 영속적 증가로 이어지는 Grossman and Helpman(1991b)의 모형과는 다른 결과가 나타난다.

Gustafsson and Segerstrom(2010)의 모형은 기본적으로 Grossman and Helpman(1991b)의 모형과 동일하지만, 새로운 상품을 개발하거나 모방을 위한 R&D에 한계수확체감효과가 있음을 가정한다. 단, 노동력이 외생적으로 증가한다고 가정함으로써 경제성장이 유지되도록 한다. Gustafsson and Segerstrom(2010)은 남쪽시장(노동력) 확대, 국제 지재권 보호 강화, 교역비용 감소 등의 효과를 분석하고 다음과 같은 결과를 도출한다. 남쪽시장의 확대는 남쪽의 모방속도를 영속적으로 증가시키지만 북쪽의 혁신속도는 일시적으로만 증가시켜, 북쪽의 상대임금이 영속적으로 감소하는 결과를 가져온다. 국제 지재권 보호 강화는 Grossman and Helpman(1991b)의 결과와 마찬가지로 북쪽의 혁신속도와 남쪽의 모방속도 모두를 낮추지만, 북쪽의 상대임금은 증가시킨다. 교역비용의 감소는 북쪽의 혁신속도와 남쪽의 모방속도 모두에 영향을 주지 않지만, 북쪽의 수요 독점적 지위가 남쪽보다 큰 경우 북쪽의 상대임금을 증가시킨다.

Gustafsson and Segerstrom(2010)의 경우에도 R&D에 한계수확체감효과가 적용되지 않는다고 가정하는 Grossman and Helpman(1991b) 모형과 마찬가지로 국제 지재권 보호 강화가 혁신에 부정적인 영향을 미치는 것으로 파악한다. 그러나 해외직접투자가 있고 해외직접투자를 통해 생산하는 북쪽기업에 대한 모방이 북쪽에서 생산하는 기업의 상품을 모방하는 것보다 더 쉬운 경우에도 국제 지재권 보호 강화가 부정적 영향을 미치는지를 확인할 필요가 있다. Gustafsson and Segerstrom(2011)은 바로 이러한 질문에 대한 답을 찾기 위해 그들의 모형을 변형하여, 해외직접투자를 통해 만든 남쪽의 제휴회사가 북쪽의 상품을 생산하기 위해서는 제휴회사의 R&D 투자가 필요하고, 제휴회사가 R&D를 통해 생산한 상품에 대해서만 남쪽기업의 모방이 가능한 상황을 설정하고 분석한다. 이러한 분석은 남쪽의 모방속도를 감소시키는 국제 지재권 보호 강화가 북쪽기업의 해외직접투자를 통한 남쪽으로의 상품생산 이전과 북쪽기업의 혁신속도를 증가시키는 반면, 북쪽의 상대임금을 감소시킨다는 것을 보여 준다.

② 다양성 증가 모형과 국제 지재권 강화의 효과: 실증분석

기존 이론 모형들의 검토를 통해 확인한 바와 같이 다양성 증가를 위한 혁신활동에 대하여 북쪽 혁신/남쪽 모방을 가정하는 제품수명주기모형에 따르면, 국제 지재권 보호 강화가 북쪽의 혁신활동 증가 및 남쪽의 상대임금 혹은 실질임금 증가로 이어질 수 있는가는 (R&D 투자에 대해 한계수확체감이 적용되는 여부에 상관없이) 지재권 보호 강화가 북쪽기업의 해외투자 확대로 얼마만큼 연결되는가에 달려 있다. 국제 지재권 보호 강화와 개발도상국으로의 직접투자 및 기술이전이 실증적으로 어떤 관계가 있는가에 대한 연구는 다음과 같이 정리해 볼 수 있다.

Park(2008)의 서베이에 따르면 개발도상국의 국제 지재권 보호 수준과 미국 기업의 해외직접투자 사이에는 정의 상관관계가 있는 것으로 파악된다. 예를 들면 Lee and Mansfield(1996)의 연구는 1990년대 초 자료를 이용하여 미국 기업들의 해외직접투자량(flow)이 14개 개발도상국의 지재권 보호 수준과 정의 상관관계가 있음을 밝히고 있고, 개발도상국의 지재권 보호가 약한 경우에는 미국기업이 공장이나 R&D 설비에 대한 직접투자보다 판매나 유통과 관련된 투자를 하고 있음을 보여 준다. Nunnenkamp and Spatz(2004)의 연구도 미국의 해외직접투자의 누적량(stock)이 투자대상국의 국제 지재권 보호 수준과 양의 상관관계를 가지며, 개발도상국들에 대해서는 이러한 양의 상관관계가 더욱 강해짐을 보여 준다. Branstetter et al.(2006)은 기업 수준 데이터를 이용하여 1982년에서 1999년까지 16개국에서 일어난 국제 지재권 보호 수준의 강화로 미국 다국적기업 내 기술이전이 어떻게 변화했는지를 분석한다. 그들은 자회사로의 기술이전에 따른 로열티 지급과 자회사의 R&D 비용 지출, 해외 특허권 신청이 지재권 보호 수준의 강화 시 증가한다고 밝힌다. 특히 Branstetter et al.(2006)은 다국적기업의 자회사들이 지출하는 R&D 비용이 지재권 보호제도가 강화된 이후에 증가했다고 밝히는데, 자회사들의 R&D 비용이 주로 모기업으로부터의 기술 수입을 보완하기 위한 것임을 고려할 때 R&D 비용 지출의 증가는 기술이전 증가로 해석할 수 있다.

미국 다국적기업의 해외직접투자와 국제 지재권 보호 수준의 관계를 분석한 최근의 연구도 위에 언급된 연구와 비슷한 결과를 보여 준다. Branstetter et al.(2011)은 1980년대와 1990년대에 16개국에서 일어난 지재권 보호제도 강화에 대한 미국 다국적기업의 반응을 분석한다. 그들은 미국의 다국적기업들이 지재권 보호제도를 강화한 나라에서 생산과 고용을 늘릴 뿐만 아니라, 특히 기술집약적 산업에서 산업별 부가가치 역시 증가시킨다는 사실을 발견하였다. 기존 연구와는 달리

Branstetter et al.(2011)은 국제 지재권 보호제도의 강화가 연간 최초 수출 건수, 즉 미국이 어떤 국가로부터 처음 수입한 HS 코드 10자리 수준 상품의 수에 미치는 영향을 분석하는데, 그들의 연구는 지재권 제도 강화 이후 최초 수출 건수가 급격하게 증가한다는 사실을 밝힌다. 이러한 사실은 국제 지재권 제도 강화가 다국적기업의 해외 자회사에 의한 생산 범위를 확대함으로써 개발도상국의 수출을 증가시킨다는 것을 시사한다.

Park(2008)의 서베이가 지적한 바와 같이 미국 외의 데이터를 살펴보면 미국의 결과와는 달리 국제 지재권 보호 수준의 강화와 선진국의 해외직접투자 사이에 높은 정의 상관관계가 없을 수 있음을 보여 준다. 예를 들면, 프랑스 다국적기업의 위치 결정에 지재권 보호 강화가 미치는 영향을 분석한 Mayer and Pfister(2001)의 실증분석은 지재권 보호 강화가 개발도상국으로의 직접투자 결정에 통계적으로 유의한 영향을 주지 않으며, 다른 선진국으로의 직접투자 결정에 대해서는 너무 높은 수준의 지재권 보호가 오히려 악영향을 끼친다는 것을 보여 준다. 하지만 Mayer and Pfister(2001)의 실증분석은 해외투자의 위치 선정에 대한 것이지, 지재권 강화가 해외직접투자량이나 기술이전에 미치는 영향을 분석한 것은 아니다. Javorcik(2004)는 구소련 국가와 동유럽 국가들의 지재권 보호 강화가 이들 국가들로의 해외직접투자에 미치는 영향을 분석한다. 이 연구에 따르면, 지재권 보호 강화는 고기술 부문에서 이들 국가로의 해외직접투자를 촉진하며, 국제 지재권 보호가 약한 경우에는 해외직접투자가 생산시설 이전이 아니라 주로 유통망을 위한 투자로 이루어짐을 보여 준다.

개발도상국의 국제 지재권 보호 강화가 북쪽기업의 해외직접투자 확대로 얼마만큼 연결되는가에 대하여 위에서 검토된 연구결과를 정리해 보면, 미국 기업의 경우 이러한 연결고리가 상당히 강한 것으로 보이나 프랑스와 같은 다른 선진국의 경우는 그 연결고리가 약할 수 있음을 보여 준다. 이러한 결과는 다른 선진국에 비하여 우월한 통상협상력을 이용하여 보다 적극적으로 국제 지재권 보호제도 강화의 효과를 누릴 수 있는 미국 기업과 그렇지 못한 다른 선진국 기업이 지재권 보호제도 강화에 반응하는 정도가 서로 다른 데서 오는 결과일 수 있다. 하지만 이러한 가설에 대해서는 추가적인 실증분석이 필요하다고 판단된다.

앞서 살펴본 이론모형과 실증분석 모두 산업별로 모방위험이 다를 수 있다는 점에 주목하지 않은 것에 반하여, Ivus et al.(2015a)은 북쪽 혁신/남쪽 모방 모형에 모방 위험(기술적 복잡성의 차이에 따라)이 다른 산업들을 도입한다. 또한 남쪽에서 상품을 판매하고자 하는 북쪽의 기업은 북쪽에서 생산하여 수출하거나 해외직접투자를 통해 남쪽에서 직접 생산하는 것 이외에, 라이센싱을 통해 남쪽의 기업이 생산을 담당하게 하고 이익의 일부를 라이센싱에 대한 대가로 받을 수 있다고 가정한다. 물론 북쪽기업은 라이센싱을 통해 해외직접투자에 들어가는 고정비용을 피할 수 있으나 대신에 북쪽기업을 가장 높은 모방 위험에 노출시킨다고 가정한다.

Ivus et al.(2015a)의 모형에 따르면 남쪽의 국제 지재권 보호 강화는 남쪽기업에 의해 모방된 상품 수를 줄이고, 각각의 산업에서 라이센싱을 통한 다국적 생산을 증가시키며 이러한 산업 내 재분배 효과는 모방이 쉬운 산업에서 특히 크게 나타난다. 또한 다국적 활동에 참가하는 산업이 증가하는데 이러한 다국적 생산에 대한 외연 확장은 주로 라이센싱에 참가하는 기업들의 증가를 통해 이루어진다. Ivus et al.(2015b)은 1993년에서 2009년까지 44개 개발도상국에서 일어난 미국 모기업(1,185개)의 자회사 혹은 외부기업에 대한 라이센싱에 대한 미국 경제분석국의 데이터를 이용해 언제, 그리고 왜 다국적기업이 외부기업이 아니라 내부적으로 (자회사에) 기술을 이전하는지를 분석한다. 그들은 8개의 고기술 제조업에 속한 기업들의 실증분석에 집중하며, 이들 기업을 상품의 기술적 복잡성에 따라 두 가지로 구분하여, 이산적(discrete) 산업의 상품에 비해 복잡한 산업의 상품이 모방하기 더욱 어렵다고 가정한다. 그들의 실증분석은 지재권 보호 강화가 외부기업에 대한 라이센싱 비중을 높이는 방향으로 작용하며 이러한 경향은 이산적 산업에서 더 크다는 것을 보인다.

국제 지재권 보호 강화가 북쪽기업의 해외직접투자 증가로 이어지는 여부가 중요한 것은 결국, 이러한 연결고리를 통해서 지재권 보호 강화가 세계적으로 혁신을 촉진하는지 여부에 영향을 주기 때문이다. 그렇다면 국제 지재권 보호 강화와 세계적인 혁신 증가는 어떤 관계가 있는가? 현재까지는 연구마다 조금씩 다른 결과를 보여 준다. 예를 들어 Branstetter and Sakakibara(2001)는 1988년의 일본 특허제도 개혁(1개의 특허가 포함할 수 있는 범위가 확대되어 특허를 통한 지재권 보호가 강화되었다고 파악함)이 더 많은 혁신을 초래했는가에 대한 증거를 찾지 못했다. 하지만 Chen and Puttitanun(2005)은 1975년에서 2000년까지 64개 개발도상국들이 USPTO에 출원한 특허자료와 각국의 경제발전 및 지재권 보호 수준에 대한 정보를 이용하여 개발도상국의 지재권 보호 강화와 개발도상국의 특허출원이 정의 관계가 있음을 보여 준다.

최근의 연구인 Ang et al.(2014)은 중국 지재권의 실질적 집행 정도가 지역 성 수준에서 차이가 있다는 것에 착안하여 이 문제를 분석한다. 지재권 집행 정도에 대한 추정치로서, Ang et al.(2014)은 중국 각 성의 법원에 제기된 지재권 소송에서 지재권 소유자인 원고의 승소 비율을 사용하는데, 이는 보다 높은 수준의 지재권 보호는 법정분쟁에서 지재권의 소유자가 이길 확률을 높일 것이라고 보는 것이다. 그들의 분석은 지재권 보호제도가 엄격하게 시행되고 있는 성에서 첨단기술기업이 외부 자금에 더 높은 접근성을 가지며, R&D에 대한 투자율이 높고, 보다 많은 특허권을 취득하며, 신상품 판매율이 높다는 것을 밝힌다. 이러한 결과는 특허권 보호 강화가 새로운 제품을 개발하는 혁신·창조활동을 촉진할 가능성이 있음을 시사한다.

③ 품질 사다리 모형과 국제 지재권 강화의 효과: 이론 및 실증분석

Vernon(1966)의 제품수명주기이론은 앞서 살펴본 바와 같이 다양성 증가 모형을 통해 모형화되기도 했지만, 소위 '품질 사다리 모형'을 통해 발전되어 왔다. 다양성 증가 모형의 경우 혁신·창조활동을 통해 새롭게 만들어진 상품은 존재하는 상품의 다양성을 증가시킴으로써 소비자의 효용을 증가시키고, 북쪽에서 만들어진 새로운 상품은 남쪽에서 모방됨으로써 제품수명주기가 종료된다. 이에 반하여 Aghion and Howitt(1990)와 Segerstrom et al.(1990)에 의해 처음 만들어지고 Grossman and Helpman(1991c)에 의해 세련화가 이루어진 품질 사다리 모형에서는 생산될 수 있는 상품 수가 한정되어 있는 반면, 혁신·창조활동은 기존 상품의 품질을 외생적으로 주어진 특정 배수만큼 증가시킨다. 북쪽에서 만들어진 새로운 상품은 북쪽에서 더 새롭게 만들어진 차세대 상품으로 대체되거나, 남쪽의 모방에 의해 대체될 수 있고, 이렇게 대체된 상품은 또다시 북쪽에서 더 새롭게 만들어진 차세대 상품에 의해 대체될 수 있기 때문에, 앞서 다양성 증가 모형의 제품수명주기와는 달리 영속적이고 다양한 형태의 주기를 지니게 된다.

다양성 증가 모형과 마찬가지로, 제품수명주기가 어떠한 방식으로 발생하는가에 따라 국제 지재권 강화가 북쪽과 남쪽에 미치는 영향이 달라지는데, 이 부분에 초점을 두어 관련 연구들을 살펴볼 것이다. Grossman and Helpman(1991c)의 품질 사다리 모형에서 소비자들은 다음과 같이 선호체계를 갖고 있다. 소비자들은 상품 연속체에 존재하는 상품을 선택한다. 전 세계의 소비자는 모두 동일한 선호체계를 갖고 있으며, 매기 대표적 소비자의 효용함수는 다음과 같이 주어진다.

$$\log u(t) = \int_0^1 \log \left[\sum_j q_j(\omega) x_{jt}(\omega)\right] d\omega.$$

여기서 $x_{jt}(\omega)$는 소비자가 품질 q_j을 갖는 상품 ω를 시간 t에 소비하는 양이며, 상품 ω의 품질 수준 $q_j(\omega)$은 $q_j(\omega)=\lambda^j$로 주어진다. 외생적으로 주어진 λ가 1보다 크기 때문에 $q_j(\omega) > q_{j-1}(\omega) \rightarrow \lambda^j > \lambda^{j-1}$로 새로 개발된 차세대 상품은 전 세대의 상품에 비하여 λ배만큼 좋다. 모든 상품의 최초 품질 수준은 $q_0(j) = \lambda^0 = 1$이며, 새로 개발된 상품이 전 세대의 상품에 비하여 항상 λ배만큼 좋기 때문에 상품품질 향상에 한계수확체감이 적용되지 않는다는 것을 간접적으로 가정하고 있다.

소비자들은 질이 높은 상품에 대해 돈을 더 지불할 용의가 있으므로, 북쪽의 기업은 기존 제품들의 품질 수준을 높이는 데 투자할 유인을 갖게 된다. 북쪽기업이 혁신에 성공하여 생산하던 상품이 남쪽기업에 의해 모방되면, 남북 간의 임금격차에 따라 모방된 상품은 남쪽기업에 의해서만 생산되게 된다. 하지만 이렇게 모방에 의해 남쪽으로 생산이 이전된 상품을 다시 북쪽기업이 혁신·창조활동에 의해 다음 세대의 품질로 향상시키면, 이 상품의 생산은 남쪽의 독점기업에서 북쪽의 독점기업으로 이전되어 온다. 특정 시점에서 북쪽의 기업은 현재 품질사다리에서 가장 높은 수준의 상품 개발에 성공하여 이를 생산하고 있는 '선도기업'과, 아직 다음 단계의 상품 개발에 성공하지 못했지만 혁신·창조활동에 투자하여 한 단계 높은 수준의 상품을 생산할 가능성이 있는 '추종기업'으로 나눌 수 있다. 이러한 북쪽기업들은 현재 북쪽의 선도기업이 생산하는 상품의 차세대 상품 개발에 투자할 수도 있고, 남쪽기업이 모방에 성공하여 생산하고 있는 상품의 차세대 상품 개발에 투자할 수도 있다. Grossman and Helpman(1991c)에 의하면 남쪽이 생산하고 있는 상품의 차세대 상품 개발은 추종기업이 아닌 선도기업만 수행하게 되는데, 이는 선도기업이 상품 개발에 약간의 비용우위가 있더라도 추종기업은 자금조달 경쟁에서 밀리기 때문이다. 북쪽기업이 생산하고 있는 상품의 차세대 상품 개발과 관련해서 Grossman and Helpman(1991c)은 현재 이 상품을 생산하고 있는 선도기업은 이러한 상품 개발에 투자할 유인이 없음을 밝히는데, 이는 개발에 성공하더라도 현재 독점이익을 누리고 있는 상품을 대체할 이유가 없기 때문이다. 따라서 북쪽기업이 생산하고 있는 상품의 차세대 상품 개발은 추종기업에 의해서는 수행되어야 하는데, 상품개발능력에 있어서 추종기업들은 선도기업보다 열위에 있을 수 있다. 이러한 비용열위가 매우 큰 경우에는 북쪽의 상품은 남쪽의 모방에 의해서만 대체되며, 그렇지 않은 경우 북쪽의 상품은 남쪽의 모방 혹은 북쪽 추종기업의 차세대 상품 개발에 의해서 대체될 수 있다. '비효율적 추종기업'을 가정하는 전자의 경우 새로운 상품은 오직 남쪽기업에 의해 모방되어 생산된 이후에만 북쪽기업에 의해 개발된다.

국제 지재권 강화가 북쪽과 남쪽에 어떤 영향을 미치는가는 북쪽의 선도기업에 의해 생산되는 상품의 차세대 상품 개발에 투자하는 '효율적 추종기업'을 가정하는가, 아니면 '비효율적 추종기업'을 가정하는가에 따라 달라진다. Grossman and Helpman(1991c)의 분석에 따르면, '효율적 추종기업'을 가정하는 경우 국제 지재권 보호 강화에 따라 남쪽기업의 모방속도가 느려지면 북쪽 추종기업의 차세대 상품 개발 유인을 강화하여 북쪽의 상품개발속도를 높인다. 이에 반하여 '비효율적 추종기업'을 가정하는 경우 지재권 보호 강화에 따라 남쪽의 모방속도가 느려지면 북쪽의 차세대 상품 개발속도 역시 느려진다. 이는 새로운 상품이 개발되어야만 모방이 일어날 수 있고, 모방이 일어나야만 새로운 상품이 개발될 수 있기 때문에 균형에서 혁신과 모방의 속도가 같아야만 하기 때문이다.

그렇다면 앞서 다양성 증가 모형을 통해 확인한 바와 같이, 북쪽기업이 해외직접투자를 통해 남쪽으로 생산을 이전하게 되면 지재권 강화 효과에 차이가 생길 수 있는지 분석할 필요가 있다. 이와 관련해서 Glass and Saggi(2002)의 연구는 Grossman and Helpman(1991c)의 모형을 확장하여 북쪽 선도기업이 해외직접투자를 통해 남쪽에서 생산할 수 있는 가능성을 허용하지만, '비효율적 추종기업'의 경우에 한정하여 분석한다. 이렇게 확장된 모형하에서는 남쪽기업이 1) 상대적으로 모방이 쉬운 직접투자를 하고 있는 북쪽기업의 상품만을 모방하는 경우와 2) 북쪽에서 생산하고 있는 기업의 상품도 모방하는 두 가지 형태의 균형이 존재한다. 해외직접투자를 통해 생산된 상품만 모방되는 첫 번째 균형의 경우, 지재권 보호 강화를 통해 모방의 속도가 늦어지면 새로운 상품이 개발되는 속도, 이러한 상품이 해외직접투자를 통해 남쪽으로 이전되는 속도가 모두 줄어들게 된다. 이 결과는 새로운 상품이 개발되어야 해외직접투자가 일어날 수 있고, 해외직접투자가 일어나야 모방이 가능한 첫 번째 균형의 성격 때문인데, 즉 균형에서 혁신과 해외직접투자 및 모방의 속도가 모두 같아야 하기 때문에 이러한 결과가 나타난다. 남쪽기업이 해외직접투자를 통해 남쪽에서 생산되는 상품만 아니라 북쪽에서 생산되는 상품도 모방하는 두 번째 균형의 경우에도 국제 지재권 보호 강화는 결국 북쪽의 혁신을 감소시킨다. 그 이유는 지재권 보호 강화가 남쪽기업의 모방비용을 높여 해외직접투자를 하는 북쪽기업에 필요한 남쪽의 노동력을 감소시켜 북쪽의 해외직접투자를 줄이게 되고, 그 결과 혁신활동에 종사하는 북쪽의 인력을 감소시켜 새로운 상품의 개발속도를 늦추기 때문이다.

Glass and Wu(2007)는 Glass and Saggi(2002)와 마찬가지로 북쪽 선도기업이 해외직접투자를 통해 남쪽에서 생산할 수 있는 가능성을 허용하여 분석한다. 그러나 남쪽기업의 모방속도가 모방을 위한 투자에 의해 내생적으로 결정되는 Glass and Saggi(2002)와는 달리 모방속도가 외생적으로 주어져 있고 남쪽의 모방은 해외직접투자를 한 북쪽기업의 상품에 대해서만 가능한 경우를 분석한다. Glass and Wu(2007)가 강조한 바와 같이 똑같은 경우를 다양성 증가 모형에 대해 분석한 Lai(1998)의 결과와는 정반대로 지재권 보호 강화를 통해 모방의 속도가 느려지면 새로운 상품이 개발되는 속도, 이러한 상품이 해외직접투자를 통해 남쪽으로 이전되는 속도가 모두 줄어들게 된다. 이러한 결과가 나오는 이유는 Glass and Wu(2007)도 Glass and Saggi(2002)와 마찬가지로 '비효율적 추종기업'을 가정하기 때문에, 균형에서 혁신과 해외직접투자 및 모방의 속도가 모두 같아야 하기 때문이다.

'비효율적 추종기업'을 가정하는 Glass and Saggi(2002), Glass and Wu(2007)의 연구와는 대조적으로 Dinopoulos and Segerstrom(2010)은 모든 북쪽기업이 새로운 상품의 개발에 똑같은 효율성을 갖는 '(매우) 효율적 추종기업'이라고 가정하되, 남쪽으로 생산을 이전하기 위한 해외직접투자를 위해서는 북쪽기업이 현지화를 위한 추가적인 R&D를 해야 한다고 가정한다. Dinopoulos and Segerstrom(2010)의 분석은 국제 지재권 보호 강화가 해외직접투자에 대한 유인을 증가시켜 해외직접투자가 늘어난 결과 남쪽과 북쪽의 임금격차를 영속적으로 줄이고, 북쪽의 혁신속도를 일시적으로 증가시킨다는 것을 보인다.[4] 여기

4 Dinopoulos and Segerstrom(2007)은 이러한 분석에 앞서 같은 모형하에서 북쪽기업의 해외직접투자가 존재하지 않는 경우를 분석하고, 그 경우 남쪽의 모방속도를 감소시키는 국제 지재권 보호 강화가 남쪽과 북쪽의 임금격차를 영속적으로 늘리고, 북쪽의 혁신속도는 일시적으로 낮춘다는 것을 보여 준다. 이러한 결과는 남쪽의 모방속도를 감소시키는 지재권 보호 강화가 북쪽의 혁신속도를 증가시키는 Grossman and Helpman(1991c)의 '효율적 추

에서 북쪽의 혁신속도가 일시적으로만 증가하는 이유는 Grossman and Helpman(1991c)과는 달리 상품품질 향상에 한계수확체감이 적용되는 Segerstrom(1998)의 모형을 따르고 있기 때문이다.

Dinopoulos and Segerstrom(2010)은 앞서 다양성 증가 모형과 관련된 실증분석으로 논의된 Branstetter et al.(2006)의 연구, 즉 미국 다국적 기업의 경우 국제 지재권 보호 강화 시 자회사로의 기술이전으로 인한 로열티 지급과 자회사의 R&D 지출이 증가하는 것을 보여 준 연구를 그들의 모형에 대한 실증적 증거로 해석한다. 이러한 해석은 Glass and Wu(2007)가 해외직접투자가 존재하는 경우 지재권 보호 강화가 혁신속도 증가와 해외직접투자에 긍정적인 영향을 주기 위해서는 혁신활동이 차세대 상품 개발이 아니라 상품 다양성 증가를 위한 것이어야 한다는 결론과 대조를 이룬다. 이는 Glass and Wu(2007)와는 달리 '(매우)효율적 추종기업'을 가정하는 경우 지재권 강화가 해외직접투자와 차세대 상품 개발속도를 모두 증가시킬 수 있기 때문이다. 따라서 다양성 증가를 위한 혁신활동뿐만 아니라 보다 나은 품질의 차세대 상품 개발을 위한 혁신활동에 대하여 북쪽 혁신/남쪽 모방을 가정하는 제품수명주기 모형하에서도 국제 지재권 보호 강화가 북쪽의 혁신활동 증가와 남쪽의 상대임금 혹은 실질임금 증가로 이어질 수 있는가는 (R&D 투자에 대해 한계수확체감이 적용되는 여부에 상관없이) 지재권 보호 강화가 북쪽기업의 해외투자 확대로 얼마만큼 연결되는가에 달려 있다고 할 수 있다.

Eaton and Kortum(1996)은 Grossman and Helpman(1991d)의 품질

종기업'에 대한 분석과 다른데, 이렇게 다른 결과가 나오는 이유는 Grossman and Helpman(1991c)의 경우 북쪽의 추종기업만 현재 북쪽의 선도기업이 생산하고 있는 상품의 차세대 상품 개발에 투자하고 선도기업은 이러한 투자를 하지 않는다고 보는 반면, Dinopoulos and Segerstrom(2007)은 모든 북쪽 기업이 이러한 투자를 한다고 가정하는 데서 오는 것으로 판단된다.

사다리 모형을 다국 모형으로 확장하되, 각국이 보다 나은 상품(중간재)을 개발하는 속도는 그 국가의 혁신 분야에 종사하는 연구자 수와 전체 노동력의 숫자에 콥-더글러스 함수 형태로 의존한다고 가정함으로써 개발도상국도 혁신활동에 참가할 수 있는 가능성을 열어 놓는다. 보다 구체적으로 Eaton and Kortum(1996) 모형하에서 국제무역이 가능한 동질의 최종재는 콥-더글러스 생산함수로 생산되는 무역이 불가능한 중간재를 이용해 생산되며, 이러한 중간재의 범위가 $J > 1$로 고정되어 있고, 시간이 지남에 따라 혁신의 결과로 중간재의 질이 향상된다. 혁신으로 인한 중간재 품질 향상의 정도는 Q라는 확률변수로 가정되며, 이 확률변수는 $\Pr[Q < q] = 1 - e^{-\theta q}$로 나타나는 지수 분포를 갖는다. 이 경우 평균적인 품질 향상의 양은 $1/\theta$로 나타난다. 또한 이러한 중간재 품질 향상은 각국 내부에서 이루어진 혁신의 결과로 나타나기도 하지만 해외에서 이루어진 혁신의 결과가 각국 중간재의 품질 향상으로 이어지는, 즉 일종의 모방을 통한 기술의 전파를 가정한다. 이러한 기술전파를 모형화함에 있어서 기술적으로 뒤떨어진 국가에 같은 내용의 기술이 전파될 경우 평균적으로 더욱 큰 품질 향상으로 이어진다고 가정하여 기술적으로 뒤떨어진 국가가 기술적으로 추격할 수 있는 여지를 열어 놓는다.

Eaton and Kortum(1996) 모형은 각국의 혁신 및 그 혁신의 결과가 다른 국가들로 전파되는 정도가 비용이 발생하는 혁신과 모방활동에 의해 내생적으로 결정되지 않는 모형이라는 단점이 있지만, 혁신이 일어났을 때 그 혁신의 결과물에 대하여 특허를 신청할 것인가의 여부를 모형화함으로써 국제적인 특허출원활동을 통해 각국의 혁신 및 혁신의 국제적 전파를 추정할 수 있게 한다. 국내 혹은 해외에서 특허를 받는 것은 어떤 발명가가 직면하는 모방의 위험을 줄이는 효과가 있지만 특허를 받는 과정에서 비용이 발생하기 때문에 균형에서는 오직 특정한

품질 수준을 넘는 혁신만이 특허를 받게 되며, 타국에 특허출원을 하는 국제적인 특허출원활동은 혁신이 국제적으로 전파되는 정도와 국제적으로 모방되는 정도에 따라 결정된다.

Eaton and Kortum(1996)은 19개 OECD 회원국의 1988년 특허출원 데이터와 각국의 성장률, 노동자 수, 교육수준, R&D 관련 연구자 수 등을 이용하여 앞서 설명된 모형을 추정한다. 이렇게 추정된 모형의 매개변수들에 의하면, 표본 내 국가들의 경제 성장의 50% 이상이 미국, 독일, 일본이라는 세 국가의 혁신에 의해서 주도되고 있으며, 특히 미국의 혁신이 가장 큰 영향을 미치고 있다. 이러한 분석결과는 R&D에 의한 혁신이 매우 높은 수준에서 국제적으로 전파되고 있음을 의미한다.

Eaton and Kortum(1999)은 앞서 언급된 자신들의 연구가 지닌 약점을 보완하여 각국에서 혁신활동에 종사하는 연구자 수가 내생적으로 결정되는 형태로 각국의 혁신활동 수준을 내생화하였다. 또한, Grossman and Helpman(1991a)이 설명하고 있는 여러 형태의 다국 내생성장모형에서 가정하는 바와 같이 혁신활동에 한계수확체감이 적용되지 않는 경우와 Jones(1995) 및 Segerstrom(1998)과 같이 혁신활동에도 한계수확체감이 적용되는 경우를 모두 분석한다. Eaton and Kortum(1996)의 연구와 또 다른 차이점은 19개의 OECD 회원국 모두를 모형의 추정 및 캘리브레이션(calibration) 대상으로 삼지 않고, 5개국(미국, 일본, 독일, 영국, 프랑스)만을 대상으로 실증분석을 진행한다는 것이다. 이렇게 분석대상국을 5개국으로 제한한 것은 1980년대 후반 이들 5개국이 고용한 과학자와 엔지니어가 전체 OECD 국가들의 R&D 인력 고용의 80% 이상을 차지하고, 자신들 모형의 장기균형에서 일어나(야 하)는 것처럼 1980년대 후반 이들 5개국의 성장률이 매우 비슷한 수준으로 수렴되었기 때문이다. Eaton and Kortum(1996)의 연구에서와 마찬가지로 혁신의 결과물에 대하여 특허를 신청할 것인가의 여부를 모형화함으로써 국제적인 특허출원활동을 통해 각국의 혁신 및 혁신의 국제적 전파속도를 추정할 수 있게 한다. 특허출원활동을 살펴보면 발명자들이 해외보다 국내의 특허를 신청하는 비중이 훨씬 높은데, 이는 해외에서 혁신 결과가 채택되어 활용될 가능성이 적어서일 수도 있고, 해외에서 출원한 특허를 통한 보호 수준이 국내에서 특허를 출원한 경우보다 약해서일 수 있다. Eaton and Kortum(1999)의 실증분석은 발명자들이 해외보다 국내의 특허를 신청하는 비율이 훨씬 높은 이유가 주로 후자, 즉 해외 특허의 보호 수준이 국내 특허의 보호 수준보다 낮기 때문이라고 밝히고 있다. 이들의 연구에 따르면 각국이 국내에서 발생한 유용한 혁신을 채택하는 경우에 비교하여 해외의 유용한 혁신을 채택하는 정도가 절반에서 3/4에 달하는데, 이러한 결과는 국가 간 혁신이 매우 활발하게 전파되고 있음을 보여 준다. 특히 미국과 일본의 혁신을 합하면 각국 경제성장의 2/3 혹은 그 이상 설명할 수 있고, 오직 미국의 성장만이 대부분 자국 스스로의 혁신을 통해 이루어지는 것으로 나타난다.

특허를 통한 혁신활동 보호가 미치는 영향을 분석하기 위해 Eaton and Kortum(1999)은 국내와 해외에서 특허로 보호된 혁신이 모방되는 속도를 각각 특허로 보호되지 않은 혁신이 국내와 해외에서 모방되는 속도와 일치시켰을 때 어떤 변화가 일어날지를 캘리브레이션을 통해 분석한다. 이 분석에 따르면, 혁신활동에 한계수확체감이 적용되지 않는다고 가정하는 경우 생산성 향상 속도가 0.1% 정도 감소하며, 혁신활동에 한계수확체감이 적용된다고 가정하는 경우는 모든 국가의 생산성 수준이 약 6% 정도 감소하였다. 특허 보호가 완벽한 경우, 즉 특허로 보호된 혁신의 경우 국내나 해외에서 모두 모방이 전혀 일어나지 않는 경우를 가정하면, 국가 간 상대적 생산성에는 거의 영향을 주지 않는다. 하지만 이러한 변화는 혁신활동에 한계수확체감이 적용되지 않는 경우에 대해서는 생산성 성장률이 0.5% 정도 상승하며, 혁신활동에 한계수확체감이 적용되는 경우 장기 생산성 수준이 거의 40% 정도 상승하는데, 물론 이러한 생산성 증가는 연구에 투입되는 노력이 매우 급격하게 올라가기 때문이다.

세계경제 속에서 혁신과 모방이 어떻게 일나나고 전파되는가에 대하여 Eaton and Kortum(1996, 1999)이 개발하고 실증분석에 이용한 모형의 큰 장점은 국제적 특허출원 데이터와 각국의 성장률 및 노동력과 같은 거시지표와 혁신활동에 참여하는 과학자 및 엔지니어의 숫자 등 직접적으로 관찰이 가능한 데이터를 이용하여 각국이 만들어 내는 혁신의 총 가치와 이러한 혁신이 다른 국가들로 전파되는 정도 등을 모형을 통해 유추할 수 있다는 것이다. Eaton and Kortum(1996) 모형의 이러한 장점을 이용하여 McCalman(2001)은 TRIPS 협정 도입이 1988년 각국에 의해 특허로 출원된 혁신의 가치에 어떤 영향을 주었는가를 분석함으로써 TRIPS 협정이 1988년을 대상으로 각국의 특허 관련 지대(rent) 수입에 미친 영향을 분석한다. McCalman(2001)은 Eaton and Kortum(1999)에서 고려된 것과 마찬가지로, 자국 것인지 혹은 외국 것인지에 따라 특허가 출원된 혁신에 대한 모방 위험이 다를 수 있음을 허용하고, 이에 더하여 각국의 특허 보호 수준을 나타내는 지수를 도입하여 이 지수가 높을수록 대상국가에서 출원된 특허가 모방될 위험이 줄어들 수 있도록 모형을 수정한다. 또한 국가별로 특허가 보호되는 부문에 차이가 있는 상황을 반영하여 국가별로 차이가 있을 수 있는 부분별(특허)유효범위 변수를 모형에 도입한다.

McCalman(2001)은 이와 같이 수정된 Eaton and Kortum(1996) 모형을 1988년 당시 OECD 회원국 이외에 한국, 남아공, 이스라엘, 브라질, 인도, 멕시코, 콜롬비아, 파나마와 같은 개발도상국들을 포함한 총 29개국 자료를 이용하여 추정하고, 이 추정치에 근거하여 1988년 출원된 특허와 관련한 TRIPS 협정의 효과를 분석한다. TRIPS 협정은 참여국들로 하여금 최소보호수준(선진국의 특허 보호 수준에 가까운)을 정하여 국가 간 특허 보호 수준을 일치시킬 것을 요구했기 때문에, 앞서 언급된 각국의 특허 보호 수준을 나타내는 지수를 가장 높은 수준으로 일치시키고, 부분별 (특허)유효범위도 모두 가장 높은 수준으로 변화시킨다. 그런 다음 이러한 변화가 발생시키는 한 국가의 거주자들이 소유한 특허권의 현재가치 증가분과 그 국가에서 부여된 해외 소유 특허권의 현재가치 증가분의 차이를 통해, TRIPS의 도입으로 각 국가가 누리게 되는 국제적 특허 관련 지대이전 효과를 측정한다. 이러한 분석에 따르면 29개국 중 선진 6개국(미국, 독일, 프랑스, 이탈리아, 스웨덴, 스위스)만이 TRIPS로 인해 특허 관련 지대이전 이익을 얻었고, 특히 미국이 45억 달러에 달하는 특허의 현재가치 상승으로 가장 큰 이익을 얻는 것으로 분석되었다. 다른 한편, 브라질, 인도, 한국과 같은 당시 주요 개발도상국뿐 아니라 일본이나 영국과 같은 선진국도 상당한 손해를 보는 것으로 나오는데, 이 결과는 영국이나 일본의 경우 이 분석에 포함된 다른 국가들에 비하여 TRIPS 도입 이전에 국제특허 보호 수준이 상대적으로 낮았던 것에 비하여 외국의 발명가들에 의해 특허출원 대상국으로 지정되는 비중이 상대적으로 높았던 것에 기인한다.

위와 같은 McCalman(2001)의 분석은 TRIPS의 장기적 효과를 측정하기보다는 TRIPS 도입에 따른 국제 지재권 보호 강화로 특정 시점(1988)에 출원된 특허의 현재가치 증가분이 국가별로 어떻게 나누어지는가를 분석한다는 점에서 TRIPS의 단기적 효과를 측정한다고 할 수 있다. TRIPS와 같은 제도의 변화는 각국의 혁신속도와 모방속도에 영향을 줌으로써 모형의 장기적 균제상태에 변화를 가져올 것이고, TRIPS의 장기적 효과는 TRIPS에 의한 이러한 장기적 균제상태의 변화를 비교함으로써 분석할 수 있다. McCalman(2005)은 장기적 균제상태의 비교·분석을 통해 모든 국가가 TRIPS 도입으로 이득(장기 균제상태에서의 소득 증가)을 볼 수 있음을 보인다.

2) North Innovation/South Innovation-Imitation 모형

3장 1절 1항에서 살펴본 세계경제의 혁신활동에 대한 모형과 실증분석은 북쪽의 혁신활동을 통해 만들어진 새로운 상품이 추후 생산의 표준화 등에 의해 남쪽으로 생산이 이전된다고 파악한 Vernon(1996)의 제품수명주기이론이 다양한 형태로 모형화된 것이고, 실증분석도 이러한 제품수명주기모형의 검증을 중심으로 이루어져 왔다. 제품수명주기이론은 혁신·창조활동이 기존 선진국들을 중심으로 이루어지고 개발도상국들은 제품수명주기에 따라 추후 표준화된 상품을 경쟁적으로 생산하던 1990년대 이전 세계경제의 혁신과 무역 패턴을 설명하는 데 적절한 이론이라고 할 수 있다.

하지만 2장에서 살펴본 바와 같이 1990년대 이후 한국, 대만, 인도, 중국과 같은 아시아의 개발도상국들이 매우 빠른 속도로 혁신·창조활동을 확대하면서 남쪽(개발도상국)이 상품을 모방하거나 혹은 북쪽기업의 해외직접투자의 결과로만 상품을 생산하게 된다는 가정이 적절하지 않다는 비판이 제기되었다. 여기서는 남쪽이 모방만이 아니라 자체적으로 혁신·창조활동을 통해 새로운 상품을 생산할 수 있다는 가정하에서 세계경제의 혁신과 무역 패턴을 설명하는 최근 연구들을 살펴볼 것이다.

① Currie et al.(1999)

Currie et al.(1999)은 앞서 언급된 아시아 개발도상국들의 혁신·창조활동을 설명하기 위해 Grossman and Helpman(1991b)의 다양성 증가 모형을 확장한다. Grossman and Helpman(1991b)이 남쪽의 새로운 상품 개발 가능성을 고려하지 않았던 것과 대조적으로, Currie et al.(1999)은 남쪽이 모방을 위한 투자뿐 아니라 새로운 상품 개발을 위한 R&D를 할 수 있다고 가정한다. 이에 더해서 각 지역에서 창조되거나 모방된 상품 다양성의 축적을 통해 형성된 각 지역의 지식자본이 상호 간에 전파될 수 있다고 본다. 이렇게 확장된 내생적 성장 모형은 북쪽의 혁신과 남쪽의 모방, 북쪽의 혁신과 남쪽의 모방과 혁신, 그리고 양 지역의 혁신으로 이어지는 발전의 세 단계를 통합하여 분석할 수 있는 틀을 제공한다.

Currie et al.(1999) 모형의 균형에서 어떠한 단계가 나타나는지를 결정하는 요소에는 크게 두 가지가 있는데, 첫 번째 요소는 모방이 혁신에 비해서 얼마나 쉬운가이고, 두 번째 요소는 각 지역의 혁신이 다른 지역의 지식자본으로 전파되는 속도다. 보다 구체적으로 a_c/a는 혁신에 비교한 모방의 상대적 비용을 나타내는데, 이 매개변수가 낮을수록 남쪽에서 혁신보다 모방이 더 용이하다. 남쪽의 혁신이 북쪽으로 전파되는 속도에 대하여 Currie et al.(1999)은 즉각적인 전파, 즉 무한대의 속도를 가정하는 데 비하여, 북쪽의 혁신이 남쪽으로 전파되는 속도는 κ로 나타낸다. 그림 3-1은 Currie et al.(1999) 모형의 매개변수(파라미터) 값들이 특정하게 주어진 상태에서 a_c/a와 κ의 값에 따라 남쪽에 어떤 단계 균형이 나타나는가를 보여 준다. 그림 3-1을 통해 확인할 수 있는 바와 같이 혁신에 비교한 모방의 상대적 비용(a_c/a)이 특정한 값으로 주어져 있을 때, 북쪽의 혁신이 남쪽으로 전파되는 속도(κ)가 증가하면 남쪽의 지식자본이 증가하여 혁신이 상대적으로 용이해진다. 이에 따라 남쪽은 혁신 없이 모방만 하는 단계에서 모방과 혁신이 함께 존재하는 단계로 발전하고, κ가 일정 수준 이상으로 증가하면 남쪽에서도 혁신만 일어나는 단계로 나아간다. 물론 이러한 결과가 나오는 것은 남쪽기업도 일단 혁신에 성공하게 되면 모방에 성공한 것보다 높은 이윤을 누릴 수 있기 때문이다.

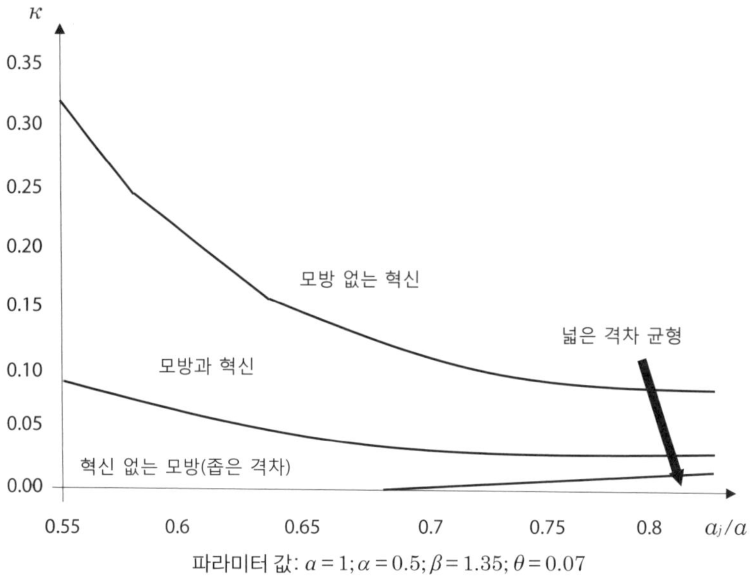

[그림 3-1] 남쪽 모방과 혁신의 결정

출처: Currie et al.(1999)의 Figure 1.

Currie et al.(1999)은 이 모형을 이용하여, 남쪽과 북쪽의 정부가 각각 혁신 혹은 모방활동을 촉진하기 위해 보조금을 지급하는 경우, 혁신과 모방의 속도가 어떻게 변하는지를 분석한다. 이러한 보조금의 영향은 남쪽이 어떤 단계에 있는가에 따라 달라지는데, 우선 남쪽이 혁신만을 하는 경우 혁신활동에 대한 보조금은 북쪽과 남쪽의 혁신속도를 모두 증가시킨다. 남쪽이 모방만을 하는 경우에도 보조금은 북쪽의 혁신속도를 증가시키고, 이에 따라 남쪽의 모방속도 또한 증가한다. 하지만 Currie et al.(1999)은 수치분석을 통해 남쪽이 모방과 혁신을 동시에 진행하는 경우, 남쪽의 모방에 대한 보조금이나 북쪽의 혁신에 대한 보조금이 혁신속도를 낮춰 결과적으로 장기 균형하의 성장속도를 감소시킬 수 있으며, 이에 반하여 남쪽의 혁신에 대한 보조금은 성장속도를 증가시킬 수 있고 남쪽이 혁신만 하는 단계로 옮겨 가도록 할 수 있다는 것을 보여 준다.

② He and Maskus(2012)

Currie et al.(1999)은 남쪽이 북쪽의 상품을 모방할 뿐 아니라 스스로 새로운 상품을 도입하는 혁신의 가능성을 고려함으로써 기존의 북쪽 혁신/남쪽 모방 모형의 한계점을 극복하려고 하였다. 하지만 Currie et al.(1999)의 이러한 모형은 북쪽의 해외직접투자와 북쪽 자회사의 상품을 모방하고 이를 통해 축적한 지식자본을 이용하여 남쪽이 새로운 상품을 도입하는 혁신의 가능성을 고려하고 있지 않다. He and Maskus(2012)는 다음과 같은 사례를 예로 들어, 북쪽기업의 해외직접투자가 남쪽의 혁신활동으로 이어지고, 이러한 혁신이 다시 북쪽기업이 이용할 수 있는 지식자본의 확충으로 이어질 수 있음을 설명한다.

> 시청각산업 내 광학저장장치의 진화는 이러한 과정을 나타낸다. 최초의 기술은 서양 국가에서 1980년대 초반에 나타난 오디오 콤팩트디스크(CD)였다. 1993년에 중국의 Wanyan Electronics는 보다 저렴한 비디오 콤팩트디스크(VCD)와 VCD 플레이어를 개발했다. 이들 상품은 중국 본토에서 유명해졌지만 서구권에 알려지지는 않았다. 이 개발은 (CD를 MPEG-1 규격에 맞춘 미국계 회사인) C-Cube Microsystems가 판매한 기술을 조사하고 중국의 경제특구에서 콤팩트디스크를 생산하는 기업들의 생산 공정을 학습함으로써 일어났다. 그러나 Wanyan Electronics의 상품은 특허를 받는 데 실패하여 자국 및 해외 기업들이 그 기술을 모방하기 시작했다(Xu, 2006). Sony나 Philips와 같이, VCD 규격에 관한 국제 특허를 소유한 일본, 유럽계 회사가 이에 해당한다(Linden, 2003). 이들 기업은 MPEG-2 규격을 개발한 미국 기업과 함께 훗날 디지털 비디오디스크

(DVD) 기술을 개발했다.

He and Maskus(2012)는 해외직접투자(혹은 수입), 모방, 경험적 학습, 그리고 혁신이 동시에 결정되고 궁극적으로 경제 성장에 영향을 미치는 동태적 일반균형 모형을 개발한다. 이들의 모형은 앞서 3장 1절 1항에서 논의된 Lai(1998)의 모형, 즉 북쪽기업이 해외직접투자를 한 상품에 대해서만 남쪽기업의 모방이 일어나는 모형에, Baldwin et al.(2005)이 강조하는 것처럼 경험적 학습도 지식자본의 일부가 된다는 가정을 도입한 후 남쪽기업 또한 모방뿐 아니라 혁신을 통해 새로운 상품을 도입할 수 있는 모형을 구축한다. 단, He and Maskus(2012)는 남쪽과 북쪽 간에 학습 효율이 달라서 남쪽의 혁신 비용이 더 높다고 가정한다. 마지막으로 남쪽의 새로운 지식이 다시 북쪽으로 전파되어 북쪽 지식자본의 일부가 됨으로써 북쪽의 혁신 단위비용을 줄이는 데 기여할 수 있는 가능성도 고려한다.

이러한 모형하에서, He and Maskus(2012)는 국제 지재권 보호 수준의 변화에 따라 바뀔 수 있는 남쪽의 모방속도 변화가 북쪽의 혁신활동과 해외직접투자 등에 어떤 영향을 주는지를 분석한다. 남쪽이 해외직접투자로부터 학습할 수 있는 역량이 작아 스스로 신상품을 개발하지 못하는 경우에, 지재권 보호 수준이 약화되어 남쪽의 모방속도가 증가하면 해외직접투자의 유인을 낮추어 균형에서 해외직접투자의 유입을 줄이고 북쪽의 노동력이 혁신이 아닌 상품생산에 더 많이 투입됨으로써 북쪽의 혁신속도를 감소시키는 Lai(1998)의 분석과 같은 결과로 이어진다. 남쪽이 해외직접투자로부터 학습하는 역량이 높아 신상품을 스스로 개발할 수 있는 경우에는 남쪽의 모방속도가 증가함에 따라 처음에는 해외직접투자가 줄어들지만, 높아진 모방속도에 의해 늘어난 지적자본을 통한 남쪽의 신상품 확장 효과가 신상품에 대한 경쟁을 강화시켜 오히려 북쪽기업이 가격경쟁력 회복을 위해 해외직접투자를 늘리게 된다는 것을 보여 준다. 따라서 남쪽의 혁신활동 참여는 남쪽의 모방속도와 북쪽기업의 다국적기업화 간에 U자형 관계를 갖도록 한다. 남쪽이 혁신활동에 참여하는 경우에도 이렇게 형성된 남쪽의 지적자본이 북쪽으로 전파되지 못하면 남쪽의 모방속도 증가는 항상 세계의 혁신속도 감소로 이어진다. 이는 북쪽에 비해 남쪽의 혁신능력이 상대적으로 낮기 때문에 일어나는 현상이다. 하지만 남쪽의 지적자본이 북쪽으로 전파되는 속도가 충분히 높은 경우에는 역기술전파로 인해 북쪽에서 혁신이 증대될 수 있고 세계의 혁신속도(성장률) 역시 모방속도에 대해 U자형 관계를 가질 수 있으며, 그 결과 남쪽의 혁신이 없는 기본모형에 비하여 남쪽의 혁신이 있는 모형하에서 세계경제의 성장률이 높아질 수 있음을 보이고 있다.

③ Lorenczik and Newiak(2012)

Lorenczik and Newiak(2012)의 연구도 앞서 살펴본 두 연구와 마찬가지로 남쪽이 북쪽의 새로운 상품을 모방하는 것뿐만 아니라 스스로 새로운 상품을 생산할 수 있는 혁신능력이 있다는 것에 초점을 맞추어 기존의 북쪽 혁신/남쪽 모방 모형을 수정하고 발전시킨다. 하지만 Lorenczik and Newiak(2012)의 연구는 기존 연구들이 주목하지 않았던 국제 지재권 보호 수준과 남쪽의 혁신활동 사이에 존재하는 다음과 같은 관계에 분석의 초점을 맞춘다. Ginarte and Park(1997)은 국제 지재권 보호 수준에 대한 지수를 만들어 각국의 지재권 보호 수준을 0에서 5 사이의 지수로 계산하여 표현하는 연구를 발표하였다.

Lorenczik and Newiak(2012)은 Ginarte and Park(1997)의 지재권 보호지수와 각 국가의 GDP 대비 R&D 지출 비율의 관계에 대한 분석을 통해 다음과 같은 사실을 찾아낸다. 지재권 보호지수가 3보다 낮은 국가 그룹의 경우에 R&D 지출은 큰 변동 없이 1% 미만이지만, 이 수준 위로는 각국의 지재권 보호지수와 R&D 투자가 명확한 정의 상관관계가 있으며, 각국의 지재권 보호지수와 1인당 GDP 사이에도 마찬가지 관계가 있다는 것이다. 물론 일정 수준 이상의 지재권 보호 수준 강화가 각국의 R&D 투자를 촉진하고 1인당 GDP를 높이는 것인지, 아니면 R&D 투자가 높고 1인당 GDP가 높은 경우 지재권 보호를 강화하게 되는지를 명확히 알 수 없다는 점에서 이러한 변수들 간의 관계가 인과관계를 나타내는 것은 아닐 수 있다. 하지만, Lorenczik and Newiak(2012)은 기존의 북쪽 혁신/남쪽 모방 모형을 수정하여 남쪽의 혁신가능성을 모형화하여 국제 지재권 보호 수준이 일정 수준 이상 되어야만 남쪽의 혁신활동을 촉발할 수 있다는 것을 보임으로써, 지재권 보호 강화가 남쪽의 혁신을 촉발하는 인과관계가 있을 수 있음을 이론적으로 증명한다.

Lorenczik and Newiak(2012)의 모형은 다음과 같은 특징을 지닌다. 첫째, Currie et al.(1999)의 모형과 마찬가지로 Grossman and Helpman(1991b)의 모형을 기본으로 하되, 남쪽이 모방을 위한 투자뿐 아니라 새로운 상품 개발을 위한 R&D를 할 수 있다고 가정한다. 하지만 Currie et al.(1999)과는 달리 남쪽과 북쪽이 동일한 수준의 지적자본을 이용하여 새로운 상품을 개발할 수 있다고 본다. 즉, Currie et al.(1999)은 남쪽과 북쪽 간 지식전파속도가 무한대라고 가정한다. 물론 앞서 살펴본 다른 모형과 마찬가지로 혁신에 필요한 노동력으로 표시한 혁신의 능력은 북쪽이 남쪽보다 적은 노동력을 이용하여 혁신이 가능하다고 가정하여 북쪽이 상대적으로 제품 생산보다는 혁신활동에 상대우위가 있다고 가정한다. 둘째, Lorenczik and Newiak(2012) 모형은 남쪽에서만 모방이 가능하되, 남쪽기업은 북쪽의 새로운 상품을 모방할 수도 있고 남쪽의 새로운 상품을 모방할 수도 있다는 것이다. 남쪽의 새로운 상품을 모방할 경우 같은 남쪽기업과 가격경쟁에 우위가 없기 때문에, 남쪽기업은 모방을 위한 R&D 투자뿐만 아니라 보다 낮은 비용으로 모방된 상품을 생산하기 위한 R&D 투자도 필요하다고 가정한다. 또한, 남쪽기업의 두 가지 다른 모방 형태에 대하여 각각 다른 수준의 지재권 보호가 가능하다고 보고 지재권 보호 효과를 분석한다.

위와 같은 모형을 이용하여 Lorenczik and Newiak(2012)은 지재권 보호가 임계점을 넘은 후에만 남쪽의 혁신을 위한 R&D가 나타난다는 것을 보인다. 지재권 보호 수준의 임계점은 남쪽의 연구 효율이 높고 인구가 많을수록 낮다는 것을 보여 주는데, 이는 개발도상국들에게 동일한 수준의 지재권 보호가 적용되더라도 R&D 부문이 보다 효율적이거나 경제규모(인구)가 더 큰 국가들일수록 혁신활동에 투자할 가능성이 높다는 점을 시사한다.

남쪽이 혁신활동에 참여하는 균형하에서, 남쪽기업이 새로운 상품을 모방하는 속도를 감소시키는 변수와 관련하여 Lorenczik and Newiak(2012)은 모든 1) 새로운 상품에 대한 지재권 보호가 강화되거나, 2) 남쪽의 혁신에 대한 지재권 보호만 강화되거나, 3) 남쪽의 혁신능력이 향상되는 세 가지 경우가 있음을 보여 준다. 남쪽의 혁신에 대한 지재권 보호만 강화되더라도 북쪽의 상품을 모방하는 속도가 감소하는 이유는 남쪽의 보다 많은 노동력이 모방보다는 혁신활동에 참여하게 되면서 전체적으로 모방에 투입되는 남쪽 자원이 줄어들기 때문이고, 비슷한 이유에서 남쪽의 혁신능력 향상은 남쪽의 모방속도를 전반적으로 감소시킨다. 또한, 국제 지재권 보호 수준의 강화 혹은 남쪽의 혁신능력 향상은 북쪽의 혁신 부문에 고용된 노동을 감소시키는데, 그 이유 남쪽의 모방이 줄어들어 보다 많은 북쪽의 노동력이 북쪽에서 개발된 새로운 상품의 생산에 투입되어야 하기 때문이다.

앞서 언급한 바와 같이, Lorenczik and Newiak(2012)은 남쪽의 지재권 보호 수준이 남쪽과 북쪽의 혁신에 대하여 각각 달리 기능할 수 있는

가능성을 고려함으로써 지재권 보호 강화가 남쪽과 북쪽의 임금격차 혹은 상대임금에 미치는 영향에 대하여 다음과 같은 분석결과를 보여 준다. 남쪽이 혁신활동에 참여하는 균형하에서 남쪽의 혁신에 대해서만 지재권 보호 수준을 강화하면 남쪽과 북쪽의 임금격차가 줄어들지만, 북쪽의 혁신에 대해서만 지재권 보호를 강화하면 남쪽과 북쪽의 임금격차가 늘어나게 된다. 남쪽과 북쪽의 혁신 모두에 대하여 지재권 보호 수준을 동일하게 강화하는 것은 북쪽에 비교한 남쪽의 상대임금을 증가시킬 수 있다. 이는 남쪽기업이 다른 남쪽기업의 새로운 제품을 모방하는 속도가 북쪽기업의 새로운 제품을 모방하는 속도보다 빠를 경우에만 일어나는 변화이고, 이러한 속도가 반대일 경우에 일반적인 지재권 보호 수준 강화는 남쪽의 상대임금을 감소시킨다. 즉, 일반적인 지재권 보호 수준 강화가 상대적으로 남쪽기업의 혁신을 더욱 보호하는 경우에만(남쪽기업의 새로운 상품이 북쪽기업의 새로운 상품에 비하여 더욱 빨리 모방되는 경우에만) 남쪽의 상대임금이 증가하는 것이다.

Lorenczik and Newiak(2012)은 모형에 근거한 수치 분석을 통해 지재권 보호 수준 강화가 각 지역의 효용 수준에 미치는 영향에 대하여 다음과 같은 분석결과를 보여 준다. 혁신이 남쪽에서 일어나는 경우, 양쪽 지역의 발명가들에게 지재권을 모두 강화하는 것은 모든 지역에서 후생을 늘린다. 반대로, 한계수준을 넘지 못하는 지재권 보호의 증가는 혁신을 촉진하지 못하고, 지역 간 임금격차를 늘리며, 남쪽의 실질 소비를 줄인다. Lorenczik and Newiak(2012)은 남쪽이 국내 발명가들에 이익이 되도록 해외 특허의 내국민대우 원칙을 포기할 때, 남쪽이 혁신을 하지 않는 경우에는 어떠한 지역도 손해를 보지 않고, 남쪽이 혁신하는 경우에는 양쪽 지역에 이득이 된다는 것을 보인다.

2. 2장의 실증분석을 바탕으로 살펴본 기존 연구의 한계점

2장의 USPTO 특허자료를 이용한 세계의 혁신·창조활동에 대한 분석은 그동안 미국, 일본, 독일, 프랑스, 영국 등 기존 선진국들을 중심으로 이루어진 혁신·창조활동이 1990년대와 2000년대에 나타난 한국과 대만 특허출원의 비약적 성장과 2000년대 들어서면서 본격화된 중국과 인도의 약진을 통해 아시아지역 신흥국들로 이동해 오고 있음을 보여 준다. 예를 들어 1980년대 USPTO 특허출원의 0.4% 정도밖에 차지하지 못했던 이들 아시아 신흥 4개국의 특허출원이 2010-2014년 동안 출원된 특허의 12%에 이른 것은 이러한 변화를 잘 보여 준다. 또한 특허인용 데이터를 이용한 2장의 다양한 분석은 아시아 신흥국들의 혁신·창조활동에서의 이러한 약진이 단지 양적 성장이 아니라 질적으로도 상당히 뒷받침되고 있음을 확인해 주었다.

하지만 특허인용 데이터를 이용하여 각국 특허의 질을 산업별로 비교한 2장 4절의 연구는 아시아 국가들이 출원한 특허의 질의 변화가 국가 및 산업별로 상당한 차이가 있음을 보여 준다. 한국의 경우 전기·전자 부문에서 전체 평균과의 차이를 1990년대 초반 잠시 역전했던 것을 제외하고는 화학, 컴퓨터·통신, 기계 부문에서 모두 전체 평균과의 차이를 줄이지 못하고 있으며, 의약·의료 부문에서는 차이가 오히려 벌어지고 있다. 대만의 경우 컴퓨터·통신과 의약·의료 부문을 제외한 나머시 산업들에서 1990년대 후반까지 빠른 특허 질의 향상을 보여 주었으나, 2000년대에 접어들면서 전체 평균과의 격차가 다시 증가하고 있으며, 이러한 경향은 특히 의약·의료 부문에서 강하게 나타나고 있다. 중국의 경우는 2000년대 들어 의약·의료 부문을 제외한 모든 산업에서 질적 수준이 빠르게 향상되어, 평균 피인용 횟수가 전체 특허의 평균 수준에 근접하고 있음을 확인하였다. 끝으로 아시아 국가 중 신흥국은 아니지만, 일본의 경우를 살펴보면 1980년대에는 의약·의료 부문을 제외한 모든 부문에서 전체평균을 상회하던 특허의 질이 1990년대에 들어오면서 전체평균보다 낮아지기 시작했으며, 1990년대에도 전체평균을 상회하던 기계 부문의 특허의 질조차 2000년대에 들어오면서는 전체평균을 밑돌기 시작하였다. 따라서 중국을 제외한 아시아 국가들의 특허의 질은 1990년대 들어서면서 전체평균과 비교하여 하락하는 경향을 보이고 있으며, 의약·의료 부문에서는 모든 아시아 국가들이 전체평균과의 차이를 줄이지 못하고 오히려 그 차이가 늘어나고 있다는 것이 특징이다.

2장의 실증분석 결과는 선진국들(북쪽)의 혁신과 개발도상국들(남쪽)의 모방이라는 프레임에서 세계의 혁신·창조활동을 이해하고 설명하려고 했던 3장 1절 1항에서 검토된 기존 연구들이 더 이상 적절하지 않음을 보여 준다. USPTO의 특허출원을 통해 살펴본 바와 같이 1990년대 이후 아시아의 신흥국들은 단순한 모방이 아니라 혁신·창조활동을 매우 빠른 속도로 증가시켜 왔으며, 그 결과 양적으로 또한 질적으로도 세계의 혁신·창조활동에서 중요한 역할을 하게 되었다. 따라서 1990년대 이후 세계의 혁신·창조활동에 대한 보다 적절한 이론적 프레임은 3장 1절 2항에 검토된 연구들과 같이, 개발도상국(남쪽)들도 모방뿐만 아니라 혁신·창조활동을 직접적으로 수행하는 모형이라고 할 수 있다.

3장 1절 2항에 검토된 개발도상국(남쪽)의 혁신을 허용하는 세 가지 모형은 각기 다른 특징을 갖고 있다. Currie et al.(1999)의 모형은 기본적으로 3장 1절 1항에서 검토된 Grossman and Helpman(1991)의 다양성 증가 모형을 확장하여 선진국(북쪽)의 혁신활동 결과를 통해 축적된 지적자본이 개발도상국(남쪽)으로 이전되고 이를 기반으로 남쪽에서 모방뿐 아니라 혁신도 가능하도록 허용한 모형이다. 이 모형에서는 남쪽으로 지적자본이 이전되는 속도와 혁신에 비하여 모방이 얼마나 상대적으로 쉬운지에 따라 남쪽에서 혁신만 일어날 수도 있고, 혁신과 모방이 동시에 일어날 수도, 모방만 일어날 수도 있다. 이 모형에 비추어 2장의 실증분석 결과를 살펴보면 다음과 같은 논의가 가능하다.

아시아 신흥국들을 제외한 대다수 개발도상국의 경우 USPTO에 출원된 특허를 통해서 측정된 혁신활동은 1980년대에서 2000년대에 이르기까지 거의 없거나 매우 미미하다. 표 2-1에 따르면 1980-1984년 동안 대다수 개발도상국이 포함된 RW의 특허출원은 전체 특허출원의 1% 미만이고, 2010-2014년 동안에도 RW의 전체 특허출원 비중은 1.6%에 그친다. 특히 이러한 상황이 다음 4장에서 논의된 바와 같이 TRIPS에 의한 국제 지재권 보호 강화가 대다수의 개발도상국에도 적용되기 시작한 2006년 이후에도 지속되고 있다는 점에 주목할 필요가 있다. Currie et al.(1999)의 모형에 비추어 이러한 현상을 해석하면, 대다수의 개발도상국은 지적자본이 이전되는 속도가 매우 느려 혁신활동이 일어나지 않는 경우에 해당된다. 한편, 아시아 신흥국의 경우는 1990년대 혹은 2000년에 들어서면서 지적자본이 이전되는 속도가 빨라졌고, TRIPS에 의한 지재권 보호 강화로 혁신에 비해 모방의 상대적 비용이 증가함에 따라 이들 국가들의 혁신활동이 가속화되었다는 가설을 도출할 수 있다. 하지만 Currie et al.(1999)의 모형에서는 지적자본이 이전되는 속도가 외생적으로 결정되기 때문에, 개발도상국들 중에서 왜 유독 아시아의 신흥국들만 지적자본 이전속도의 증가를 경험할 수 있었는지에 대한 설명을 제공하고 있지 못하다.

또한, 2장의 실증분석 결과에 따르면, 아시아의 신흥국들의 경우에도 특허인용으로 평가한 혁신의 질적인 부분에서 의약·의료 부문이 전체 평균과의 차이를 전혀 줄이고 있지 못하지만, 동시에 전체 평균과의 격차를 상당 부분 줄인 산업부문도 존재함을 확인할 수 있다. 이러한 결과는 지적자본이 이전되는 속도가 국가별로 다를 뿐 아니라 산업별로

도 다를 수 있으며, TRIPS에 의한 지재권 보호가 동일하게 적용되는 경우에도 혁신에 비해 모방의 비용이 얼마나 낮은지가 산업별로 다를 수 있음을 보여 준다. 하지만 앞서 지적자본이 이전되는 속도와 관련해서 언급된 바와 같이 Currie et al.(1999)의 모형은 이러한 매개변수들이 외생적으로 결정되는 모형이기 때문에 왜 산업별로 이러한 매개변수들의 차이가 생길 수 있는지에 대한 설명을 제공하지 못하는 한계가 있다. 이와 관련하여 산업별 기술적 복잡성의 차이에 따라 모방위험이 산업별로 다를 수 있음을 고려한 Ivus et al.(2015a)의 연구는 추후 연구 방향에 대하여 시사하는 바가 크다.

He and Maskus(2012)의 모형은 Currie et al.(1999)의 모형과 마찬가지로 Grossman and Helpman(1991)의 다양성 증가 모형에 기반을 두고 있지만, 경험적 학습을 통한 개발도상국(남쪽)의 혁신가능성뿐만 아니라, Lai(1998)의 모형과 같이 선진국(북쪽)의 해외직접투자를 통한 개발도상국(남쪽)의 모방가능성 확대를 동시에 고려하고 있다는 점에서 Currie et al.(1999)의 모형과 차별성을 보인다. 3장 1절 2항에서 논의된 바와 같이 He and Maskus(2012)의 모형은 개발도상국의 모방속도 증가와 선진국의 해외직접투자가 U자형 관계를 가지며, 개발도상국의 모방속도 증가와 세계경제의 성장률(선진국의 혁신활동에 미치는 영향을 통해 결정되는)도 U자형 관계를 갖고 있다는 함의를 도출한다. 모방속도의 증가가 처음에는 선진국의 해외직접투자의 유인을 줄이고, 그 결과 더 적은 선진국(북쪽) 노동력이 혁신에 투입되어 개발도상국(남쪽)에 비해 상대적으로 높은 효율을 보유한 선진국의 혁신속도가 감소하고 이에 따라 세계 균형성장률도 감소하게 된다. 하지만 모방속도가 일정 수준 이상으로 증가하면 이는 경험적 학습의 증가를 통해 개발도상국(남쪽)의 혁신속도를 증가시킨다. 이는 다시 신상품 확장으로 인한 경쟁효과를 늘려 북쪽기업의 해외직접투자 유인을 다시 증가시키며, 개발도상국

(남쪽)의 혁신 속도 증가는 많은 양의 역기술전파를 통해 다시 북쪽의 혁신 증대로 이어져 결국 전체 균형성장률의 증가로 연결될 수 있음을 보여 준다.

He and Maskus(2012)의 모형에 비추어 2장의 실증분석 결과를 살펴보면 다음과 같은 논의가 가능하다. 2장의 실증분석 결과에 따르면 한국과 대만의 혁신활동은 1990년대에 들어서면서 빠른 속도로 확대되었고, 중국의 혁신활동은 2000년대에 들어서면서 급증하였다. He and Maskus(2012)의 모형에 의하면 이러한 아시아 신흥국들의 혁신활동 확대는 각각 1980-1990년대와 1990-2000년대에 아시아 신흥국들을 대상으로 이루어진 광범위한 해외직접투자의 증가가 이들 국가의 경험적 학습을 증가시키고 이러한 학습이 혁신역량의 증가로 이어진 결과일 수 있다.

이러한 가설과 관련하여 1절 2항에서 검토한 실증분석 연구들을 다시 살펴보면 Lee and Mansfield(1996), Nunnenkamp and Spatz (2004), Branstetter et al.(2011)의 연구에서는 모두 개발도상국의 지재권 보호제도 강화와 미국 기업의 해외직접투자 간에 정의 상관관계가 있음을 확인할 수 있다. 특히 Branstetter et al.(2011)의 연구는 미국의 다국적기업들이 지재권 보호제도를 강화한 개발도상국에서 생산과 고용을 늘리고, 이들 국가로부터 (자회사를 통한 생산범위 확대를 통해) 미국으로의 수출을 증가시키는 효과를 가져왔음을 보여 주었다. 실제로 한국과 대만의 경우에는 1980년대 중반 미국의 지재권을 침해하는 국가로 지정되어 Section 301조에 근거한 무역제제조치 대상국이 되었고, 이는 대만과 한국으로 하여금 1980년대 후반 지재권 보호체제를 강화하도록 하였다. 하지만 1990년대에 들어오며 급증한 한국과 대만의 혁신활동과 2000년대에 들어오면서 폭발적으로 성장하기 시작한 중국의 혁신활동이 선진국의 해외직접투자 증가에서 기인했는지를 확인하기 위해서는 보다 많은 실증분석이 필요할 것이다.

선진국에 비해 개발도상국의 혁신활동 효율성이 떨어진다는 He and Maskus(2012)의 가정은 2장의 실증분석 결과 중 특허인용도로 평가한 한국과 대만 특허의 질이 전체 평균과의 격차를 좁히고 있지 못한 점을 통해 간접적으로 검증된다고 볼 수도 있다. 하지만 선진국과 개발도상국 간에 존재하는 혁신활동의 효율성 차이가 왜 발생하는지를 설명하고 있지 않다는 점은 He and Maskus(2012) 모형의 또 다른 한계라고 할 수 있다.

1절 2항에서 검토된 개발도상국(남쪽)의 혁신을 허용하는 세 가지 모형 중 마지막 모형인 Lorenczik and Newiak(2012)의 모형은 앞서 살펴본 두 모형과 마찬가지로 다양성 증가 모형에 기반을 두고 있고, R&D 투자에 한계수확체감을 가정한다는 점에서 Grossman and Helpman (1991)의 내생적 성장 모형이 아니라 Jones(1995)의 성장 모형을 따른다. Lorenczik and Newiak(2012)의 모형은 지재권 보호가 어떤 임계점을 넘은 후에만 개발도상국(남쪽)의 R&D를 촉진할 수 있고, 이러한 임계점은 개발도상국의 R&D 효율이 높고 인구가 많을수록 낮다는 것을 보여준다.

앞서 언급된 바와 같이, 아시아 신흥국들을 제외한 대다수 개발도상국들의 경우 USPTO에 출원된 특허를 통해서 측정된 혁신활동이 1980년대에서 2000년대에 이르기까지 거의 없거나 매우 미미하며, 이러한 상황은 TRIPS에 의해 지재권 보호가 동일한 수준으로 대다수의 개발도상국에도 적용되기 시작한 2006년 이후에도 지속되고 있다. Lorenczik and Newiak(2012)의 모형에 따라 이 현상을 설명하자면, TRIPS에 의해 강제되는 지재권 보호는 대다수의 개발도상국에 임계점 이하의 보호 수준을 제공하고, 아시아 신흥국들의 경우는 다른 개발도상국에 비하여 상대적으로 R&D 효율이 높거나 인구가 많기 때문에 이들 국가에 해당되는 임계점 이상의 지재권 보호가 제공되어 R&D가 촉진된 것으로 볼 수 있다. 특히 적지 않은 개발도상국들이 한국이나 대만보다 인구가 훨씬 많기 때문에 이 모형에 따르면 한국이나 대만은 상대적으로 연구효율이 높은 국가라고 할 수 있다. 하지만, Lorenczik and Newiak(2012)의 모형에서도 개발도상국의 연구효율이 외생적으로 결정되기 때문에, 어떤 이유에서 한국이나 대만이 다른 개발도상국들에 비하여 연구효율이 높은지에 대해서는 설명하지 못하는 한계가 있다.

Lorenczik and Newiak(2012)의 모형은 또한 개발도상국(남쪽)의 지재권 강화가 후생에 미치는 영향을 다양하게 분석한다. 이 부분은 4장에서 보다 자세히 논의되겠지만 아시아를 중심으로 확산되고 있는 Mega FTA 협상에서 TRIPS보다 높은 수준의 지재권 보호의 도입 여부가 중요한 주제 중 하나라는 점에서도 주목해야 할 분석이다. Lorenczik and Newiak(2012)의 모형에 따르면 임계점 이하에서 지재권을 강화하는 것은 개발도상국(남쪽)의 후생을 감소시키고 선진국(북쪽)의 후생을 증가시킨다. 이 분석과 앞서 논의된 2장의 실증분석 결과를 종합하면 TRIPS를 통한 지재권 보호 수준 강화는 선진국의 후생증진을 위해 대다수 개발도상국들의 후생이 희생된 경우로 볼 수 있고, Mega FTA를 통한 TRIPS보다 높은 수준의 지재권 보호도 개발도상국의 혁신활동으로 이어지지 않는다면 개발도상국(남쪽)의 실질적 소득이 선진국(북쪽)으로 이전되는 결과로 이어질 것이다. 또한 Lorenczik and Newiak(2012)의 모형은 개발도상국(남쪽)이 혁신을 하는 경우에도 TRIPS에서 강제하는 해외특허의 내국민대우 원칙을 포기할 때 오히려 선진국과 개발도상국의 후생이 모두 증가할 수 있음을 보여 준다.

TRIPS를 통한 국제 지재권 보호 수준이 적절한 것인가에 대하여, 보다 일반적으로 최적의 국제 지재권 보호에 대해서는 선행 연구가 존재한다. Grossman and Lai(2004)의 연구는 많은 후속 연구를 촉발시킨

매우 중요한 연구인데, 이들의 모형하에서는 세계에 2개의 국가가 존재하고, 양국 모두 상품 다양성을 확대하는 형식으로 혁신활동을 하는 기업들이 있으며, 지재권 보호 수준은 각국이 새로 개발한 상품이 특허를 통해 보호되어 독점적 지위를 유지하는 기간을 의미한다. 이 연구는 해외 기업이 벌어들이는 이윤이 국내 후생 계산에는 들어가지 않기 때문에 개방경제하에서 특허보호의 한계 비용이 폐쇄경제하에서보다 크고, 이에 반해 국내 기업이 해외 시장에서 벌어들이는 이윤은 해외 특허보호 수준에 의지하기 때문에 개방경제하에서 특허 보호의 한계효용이 폐쇄경제하에서보다 작다는 것을 보여 준다. 이러한 이유 때문에 각 국가들이 독립적으로 지재권 보호 수준을 결정할 경우 특허를 과소 보호하는 경향이 있을지라도, TRIPS에서와 같이 국가 간의 완전한 특허 보호 수준 일치를 강제하는 것은 국제적 효율성을 달성하는 데 충분조건은 물론 필요조건도 아니라는 점을 Grossman and Lai(2004)의 연구는 보여 준다.

Lai and Yan(2013)은 Grossman and Lai(2004)의 모형에 무역 및 해외직접투자에 대한 장벽과 기업 이질성, 그리고 정부 목적함수에 생산자 이윤에 대한 선호를 넣어 정치경제적 압력이 특허보호정책에 미치는 영향을 파악하고자 했고, 국가의 수가 증가함에 따라 무임승차 문제도 늘어나기 때문에 다국 모형에 대한 캘리브레이션을 통해 모든 국가가 미국의 특허보호 수준을 채택하는 것을 강제하더라도 국제적으로 지재권을 과도하게 보호하는 문제는 나타지 않는다고 주장한다. Geng and Saggi(2015)는 국가가 기업의 국적에 따라 다른 특허 보호 수준을 설정하여 자국 기업과 외국 기업을 차별할 수 있다고 가정하고, 이렇게 차별적인 특허정책을 각국이 독립적으로 결정하는 경우와 내국민대우(차별적인 특허정책을 금지하는) 제약하에 각국이 특허정책을 독립적으로 결정하는 경우를 비교한다. 무역비용이 전혀 존재하지 않는 경우, Geng and Saggi(2015)의 분석은 놀랍게도 내국민대우로 차별이 없어질 경우 해외의 지재권 보호로 각 기업이 얻는 편익이 내국에서의 손해와 정확히 상쇄되어 기업이 세계적으로 받는 특허권 보호 수준은 변하지 않는다는 것을 보인다. 하지만 무역비용이 존재할 경우, 자국 기업에게 국내보다 해외의 특허 보호가 더 적은 가치를 가지고, 이러한 무역비용은 각국이 해외 기업에게 부여하는 특허 보호가 해외 기업의 혁신을 유발하는 정도를 줄이는 효과가 있기 때문에 내국민대우 조항은 균형에서 더 낮은 수준의 특허 보호를 초래한다. Geng and Saggi(2015)는 이러한 분석에 근거하여 무역장벽이 존재할 경우 최적의 정책은 각국이 해외 기업을 차별하는 것이라는 결론을 도출한다.

TRIPS를 통해 개발도상국에 강제되는 국제 지재권 보호 수준이 지나치게 높을 수 있고, 마찬가지로 TRIPS를 통해 개발도상국에 강제되는 해외 특허의 내국민대우 원칙도 지나친 보호일 수 있다는 Lorenczik and Newiak(2012)의 분석 결과는 모든 국가가 미국의 특허 보호 수준을 채택하는 것을 강제하더라도 국제적으로 지재권을 과도하게 보호하는 문제는 나타나지 않는다는 Lai and Yan(2013)의 분석과는 매우 대조적인 결과이다. 또한, 개발도상국과 선진국을 구별하지 않는 상황에서 무역비용이 존재하는 경우 각국이 해외기업을 차별하도록 허용하는 것이 최적 국제 지재권 보호의 내용일 수 있다는 Geng and Saggi(2015)의 분석도 Lorenczik and Newiak(2012)의 분석처럼 선진국과 개발도상국 간에 혁신능력이 차이가 있는 경우에도 적용될 수 있는지는 확실하지 않다. 물론 Lorenczik and Newiak(2012)의 모형과 Lai and Yan(2013) 및 Geng and Saggi(2015)의 모형은 여러모로 서로 상이한 점이 많고 분석하고자 하는 중심 문제도 다르다. 하지만 국제 지재권 보호 수준을 보다 강화해야 할 것인가 하는 이슈는 앞으로 혁신·창조활동과 관련된 국제 경제질서 형성에 매우 중요한 문제이기 때문에 위에서 논의된 모형들이 어떤 이유에서 서로 다른 결과를 내고 있으며, 현실을 보다 제대로 반영하는 모형이 무엇인가를 판단하는 것은 중요한 문제라고 할 수 있다.

3. 아시아 혁신·창조활동 분석의 새로운 이론 구축 방향

2절에서는 아시아 및 세계의 혁신·창조활동에 대한 2장의 실증분석 결과에 비추어 1절에서 검토한 혁신·창조활동에 대한 선행 연구들의 한계에 대하여 검토하였다. 이에 따르면, 선진국들(북쪽)의 혁신과 개발도상국들(남쪽)의 모방이라는 프레임에서 세계의 창조·혁신활동을 이해하고 설명하려고 했던 1절 1항에서 검토된 기존 연구들이 세계의 혁신·창조활동에 대한 적절한 모형이라고 할 수 없으며, 아시아를 중심으로 한 신흥국들이 혁신·창조활동에서 중요한 역할을 하게 된 1990년대 이후 보다 적절한 이론적 프레임은 1절 2항에서 검토된 연구들과 같이 개발도상국(남쪽)들도 모방뿐만 아니라 혁신·창조활동을 직접적으로 수행하는 모형이라고 할 수 있다. 따라서 2절에서는 1절 2항에 소개된 개발도상국(남쪽)의 혁신을 허용하는 세 가지 모형의 장점과 한계를 검토하였는데, 그 내용은 다음과 같이 정리할 수 있다.

Currie et al.(1999)의 모형은 선진국(북쪽)의 혁신활동 결과로 축적된 지적자본이 개발도상국(남쪽)으로 이전되고 이를 기반으로 남쪽에서 모방뿐 아니라 혁신도 가능한 모형이다. 이 모형에 따르면 대다수의 개발도상국은 지적자본이 이전되는 속도가 매우 느려 혁신활동이 일어나지 않는 경우에 해당한다고 볼 수 있고, 아시아 신흥국들의 경우는 1990년대 혹은 2000년에 들어서면서 지적자본이 이전되는 속도가 빨라졌고, TRIPS에 의한 지재권 보호의 강화로 혁신에 비해 모방의 비용이 증가함에 따라 혁신활동이 가속화되었다고 볼 수 있다. 하지만 지적자본이 이전되는 속도와 모방의 상대적 비용이 외생적으로 결정되는 모형이기 때문에 유독 아시아의 신흥국들만 지적자본 이전속도의 증가를 경험할 수 있었는지를 설명하지 못하고, 아시아 신흥국들의 경우에도 왜 산업별로 혁신활동 증가 수준이 다른지를 설명하지 못하는 한계가 있다.

He and Maskus(2012)의 모형은 경험적 학습을 통한 개발도상국(남쪽)의 혁신가능성뿐만 아니라, 선진국(북쪽)의 해외직접투자를 통한 개발도상국(남쪽)의 모방가능성 확대를 동시에 고려하고 있다는 점에서 Currie et al.(1999)의 모형과 차별성을 지닌다. 이 모형에 의하면 아시아 신흥국들의 혁신활동 확대는 각각 1980-1990년대에 한국과 대만으로, 1990-2000년대에 중국으로 이루어졌던 광범위한 해외직접투자의 증가를 통한 경험적 학습의 증가가 이들 신흥국들의 혁신역량 증가로 이어진 결과일 수 있고, 이러한 해외직접투자의 증가는 이들 국가들의 지재권 보호 수준 강화에서 기인한 것일 수 있다. 하지만 이러한 가설을 검증하기 위해서는 보다 많은 실증분석이 이루어져야 한다. 2장의 실증분석 결과 중 특허인용도로 평가한 한국과 대만 특허의 질이 전체평균과의 차이를 좁히고 있지 못하고 있는 점은 선진국에 비해 개발도상국 혁신의 효율이 낮다는 He and Maskus(2012) 모형의 가정이 적절하다는 것을 간접적으로 보여 주지만, 혁신활동의 효율성 차이가 왜 발생하는지를 설명하고 있지 않다는 점은 이 모형의 한계라고 할 수 있다.

Lorenczik and Newiak(2012)의 모형은 R&D 투자에 대한 한계수확체감을 가정하고 있고, 지재권 보호가 어떤 임계점을 넘은 후에만 개발도상국(남쪽)의 R&D를 촉진하며, 이러한 임계점은 개발도상국의 R&D 효율이 높고 인구가 많을수록 낮다는 것을 보여 준다. 따라서 TRIPS에 의해 강제되는 지재권 보호는 대다수의 개발도상국에게 임계점 이하의 보호 수준을 제공하고, 아시아 신흥국들의 경우는 상대적으로 R&D 효율이 높아 R&D가 촉진된 것으로 볼 수 있다. 이 모형에서도 연구효율이 외생적으로 결정되기 때문에, 한국이나 대만이 다른 개발도상국들에 비하여 왜 높은 연구효율을 갖는지에 대해서는 설명하고 있지 못하다는 한계가 있다.

개발도상국(남쪽)이 스스로 혁신·창조를 할 수 있는 앞서 논의된 세 가지 모형은 모두 지적자본의 이전 속도나 개발도상국 혁신활동의 효율성을 외생적으로 결정된 매개변수로 가정하고 있기 때문에, 개발도상국들 간에 존재하는 혁신활동 수준의 차이와 다른 개발도상국보다 높은 수준의 창조·혁신활동을 수행하고 있는 아시아 신흥국들 내에 산업별로 존재하는 혁신활동 수준의 차이를 설명하지 못하는 한계가 있다. 이러한 차이를 이해하고 설명하는 것은 다음과 같은 이유에서 매우 중요하다.

첫째, 한국과 대만에서 시작되어 최근 중국과 인도로 이어지는 아시아 신흥국들의 혁신·창조활동 증가가 여타 아시아 신흥국들, 혹은 다른 지역의 신흥국들로 이어질 수 있는가는 향후 혁신·창조활동과 관련된 국제경제질서 형성의 올바른 방향을 논의하는 데 매우 중요한 정보일 수 있다. Lorenczik and Newiak(2012)의 모형에 따르면 개발도상국(남쪽)의 혁신활동이 동반되지 않는 지재권 보호 강화는 개발도상국들(남쪽)의 희생을 통해 선진국들(북쪽)만이 보다 큰 이익을 보도록 하고, 개발도상국(남쪽)의 혁신활동 증가가 동반된다면 양쪽 모두 이익을 볼 수 있기 때문에, 어떠한 조건에서 국제 지재권 보호 강화가 아시아의 일부 신흥국들과 같이 개발도상국의 혁신·창조활동 증가로 이어질 수 있는지를 아는 것은 중요하다.

둘째, 한국과 대만과 같은 아시아 신흥국들의 경우에도 2절에서 논의된 바와 같이 특허인용도로 평가한 특허의 질이 대부분의 산업 부문에서 전체 평균과의 차이를 좁히지 못하고 있으며 일부 산업 부문에서는 그 차이가 오히려 증가하고 있는데, 이를 개발도상국 혁신활동의 상대적 비효율성으로 이해한다면 이러한 비효율성이 어디에서부터 발생하는가를 이해하는 것 또한 현재 혁신·창조활동에 적극적으로 참여하고 있는 아시아 신흥국들뿐 아니라 앞으로 이러한 활동에 참여할 수 있는 여타 개발도상국의 입장에서도 매우 필요한 일이다.

지적자본 이전속도의 경우 개발도상국의 학력수준, 인터넷 보급정도, 생산에 의한 학습(learning-by-doing)을 통한 인적자본 축적 수준 등이 영향을 줄 수 있는 변수라고 생각된다. 이러한 변수들과 개발도상국의 혁신·창조활동 수준이 실증적으로 어떤 관계를 갖고 있는가를 파악하는 일이 지적자본 이전속도의 적절한 내생변수화를 위해 필요한 연구라고 할 수 있다. 물론, 선진국의 해외직접투자 수준도 지적자본의 이전 속도에 영향을 줄 수 있는 변수이며, 이러한 해외직접투자가 특히 한국, 대만, 중국 등 아시아 신흥국의 혁신·창조활동 증가에 어떤 경로로 영향을 미쳤는지를 실증적으로 파악하는 일 또한 필요할 것이다. 산업별로 차이를 나타내고 있는 신흥 개발도상국의 혁신활동 효율성 정도를 어떤 변수들이 결정하는가는 좀 더 미시적인 데이터를 이용하여 혁신활동과 관련된 각 산업의 성격을 이해하는 산업 수준의 분석이 필요하다고 판단된다. 이러한 다양한 실증분석을 토대로 지적자본 이전속도와 혁신활동의 효율성 정도에 대한 내생변수화를 적절하게 이룬 혁신·창조모형의 개발은 앞으로 있을 세계경제의 혁신·창조활동의 변화를 예측하고, 개발도상국뿐 아니라 세계경제 전체의 입장에서 혁신·창조활동에 대한 최적의 경제질서가 무엇인가를 모색하는 데에도 중요한 역할을 할 수 있을 것이다.

끝으로 3장을 마무리하면서 두 가지 추가적인 연구 방향을 제시하고자 하는데 이는 다음과 같다. 첫째, 한국·대만·중국과 같은 아시아 신흥국을 중심으로 1990년대 이후 특허출원을 통해 측정한 창조·혁신활동이 대폭 증가했는데 과연 이러한 개발도상국(남쪽)의 창조·혁신활동이 선진국을 포함한 여타 지역에 지적자본의 이전이라는 측면에서 어떻게 기여하고 있는지를 확인하는 것이다. 이러한 연구는 창조·혁신활동의 수혜자라는 입장에서 개발도상국을 바라보는 기존 실증연구들의 기본적 방향을 반대로 돌려놓는다는 의미가 있다. 이와 관련하여 5장에서는 2장의 특허출원 및 특허인용 실증분석 데이터를 이용하여 한국, 대만 등 아시아 신흥국의 창조·혁신활동이 세계 각국에 어떻게 확산되고 있는가를 확인해 볼 것이다. 둘째, 기존 연구들은 창조·혁신활동과 관련하여 개발도상국들 간의 상호작용에 대해서는 관심을 기울이지 않고 있는데, 선진국과 개발도상국 간의 차이뿐 아니라 개발도상국들 간의 차이도 창조·혁신활동과 관련하여 매우 크기 때문에 개발도상국들 간의 상호작용에 대한 이론과 실증분석도 흥미롭고 필요한 연구주제라고 판단된다.

참고문헌

Aghion, P., and P. Howitt (1990). *Endogenous Growth Theory*. MIT Press.

Ang, J. S., Y. Cheng, and C. Wu (2014). "Does Enforcement of Intellectual Property Rights Matter in China? Evidence from Financing and Investment Choices in the High-Tech Industry." *Review of Economics and Statistics*, 96(2): 332-348.

Baldwin, R., H. Braconier, and R. Forslid (2005). "Multinationals, Endogenous Growth, and Technological Spillovers: Theory and evidence." *Review of International Economics*, 13(5): 945-963.

Branstetter, L., and M. Sakakibara (2001). "Do Stronger Patents Induce More Innovation? Evidence from the 1988 Japanese Patent Law Reforms." *RAND Journal of Economics*, 32(1): 77-100.

Branstetter, L., and K. Saggi (2011). "Intellectual Property Rights, Foreign Direct Investment and Industrial Development." *Economic Journal*, 121(555): 1161-1191.

Branstetter, L., R. Fisman, and F. Foley (2006). "Does Stronger Intellectual Property Rights Increase International Technology Transfer? Empirical Evidence from U.S. Firm-Level Data." *Quarterly Journal of Economics*, 121(1): 321-349.

Branstetter, L., R. Fisman, C. F. Foley, and K. Saggi (2011). "Does Intellectual Property Rights Reform Spur Industrial Development?" *Journal of International Economics*, 83(1): 27-36.

Chen, Y., and T. Puttitanun (2005). "Intellectual Property Rights and Innovation in Developing Countries." *Journal of Development Economics*, 78(2): 474-493.

Currie, D., P. Levine, J. Pearlman, and M. Chui (1999). "Phases of Imitation and Innovation in a North-South Endogenous Growth Model." *Oxford Economic Papers*, 51: 60-88.

Dinopoulos, E., and P. Segerstrom (2007). "North-South Trade and Economic Growth." Stockholm School of Economics, mimeo.

Dinopoulos, E., and P. Segerstrom (2010). "Intellectual Property Rights, Multinational Firms and Economic Growth." *Journal of Development Economics*, 92(1): 13-27.

Eaton, J., and S. Kortum (1996). "Trade in Ideas Patenting and Productivity in the

OECD." *Journal of International Economics*, 40(3): 251-278.

Eaton, J., and S. Kortum (1999). "International Technology Diffusion: Theory and Measurement." *International Economic Review*, 40(3): 537-570.

Geng, D., and K. Saggi (2015). "Is There a Case for Non-Discrimination in the International Protection of Intellectual Property?" *Journal of International Economics*, 97(1): 14-28.

Ginarte, J., and W. Park (1997). "Determinants of Patent Rights: a Cross-Country Study." *Research Policy*, 26(3): 283-301.

Glass, A. J., and K. Saggi (2002). "Intellectual Property Rights and Foreign Direct Investment." *Journal of International Economics*, 56(2): 387-410.

Glass, A. J., and X. Wu (2007). "Intellectual Property Rights and Quality Improvement." *Journal of Development Economics*, 82(2): 393-415.

Grossman, G. M., and E. Helpman (1991a). *Innovation and Growth in the Global Economy*. MIT press.

Grossman, G. M., and E. Helpman (1991b). "Endogenous Product Cycles." *Economic Journal*, 101(3): 1214-1229.

Grossman, G. M., and E. Helpman (1991c). "Quality Ladders and Product Cycles." *Quarterly Journal of Economics*, 106(2): 557-586.

Grossman, G. M., and E. Helpman (1991d). "Quality Ladders in the Theory of Growth." *Review of Economic Studies*, 58(1): 43-61.

Grossman, G. M., and E. L. C. Lai (2004). "International Protection of Intellectual Property." *American Economic Review*, 94(5): 1635-1653.

Gustafsson, P., and P. Segerstrom (2010). "North-South Trade with Increasing Product Variety." *Journal of Development Economics*, 92(2): 97-106.

Gustafsson, P., and P. S. Segerstrom (2011). "North-South Trade with Multinational Firms and Increasing Product Variety." *International Economic Review*, 52(4): 1123-1155.

He, Y., and K. E. Maskus (2012). "Southern Innovation and Reverse Knowledge Spillovers: A Dynamic FDI Model." *International Economic Review*, 53(1): 279-302.

Helpman, E. (1993). "Innovation, Imitation, and Intellectual Property Rights." *Econometrica*, 61(6): 1247-1280.

Helpman, E., and P. R. Krugman (1985). *Market Structure and Foreign Trade: Increasing Returns, Imperfect Competition, and the International Economy*. MIT Press.

Ivus, O., Park, W., and K. Saggi (2015a). "Patent Protection and the Industrial Composition of Multinational Activity: Evidence from US Multinational Firms."

Working Paper.

Ivus, O., Park, W., and K. Saggi (2015b). "Patent Protection and the Industrial Composition of Multinational Activity: Evidence from US Multinational Firms." Working Paper.

Javorcik, B. S. (2004). "The Composition of Foreign Direct Investment and Protection of Intellectual Property Rights: Evidence from Transition Economies." *European Economic Review*, 48(1): 39-62.

Jones, C. I. (1995). "R & D-Based Models of Economic Growth." *Journal of Political Economy*, 103(4): 759-784.

Krugman, P. (1979). "A Model of Innovation, Technology Transfer, and the World Distribution of Income." *Journal of Political Economy*, 87(2): 253-266.

Lai, E. (1998). "International Intellectual Property Rights Protection and the Rate of Product Innovation." *Journal of Development Economics*, 55(1): 133-153.

Lai, E., and I. Yan (2013). "Would Global Patent Protection be Too Weak Without International Coordination?" *Journal of International Economics*, 89(1): 42-54.

Lee, J. Y., and E. Mansfield (1996). "Intellectual Property Protection and US Foreign Direct Investment." *Review of Economics and Statistics*, 78(2): 181-186.

Linden, G. (2003). "Optical Storage in China: A Study in Strategic Industrial Policy." Information Storage Industry Center.

Lorenczik, C., and M. Newiak (2012). "Imitation and Innovation Driven Development under Imperfect Intellectual Property Rights." *European Economic Review*, 56(7): 1361-1375.

Mayer, T., and E. Pfister (2001). "Do Stronger Patent Rights Attract Foreign Direct Investment? Evidence from French Multinationals' Location." *Région et Développment*, 13: 99-122.

McCalman, P. (2001). "Reaping What You Sow: An Empirical analysis of Patent Harmonization." *Journal of International Economics*, 55: 161-186.

McCalman, P. (2005). "Who Enjoys 'TRIPs' Abroad? An Empirical Analysis of Intellectual Property Rights in the Uruguay Round." *Canadian Journal of Economics*, 38(2): 574-603.

Nunnenkamp, P., and J. Spatz (2004), "FDI and Economic Growth in Developing Economies: How Relevant are Host-Economy and Industry Characteristics." *Transnational Corporations*, 13(3): 53-86.

Organisation of Economic Co-operation and Development (OECD) (2005). *OECD Science, Technology, and Industry Outlook 2004*.

Park, W. G. (2008). "Intellectual Property Rights and International Innovation." *Frontiers of Economics and Globalization: Intellectual Property Rights and Globalization*. Elsevier.

Rapp, R., and R. P. Rozek (1990). "Benefits and Costs of Intellectual Property Protection in Developing Countries." *Journal of World Trade*, 75(77): 75-102.

Saggi, K. (2016). "Trade, Intellectual Property Rights, and the World Trade Organization." K. Bagwell, and R. W. Staiger (eds.), *Handbook of Commercial Policy*. North-Holland, Amsterdam.

Segerstrom, P. (1998). "Endogenous Growth without Scale Effects." *American Economic Review*, 88: 1290-1310.

Segerstrom, P., T. Anant, and E. Dinopoulos (1990). "A Schumpeterian Model of the Product Life Cycle." *American Economic Review*, 80(5): 1077-1091.

Vernon, R. (1966). "International Investment and International Trade in the Product Cycle." *Quarterly Journal of Economics*, 80(2): 190-207.

World Intellectual Property Organisation(WIPO) (2007). *WIPO Patent Report: Statistics on Worldwide Patent Activity*.

Xu, J.-L. (2006). "Analyzing China's Patent strategies." *Guangming Daily*, February 16.

제4장

세계통상체제에서
아시아 주요국의
지재권 보호체제 발전과 쟁점

안덕근

1. 서론

아시아 국가들의 지재권 보호체제는 서구 경제권은 물론이고 자국의 여타 경제·법·사회 체계에 비해 다소 늦거나 취약한 형태로 정비되었다. 일본을 제외하고 대부분 기술 수준이 낮아 지재권 보호에 정책적 비중을 두지 않은 것이 주된 사유로 보인다.

일본은 세계지적재산권기구(World Intellectual Property Organization, WIPO)에 1975년 가입했으며, 특허 보호에 관한 핵심 국제규범인 파리협약과 저작권 보호에 관한 핵심 국제규범인 베른협약을 1899년 7월 15일 발효한 바 있다.[1] 이는 대부분의 유럽 국가들이 파리협약을 1884년 발효하고 베른협약을 1887년 발효한 점을 감안하면 아시아권에서는 유일하게 선진국 수준의 지재권 보호체제를 수립한 사례다.[2] 이에 반해 우리나라는 1979년 WIPO에 가입한 이래 파리협약은 1980년 5월 4일 발효했으나 베른협약은 1996년 8월 21일자로 발효하였다. 중

1 〈http://www.wipo.int/members/en/〉(검색일: 2015. 10. 9).

2 미국의 경우 베른협약상의 저작권 보호 방식에 대한 이견으로 가입을 미루다 1989년 3월 1일자로 발효하였다.

국은 1980년 WIPO에 가입했고, 파리협약은 1985년 3월 19일, 베른협약은 1992년 10월 15일자로 발효하였다. 한편 북한이 우리나라에 앞서 1974년 8월 17일자로 WIPO에 가입한 이래 파리협약을 1980년 6월 10일, 베른협약을 2003년 4월 28일자로 발효한 점은 주목할 만하다.

비교적 경제 수준이 높은 싱가포르의 WIPO 가입은 1990년에 이루어졌는데, 지재권 보호의 핵심인 파리협약은 1995년 2월, 베른협약은 1998년 12월에 발효함으로써 사실상 WTO 설립 이후 기본적인 지재권 보호체제가 갖추어진 점은 흥미로운 부분이다. 기타 ASEAN 국가의 경우에는 일부 국가들이 비교적 이른 시기에 국제규범을 수용했으나, 국내 이행체계가 미숙하고 지재권 관련 시장이 협소하여 지재권 체계가 제대로 정비되지 못하였다. 예를 들어, 태국은 베른협약을 1931년 7월 17일 발효하고 베트남은 파리협약을 1949년 3월 8일 발효한 바 있으나, 태국의 파리협약 발효는 2008년 8월, 베트남의 베른협약 발효는 2004년 10월에 이루어짐으로써 지재권 체계의 불균형이 컸다. 또한 1948년 GATT 창설국이었던 미얀마의 경우 2001년 WIPO에 가입했으나 아직 파리협약과 베른협약은 채택하지 않았다.

4장에서는 세계통상체제에서 지재권 보호규범이 도입되고 적용되는 과정과 현시점에서의 쟁점을 분석하고 FTA를 통해 확대 및 강화되어 가는 아시아 국가들의 지재권 보호체제를 검토해 본다. 또한 이를 통해 향후 제도적 개선을 위한 방안 등을 모색한다.

2. 다자통상체제에서의 지재권 보호규범 발전

1) GATT 체제에서의 지재권 보호체제

국제통화기금(IMF) 및 세계은행(World Bank)과 더불어 브레튼우즈 체제의 한 축으로 고안된 국제무역기구(International Trade Organization, ITO)에서도 상품무역에 주안점을 두고 있었을 뿐 지재권 보호 문제는 거의 다루지 않았다. ITO의 설립 실패로 '관세 및 무역에 관한 일반협정(GATT)'이 상품무역에 관한 규범체계의 명맥을 이어나가게 되었을 때, 지재권 문제는 사실상 GATT 체제에서 전적으로 배제되었다. 다만 일반 예외조항에서 "특허, 상표권, 저작권 및 소비자 기만행위 규제를 위한 법규 시행을 위해 필요한 조치"를 허용하는 차원에서 언급되는 데 그쳤다.

그러나 GATT 체제가 운영되고 1970년 도쿄라운드가 개최되는 시점에서 이미 상표권을 침해한 위조상품의 교역 문제가 협상의 주요 의제로 대두되기 시작하였다(Gervais, 2012). 비록 도쿄라운드에서는 아무런 가시적인 성과를 거두지 못했으나 이후 위조상품 교역 제한에 대한 노력이 이어져 1982년 11월 각료선언에는 Decision on Trade in Counterfeit Goods가 포함되었다.[3]

이러한 초기의 노력은 주로 위조상품의 교역에 국한되었으나, 우루과이라운드가 개시되면서 상품협상그룹 산하 14개 협상그룹 중 하나로 무역 관련 지재권 협상그룹(Negotiating Group on Trade-Related Aspects of Intellectual Property Rights)이 설치되기에 이르렀다.[4] 이러한 움직임에

3 L/5424, BISD 29S/19.

4 상품협상그룹 내 열한 번째 소그룹으로 구성되면서 관련 협상문서는 MTN.

대해 개발도상국(이하 '개도국')은 많은 우려를 제기했는데 대표적인 예가 인도로서, 내국민대우와 최혜국대우는 상품교역과는 불가분의 관계이지만 지재권 보호에는 적용될 수 없다는 입장을 피력했다. 그러나 1990년 유럽과 미국이 연이어 매우 포괄적인 제안을 하면서 TRIPS 협상이 본격적으로 전개되었다.[5] GATT가 지재권 문제를 다룰 수 있는지("GATT Ability of TRIPS") 여부에 대한 논란이 지속적으로 제기되었으나 당시 협상그룹 의장을 맡은 라르스 아넬(Lars Anell)이 1990년 6월 12일에 의장 초안(Chairman's Draft)을 발표하면서 협상이 급진전되어 공식 문서화되었다.[6] 특히 1990년 의장보고서에서는 미국과 EU의 입장이 주로 반영된 A안과 개도국의 입장이 주로 반영된 B안이 제시되면서 협상의 초점을 보다 명확한 대안으로 좁혀졌다. 아넬 의장의 주도하에 수차례의 협의를 거쳐 1990년 12월에 많은 논란과 이견에도 불구하고 최종 협상 초안이 제출된 점은 주목할 부분이다.[7] 비록 브뤼셀 각료회의는 예정대로 우루과이라운드 협상을 종료하지는 못했으나 농업 부문의 이견으로 협상이 좌절되지 않았다면 TRIPS 협정은 사실상 타결할 수준까지 합의를 노출하는 상당한 성과를 이룬 것이다(Gervais, 2012).

이후 아서 던켈(Arthur Dunkel) 사무총장에 의해 협상그룹이 기존의 15개에서 7개로 재편될 때도 TRIPS 그룹은 별도의 그룹으로 남았고 브뤼셀 초안을 토대로 협상을 지속했다. 당시 주요 협상 의제로 남은 분쟁해결제도에 관해 우리 정부가 특허나 노하우 라이선스 협상의 민간 당사자에게 자문 의견을 요청할 수 있는 권한을 주자고 제안한 것은 흥미

GNG/NG11/로 분류되었다.

5 EU의 제안은 MTN.GNG/NG11/W/68, 미국의 제안은 MTN.GNG/NG11/W/70 참조.

6 MTN.GNG/NG11/W/76.

7 MTN.TNC/W/35/Rev.1.

로운 부분이다.[8]

한편 우루과이라운드에서 TRIPS 협상을 진전시키는 데 중요한 역할을 한 것이 우리나라의 지재권 체계 강화 사례라는 점은 주목할 부분이다. WTO에 지재권 보호규범을 포함시키기 위해 주력하던 미국 정부는 당시 지재권 침해로 상당한 경제적 손실을 초래하는 교역상대국으로 대만, 싱가포르, 인도네시아, 필리핀, 말레이시아 등과 함께 한국을 지목하고 1974년 무역법하의 Section 301조상 무역제재조치를 발동하였다. 이러한 무역제재조치로 심각한 수출저하 위협에 직면한 한국 정부는 1986년 7월에 저작권 보호를 강화하고 컴퓨터 소프트웨어에 대한 보호를 강화하는 한편, 의약품과 화학물품에 대해 특허보호를 도입했다. 이처럼 1980년대 중반 한국 정부가 전면적으로 지재권 보호체제를 개편하게 된 데에는 무역보복을 앞세운 미국 정부의 강경한 위협이 있었고, 이는 대다수의 개도국이 한국의 사례와 같이 무역보복 대상이 되기보다는 새로운 다자규범인 TRIPS 협정을 수용하는 쪽으로 입장을 정하게 하는 데 중요한 역할을 하였다(Devereaux et al., 2006).

1991년 12월 20일 발표된 2차 초안은 선택 사항을 모두 삭제한 점에서 주목할 만한 진전을 이루었다고 할 수 있다.[9] 2차 초안은 내국민대우와 최혜국대우를 포함하였고, 저작인격권(moral right)을 제외하는 대신 지리적 표시 권한을 인정하며, 1년간의 이행기간과 추가적인 개도국 및 최빈개도국 특혜대우기간(개도국: 4년, 최빈개도국: 9년)을 상정했다. 2차 초안은 1992년 12월 협상이 재개될 때까지 미국의 제약업계, 영화협회 등으로부터 많은 반발을 초래했으며, 인도와 같은 개도국들로부터는 특허 강제실시 등의 쟁점으로 강력한 반대에 직면했다. 그러나 우

8 MTN.GNG/TRIPS/W/1.

9 MTN.TNC/W/FA.

루과이라운드가 최종적으로 합의된 1993년 12월 15일에는 큰 수정 없이 1992년 초안이 TRIPS 협정으로 도입되었다. 이로써 역사상 최초로 세계무역기구에서 지재권 문제를 다루는 국제규범이 WIPO 체제와는 별도로 수립되었다.

2) WTO 설립과 지재권 보호체제 개편

WTO 협정에 TRIPS 협정이 포함되면서 지재권 보호를 위한 국제규범 체계에 중대한 변화가 초래되었다. 우선 TRIPS 협정에 포함되어 있는 지재권(특허, 저작권, 상표권, 지리적 표시 등)의 최소보호기준이 WTO의 모든 회원국들에 대해서 예외 없이 적용된다. 예를 들어, 20년의 특허 보호기간과 저자 사후 50년의 저작권 보호기간은 161개 WTO 회원국들이 모두 동일하게 보장해야 한다. 농업협정에서 농산물에 대한 관세 인하와 농업보조금 감축의 경우 개도국에 대해서는 의무를 경감해 주는 것과는 달리, TRIPS 협정의 경우 개도국에 대해 이행기간을 연장할 뿐 이행기간 후에는 예외 없이 동일한 기준을 적용하는 점은 유의할 부분이다.

보다 구체적으로, TRIPS 협정체계는 1996년 1월 1일자로 모든 회원국들에 적용되기 시작했는데, 이행기간의 혜택으로 개도국은 2000년 1월 1일자, 최빈개도국은 2006년 1월 1일자부터 적용되었다.[10] 한편 개도국과 최빈개도국의 경우 이행기간은 의무사항이나 체제전환국의 경우에는 개도국 수준의 이행기간이 부여될 수도 있는 것으로 규정되어 있는 점은 특이하다. 따라서 2015년 현재 TRIPS 협정의 모든 규범이

10 TRIPS 제65조와 제66조.

전 WTO 회원국들에 대해서 동일하게 적용되는데, 이러한 지재권 적용 방식은 기존의 WIPO 체제하에서 각 회원국들이 관련 지재권 협정에 대해 전적으로 선택권을 가진 것과는 상반된다.

또한 WIPO와는 달리 TRIPS 협정 의무사항을 위반하는 경우 WTO 분쟁해결절차에 회부하여 소송으로 분쟁 사안에 대한 판결을 확보하고 판결 내용이 불이행되는 경우 승소국에게 무역보복을 승인함으로써 이행을 강제할 수 있다. 특히 WTO 차원의 보복은 교차보복이 가능하도록 하여 TRIPS 협정 차원의 지재권 위반에 대해서도 상품이나 서비스 교역에 대해 무역보복을 승인하는 점은 두드러지는 특징이다.[11] 실제로 WTO 분쟁해결제도상의 교차보복 규정은 WIPO 체제에서 지재권 보호체제가 다소 느슨한 이행체계로 운영되어 오던 문제점을 전면적으로 보완하게 되었다. 또한 국제사법절차로는 예외적으로 활발하게 활용되는 WTO 분쟁해결제도하에서 이행 문제를 다루게 됨으로써 실질적인 이행력을 한층 제고할 수 있게 된 점은 지재권 보호체제의 관점에서 가장 주목할 만한 발전이라 할 수 있다.

다음으로 WTO 체제에 지재권 보호규범이 흡수되면서 국제통상의 핵심규범인 최혜국대우 조항이 TRIPS 협정에 포함된 점은 규범 차

11 흥미로운 부분은 TRIPS 협정에서의 교차보복이 지재권을 위반하는 개도국을 상대로 보복의 실효성을 제고하기 위해 고안된 제도인 반면, 실제로는 WTO 분쟁들에서 미국이 상품이나 서비스 부문의 WTO 협정 위반으로 보복을 당하는 상황에서 개도국들이 보복 조치의 효과를 확대하기 위해 지재권 분야에서 보복을 시도하는 반대의 상황이 전개된 점이다. 예를 들어, United States - Measures Affecting the Cross-Border Supply of Gambling and Betting Services(DS285) 분쟁에서 미국 정부는 온라인 도박서비스를 금지함으로써 GATS 차원의 시장개방 약속에 위반했는데 이행 실패로 보복을 당하는 상황에서 제소국인 앤티가 바부다(Antigua and Barbuda)가 승인받은 보복금액만큼의 지재권 침해를 제안한 바 있다.

원에서 가장 주목할 만한 발전이다. 사실 지재권 보호협정에서 최혜국대우는 전례가 없는 법규정으로서, 대부분의 국제 지재권 협정에서는 상호호혜주의 원칙을 규정하고 있었으나 TRIPS 협정에서 최혜국대우 원칙이 도입되면서 향후 지재권 보호체제의 점진적 발전을 위한 중요한 초석이 마련되었다. 특히 상품무역을 다루는 GATT와 서비스무역을 다루는 GATS의 최혜국대우 조항에는 FTA 예외를 인정하고 있는 데 반해, TRIPS 최혜국대우 조항에는 FTA 예외가 반영되어 있지 않는바, 도하협상의 진전이 이루어지지 않은 상황에서 FTA를 통해 지재권 규범이 점진적으로 향상되고 있는 점은 주목할 부분이다.[12]

2015년 10월까지 WTO에는 TRIPS 협정에 관한 34개 분쟁이 제기되었는데, EU에 대한 제소는 7건이지만 그리스, 스웨덴, 덴마크, 포르투갈, 아일랜드에 대해 개별적으로 제기된 제소까지 포함하면 총 12건으로 유럽 국가들에 대한 제소가 압도적으로 많다. 2011년까지 한 차례도 제소된 적이 없던 호주는 최근 담배에 대한 규제로 우크라이나, 온두라스, 도미니카공화국, 쿠바, 인도네시아에 의해 5건의 상표권 제소가 제기되었다. 미국도 4건 피소되었고 그 밖에 인도, 일본, 아르헨티나, 중국 등의 국가들에 대한 제소가 제기된 바 있다. 제소국으로는 미국이 압도적인 1위를 차지하는데 현재까지 17건의 제소를 제기했고 다음으로는 EU가 7건을 제소한 바 있다.

주목할 부분은 일본에 대한 제소(Japan–Measures Concerning Sound Recordings: DS28, DS42)가 WTO 수립 후 최초의 TRIPS 협정 관련 분쟁

12 GATT 제1조 최혜국대우 조항에 대해서는 제24조가 FTA 예외를 규정하고 있고, GATS 제2조 최혜국대우 조항에 대해서는 제5조가 FTA 예외를 규정하고 있다. 반면 TRIPS 협정 제4조의 최혜국대우 조항에 대해서는 FTA 예외조항이 규정되어 있지 않다.

이라는 점과 미국과 EU가 동시에 제소한 점이다. 이후 미국과 EU는 India-Patent Protection for Pharmaceutical and Agricultural Chemical Products(DS50, DS79) 사건에서 동시에 인도를 제소했다. 한편 중국의 WTO 가입 이후에 미국이 China-Measures Affecting the Protection and Enforcement of Intellectual Property Rights(DS362) 사건으로 제소했고, EU가 China-Measures Affecting Financial Information Services and Foreign Financial Information Suppliers(DS372) 사건으로 제소한 바 있다. 즉, 미국과 EU가 아시아 주요국들의 지재권 문제를 동시에 제기함으로써 제도상의 문제점을 WTO 체제에서 명확히 하고 이행을 촉진한 점은 유의할 부분이다. 아시아 주요국 중에서 TRIPS 협정 관련해서 제소한 경우는 인도와 인도네시아밖에 없는 점도 지재권 이행에 있어 아시아 국가들의 처지와 현실을 보여 주는 사례라 할 수 있다.

WTO 설립 이후에 TRIPS 협정 관련하여 눈에 띄게 새로운 규범은 아직 수립된 바 없으나, 도하협상의 일환으로 제기된 공중보건 예외가 2005년 12월 6일자로 공식 채택된 점은 주목할 부분이다.[13] 이는 TRIPS 협정상의 강제실시권이 의약품 생산능력이 없거나 불충분한 저개발국의 경우 원천적으로 활용하기 어려운 구조적 문제점이 있다는 데 공감하여 도하각료회의에서 'TRIPS 협정과 공중보건에 관한 각료회의 선언문'이 채택된 데 기인한다.[14] 2003년 8월 일반이사회는 강제실시 대상을 의약품으로 규정하고 의약품 생산기반이 없는 저개발 회원국에게 의약품 수출을 위한 강제실시권이 실행되는 경우 기본적으로 국내시장 공급을 목적으로 해야 한다는 것과 적절한 보상의무를 부과한 부분을 면제하는 '도하선언 para.6 이행결정'을 채택하였다.[15] 이러

13 WTO, WT/L/641.

14 WT/MIN(01)/DEC/2.

한 합의안을 최종적으로 TRIPS 협정 제31조 bis와 부속서를 추가하는 방식으로 TRIPS 협정문에 반영·개정하는 TRIPS 개정의정서가 2005년 12월에 채택되었다.[16] WTO 회원국 가운데 3분의 2가 개정의정서를 채택하면 공식적으로 TRIPS 개정안이 WTO 협정에 반영되는데, 당초 2007년 12월 1일로 예정된 기한 내에 공식 채택이 이루어지지 못해 수차례 수락기한이 연장되었으며, 2015년 11월의 일반이사회 결정으로 2017년 12월 31일까지 기한이 연장된 상황이다.[17] 따라서 2017년 말까지 회원국들 3분의 2가 발효하는 경우, 해당 국가들에 대해서는 수정안이 적용되나 여타 회원국들의 경우 자국 정부가 발효하기까지는 2003년 웨이버(Waiver)가 적용된다. 2015년 10월 10일 현재 59개국이 채택하였는데, 아시아 국가들 중에는 최초로 우리나라가 2007년 1월 24일 채택하였고, 일본이 2007년 8월 31일, 중국이 2007년 11월 28일 채택한 점은 흥미로운 부분이다.[18]

3. 양자통상협상을 통한 지재권 보호체제 개편

앞서 설명한 바와 같이 TRIPS 협정의 최혜국대우에는 FTA 예외가 포함되지 않는 반면, 최근의 FTA들에서는 대부분의 경우 'WTO 플러스' 요소로 TRIPS 내용보다 강화된 지재권 보호 내용이 포함된다. 따라서 최근의 FTA를 통해 도입되는 지재권 보호 요소는 실제로는 해당 국가

15 WTO, WT/L/540.
16 WTO, IP/C/41.
17 WTO, WT/L/965.
18 WTO, 〈https://www.wto.org/english/tratop_e/trips_e/amendment_e.htm〉.

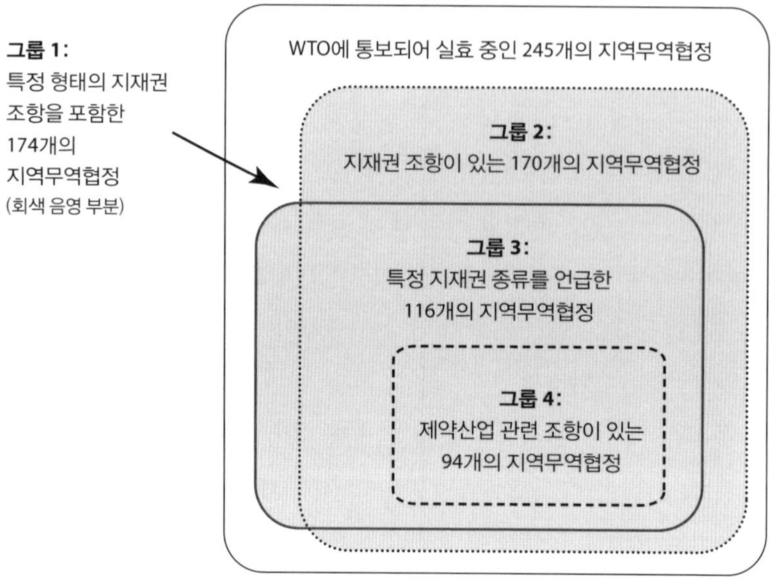

[그림 4-1] 지재권 보호 수준으로 분류한 지역무역협정

출처: Valdes and McCann(2014).

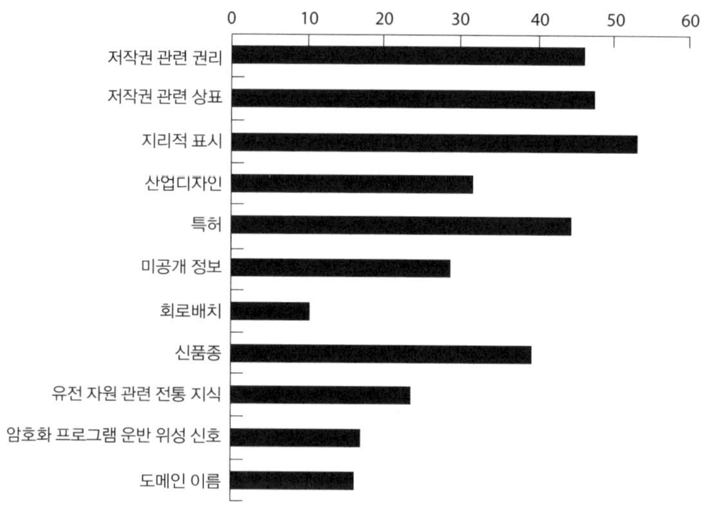

[그림 4-2] 지재권 유형별로 지역무역협정에 반영되는 비중

출처: Valdes and McCann(2014).

가 여타 모든 WTO 회원국들에게 적용해야 하는바, 자발적이고 점진적인 형태로 지재권 보호를 위한 국제규범의 수준을 향상하는 역할을 하고 있다. 최근 아시아 국가들이 체결하는 FTA는 이와 같은 지재권 보호의 관점에서 주목할 필요가 있다.

그림 4-1에서 볼 수 있듯이, 2014년 2월까지 발효된 245개의 FTA 중에서 170여 개의 지역무역협정이 지재권 관련 규정을 포함하고 있으며 의약품 관련 규정을 포함하는 협정도 94개에 달한다. 또한 그림 4-2에서 나타나듯이 지리적 표시를 포함하는 지역무역협정이 50%를 넘는 점도 주목할 만하다.

1) 한국의 FTA 지재권 보호체제

① 한-미 FTA

우리나라가 체결한 FTA 중 최초로 지재권 보호 사안을 본격적으로 다룬 것은 한-미 FTA이다. 한-미 FTA 제18장 지적재산권은 12개 조항으로 구성된 본문과 4개의 한국 측 발신 서한, 그리고 4개의 미국 측 답신 서한으로 이루어져 있다.

일반규정에서는 지재권 체계 개선을 위해 WIPO에서 주관하는 지재권 협정들 중 파리협약과 베른협약뿐만 아니라 총 10개의 지재권 협정을 적시하고 FTA 발효일까지 비준 및 가입 의무를 제시하고 있다. 우리나라는 FTA 협상 이전에 대부분의 협약에 가입하였으므로, 추가적으로 '위성에 의해 송신되는 프로그램 전달 신호의 배포에 관한 협약'을 2012년 3월 19일에 발효하고 '세계지적재산기구 실연·음반 조약'을 2009년 3월 18일에 발효하였다. 가입이 권고된 3개 협정의 경우 미국은 현재 모두 가입했으나 우리나라는 '산업디자인의 국제 등록에 관한 헤이그 협정'만 2014년 7월에 가입하였다.

한-미 FTA로 도입된 두드러지는 변화로 우선 저작권 보호기간을 TRIPS 협정에서 제시한 것과 같이 저자 생존기간 및 사후 50년에서 70년으로 연장한 점을 들 수 있다. 이러한 보호기간 연장은 발효 후 2년간 유예하였는데, 동일하게 저작권 보호기간을 2년간의 유예기간하에서 연장한 한-EU FTA와 한-페루 FTA가 먼저 발효됨에 따라 저작권 보호기간 연장은 2013년 7월 1일부터 적용되고 있다.[19] 따라서 1962년 12월 31일 이전 사망한 작가의 작품에 대해서는 사후 50년까지 저작권이 보호되는 반면, 1963년 1월 1일 이후에 사망한 작가의 작품은 사후 70년까지 보호된다. 한편, 음반과 실연에 대한 저작인접권의 경우에도 보호기간을 50년에서 70년으로 연장했다. 즉, 저작인접권자인 실연자(가수, 연주자, 배우 등)와 음반제작자(음반기획사 등)의 권리는 2013년 8월 1일부터 실연을 하거나 음반을 발행한 때로부터 70년으로 연장된다. 이처럼 국내 저작권법상 보호기간이 연장되면서 이후에는 저작권 보호를 미국, EU와 같은 방식을 채택한 호주와의 FTA에서는 저자 사후 70년, TRIPS 방식을 고수하는 캐나다와의 FTA에서는 저자 사후 50년을 채택하고 있다. 그러나 한-캐나다 FTA의 경우 캐나다 측에 대해서 자국 내에 적용하는 TRIPS 방식의 저작권 보호기간을 인정해 주는 것일 뿐이며, 우리나라의 저작권 보호는 캐나다 저작권에 대해서만 차별적으로 50년으로 적용되는 것이 아니라 일괄적으로 저자 사후 70년이 적용된다.

또한 주목할 부분으로 저작권 관련 복제의 개념에 '전자적 형태의

19 한-미 FTA는 2007년 6월 30일 서명되었으나, 2012년 3월 15일에야 발효되었다. 따라서 2년 유예기간 규정에 의해 2014년 3월까지 유예기간이 적용되나 2011년 7월 1일 잠정발효된 한-EU FTA와 2011년 8월 1일 발효된 한-페루 FTA에 의해 저작법 개정이 2013년 7월에 이루어졌다.

일시적 저장'을 포함하는데, 이는 컴퓨터 프로그램이나 디지털화된 저작물 등을 컴퓨터를 통해 이용할 때 RAM(전원을 끄면 모든 데이터가 지워지는 메모리)에 일시적으로 저장되는 복제 등을 지칭한다. 다만, 정상적이고 일상적인 이용(인터넷 검색, 웹서핑 등) 과정에서 발생하는 일시적 복제의 경우, 권리자의 이익을 불합리하게 저해하지 않는 범위에서 저작권 침해가 성립되지 않도록 하는 예외는 설정이 가능하다.

상표권에 대해서는 상표등록 요건으로 시각적으로 인식 가능한 표지를 요구하는 것이 금지되어 소리 또는 냄새로만 구성된 상표도 허용되었다. 미국이나 유럽에서는 2006년부터 대부분 소리상표와 냄새상표를 허용하였으나 우리나라는 한-미 FTA 제18.2조를 통해 도입한 것이다.

특허와 관련하여 제18.8조 6항은 특허당국의 특허 심사 지연 등 불합리한 사유로 특허 보호기간이 단축되는 경우 불합리하게 지연된 기간에 대해서는 특허 존속기간 연장을 신청할 수 있도록 규정하고 있다. 또한 동 조항은 상대국에서 시판이 허가된 신규 의약품에 대한 시판 허가절차 지연으로 특허기간이 불합리하게 단축되는 경우 회원국은 이에 대한 기간조정을 부여해야 한다. TRIPS 협정 제33조에서는 특허 보호기간을 특허접수(filing) 시점부터 최소 20년을 보장하도록 규정하고 있을 뿐, 불합리한 특허 보호기간 단축에 대한 아무런 규범도 제시하지 못하는 점은 주목할 부분이다. 실제로 캐나다 정부가 규정하는 의약품 판매를 위한 심사기간이 오리지널 의약품의 경우 8-10년까지 소요되므로 의약품 특허기간이 부당하게 침해된다고 미국이 제소한 사건에서 패널은 TRIPS 협정에 위반되는 바가 없다고 판결했다.[20] 그러나 이러한 상황에 대해 FTA 차원에서는 특허기간이 '불합리하게 단축된' 경우

20 Canada - Patent Protection of Pharmaceutical Products, WT/DS114/R.

특허기간을 보상해야 한다고 규정하고 있는바, 향후 TRIPS 협정과의 합치성 문제가 제기될 가능성이 크다.

의약품과 관련하여 보다 더 중요한 규정은 의약품 자료독점 규정인데, 한-미 FTA에서는 의약품의 신규 시판허가 신청을 위해 제출한 안정성 및 유효성 자료에 대해 최초 개발자의 시판허가일로부터 최소 5년간 독점 기간을 보장하고 있다.[21] 현재 동 규정은 환태평양경제동반자협정(TPP)에서 최종까지 협상을 끌게 한 핵심 사안으로, 12년을 주장한 미국과 5년을 고수한 호주 등 여타 국가들의 입장이 첨예하게 대치되다가 사실상 8년의 보호기간에 합의한 것으로 알려지고 있다.

특허 보호 관련 최대의 쟁점 사항은 소위 '허가-특허 연계' 절차로서, 오리지널 의약품의 개발자가 제출한 자료를 기초로 복제의약품 생산업자가 시판허가를 신청하는 경우 특허기간 중 복제약 시판허가를 신청한 자의 신원을 특허권자에게 통보하고 특허권자가 특허침해소송을 제기하는 경우 허가절차가 중단되는 제도가 한-미 FTA 제18.9조 제5항에 의해 도입되었다. 그러나 이 제도는 2011년 2월 한-미 FTA 추가협상으로 시판방지조치 의무의 이행이 3년간 유예되어 2015년 3월 15일 공식적으로 국내에 도입되었다.

국내에 허가-특허 연계 절차가 도입되면서 특허권자에 대한 과도한 특허 보호 우려를 다루기 위한 대안으로, FTA 협정상 의무와는 관계없이, 최초 허가신청 및 최초 특허승소 주체에게 9개월 동안 제네릭 판매의 독점권을 허용하는 우선판매품목허가제도가 도입되었다.

또한 제18.10조 제16항에서는 지재권에 관한 민사 분쟁을 해결하기 위한 대체 분쟁해결제도를 허용하고 있다. 우리 정부에서 발간한

21 보다 상세한 의약품 관련 법적 쟁점은 김호철·안덕근(2009) 참조.

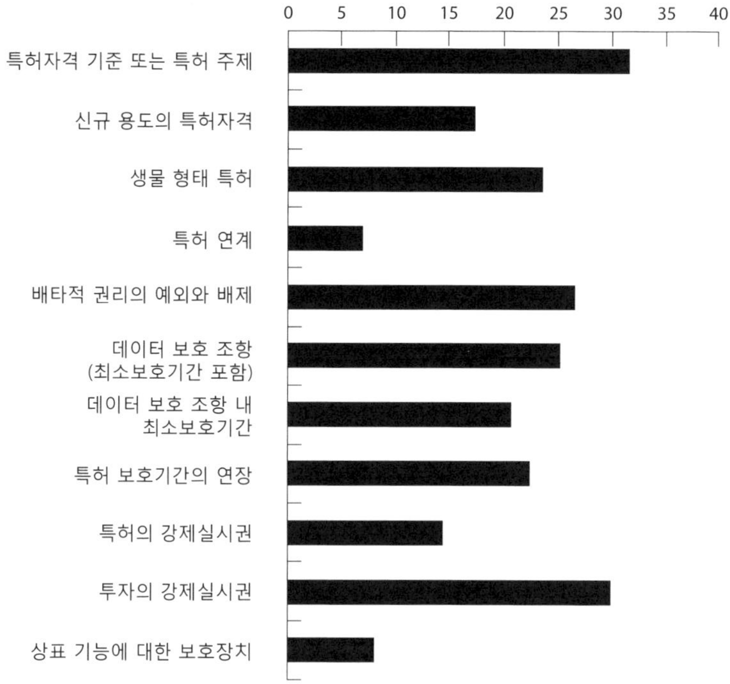

[그림 4-3] 의약품 관련 규정 유형별 지역무역협정 비중

출처: Valdes and McCann(2014).

『한-미 FTA 주요 내용』에서는 본 조항에 대해 "소규모의 저작권 침해 사례 발생 시 법적소송 대신 절차적으로 간편한 조정 절차 등을 통해 분쟁을 조기에 해결하기 위한" 대체적 분쟁해결제도로 설명하고 있어 해당 조항의 적용 상황을 다소 특정하고 있다. 그러나 조항 자체의 규정상 제시된 민사분쟁이 반드시 소규모 저작권 침해 사례로 국한될 근거나 필요는 없는 것으로 보인다. 우리 정부가 설명하는 바와 같이, 한국의 경우 공공기관인 한국저작권위원회에서 경미한 저작권 침해 사례를 조정의 형태로 다루고 있으나 미국의 경우 조정절차가 민간기관을 중심으로 이뤄지고 있는데 조정대상이 되는 민사분쟁의 규모는 소송과 비교하여 별 차이가 없다. 조정절차는 반드시 사용해야 할 의무는 없으나, 조정이 이루어질 경우 그 법적 효력은 소송을 통한 확정 판결과 동일하게 적용된다.

제18.10조 제22항에서는 국경조치에 관하여 "권한 있는 당국이 위조되거나 혼동을 일으킬 정도로 유사한 상표 상품 또는 불법복제된 저작권 상품으로 의심되는 수입·수출 또는 환적물품 또는 자유무역지역의 물품에 대하여 직권으로 국경조치를 개시할 수 있도록" 규정하고 있다. 국경조치를 규정하는 TRIPS 협정 제51조에서는 지재권 보유자가 관세청에게 위조상품이나 불법복제된 저작품 상품의 수입을 금지하도록 요청하는 절차를 구비하도록 규정하고 있는 데 반해, 한-미 FTA 협정은 수입국의 관련 당국이 직권으로 조치를 부과할 수 있도록 규정하고 있을 뿐만 아니라, 수입에 더하여 수출 및 환적물품과 자유무역지역의 물품까지 조치의 대상으로 확대한 점은 주목할 부분이다.

② 한-EU FTA

'지적재산'으로 명명된 한-EU FTA 제10장은 총 69개 조항으로 이루어져 있는데, '농산물 및 식품에 대한 지리적 표시'에 대한 부속서 10-가와 '포도주, 방향포도주 및 증류주에 대한 지리적 표시'에 대한 부속서 10-나가 추가되어 있다.

부속서 10-가에는 EU를 원산지로 하는 농산물에 대한 지리적 표시(예: 프랑스의 로끄포르 치즈, 독일의 뮌헤너 비어, 이탈리아의 프로슈토 디 파르마 햄, 스페인의 하몬 데 우엘바 등)와 우리나라를 원산지로 하는 농산물 지리적 표시(예: 보성녹차, 의성마늘, 이천쌀, 고흥유자, 횡성한우고기, 청양고추, 상주곶감 등)가 보호 대상으로 명시되어 있다. 또한 부속서 10-나에는 EU를 원산지로 하는 포도주(예: 프랑스의 보르도, 부르고뉴, 샴페인, 메독, 마고; 독일의 모젤; 헝가리의 토카이; 이탈리아의 키안티, 바롤로; 스페인의 리오하) 및 증류주(예: 프랑스의 꼬냑, 아르마냑; 이탈리아의 그라파; 스페인의 브랜디 데 헤레스; 영국의 스카치 위스키)와 우리나라를 원산지로 하는 증류주는 진도 홍주가 유일하게 보호대상으로 명기되어 있다. 이처럼 명시적으로 기재된 지리적 표시는 우리나라 64개(농산물 63개, 증류주 1개), EU는 162개(농산물 60개, 포도주 80개, 증류주 22개)에 달한다. 이와 같은 지리적 표시를 제시한 규정 중 제10.18조는 TRIPS 협정 제23조의 지리적 표시 규정과 차별화되는데, 후자가 포도주와 증류주에 국한된 반면 전자의 경우 농식품에도 동일한 수준의 보호를 부여하여 지리적 표시에 의한 보호 수준을 한층 제고한 점은 주목할 부분이다.

특이한 부분으로는 제10.23조에서 상표와의 관계를 제시한 점인데, 한-EU FTA 발효 전에 출원 또는 등록된 상표로서 사용에 의해 확립된 '선행상표'의 사용은 지리적 표시의 보호와 상관없이 보장된다(제10.21조 제5항). 그러나 협정 발효 후에 지리적 표시의 보호범위를 침해하는 상표가 유사상품에 출원될 경우에는 해당 상표는 거절 또는 무효가 될 수 있다. 예를 들어, 널리 알려진 치즈의 명칭인 까망베르, 모짜렐라, 브리 등은 지리적 표시가 아니라 제품의 유형을 나타내는 일반명칭으로서 EU의 지리적 표시의 보호와 상관없이 사용 가능하다. 반면, 프랑스산 치즈의 지리적 표시인 까망베르 드 노르망디(Camembert de Normandie)의 경우, 지리적 명칭에 해당하는 부분은 '노르망디'이므로 치즈의 종류를 나타내는 '까망베르'는 계속 사용할 수 있다.

한-EU FTA에서의 이처럼 정교하고 광범위한 지리적 표시에 대한 보호는 별도의 추가적인 보호대상으로 아무런 지리적 표시를 명기하지 않은 한-미 FTA 협정과 두드러지게 대비되는 면이다.

한-EU FTA도 한-미 FTA와 같이 저작권 보호기간을 저자 사후 70년까지로 연장하면서 2년의 유예기간을 설정했다. 그러나 저자의 수명 대신 발행이나 창작 시점을 기준으로 보호기간이 설정되는 경우에 대해서는 보호기간을 연장하지 않고 있다. 또한 한-EU FTA 제10.53조에서는 권리자 추정에 있어 저작물, 실연 및 음반에 대해서만 규정한 한-미 FTA와 달리, 통상적인 방식으로 표시되어 있는 '방송사업자'도 방송물에 대한 저작인접권자로 추정함으로써 권리자 추정 규정을 방송사업자에게도 확대 적용하고 있다.

한편 1920년 프랑스에서 최초로 도입된 작가의 재판매권은 미술품이 재판매되는 경우 판매액의 일정 부분을 작가가 받을 수 있게 하는데, 예술활동이 활발한 유럽을 중심으로 40여 개국에서 시행되고 있다. 이러한 재판매권을 한국에서 도입하는 데 제기되는 적절성 및 실행가능성에 대한 협의를 협정 발효 2년 이내에 개시하도록 규정하고 있다.

상표권과 관련하여 제10.15조는 상표등록 거절 사유를 서면으로 통지하도록 규정하고 있으며, 등록이 거절되는 경우 이의제기와 사법적 불복청구 기회를 부여하고 상표출원에 이의를 제기할 수 있도록 규정하고 있다. 주목할 부분은 EU의 경우 협정상 의무 이행 주체가 EU 및 개별 회원국들이지만 상표와 디자인에 대해서는 이행주체가 EU로 국한되는 점이다. 따라서 개별 회원국들에 등록되는 상표나 디자인은 협정의 대상이 아니지만 EU에 등록되는 상표나 디자인은 FTA 차원의 의무가 적용된다.

디자인과 관련한 부분은 다루지 않고 있는 한-미 FTA와는 달리 한-EU FTA에서는 등록디자인(registered design)과 미등록외관(unregistered appearance)에 대하여 구체적인 보호 규범을 제시하고 있다. 우리나라의 경우 등록디자인은 '디자인보호법', 미등록외관은 '부정경쟁방지 및 영업비밀보호에 관한 법률'에 의해 다른 방식과 수준으로 보호되는 반면, EU의 경우 '공동체디자인에 관한 이사회 규칙'에 의해 등록디자인과 미등록디자인을 일괄적으로 보호하고 있다. 등록디자인의 경우 제3자가 권리자의 동의 없이 등록디자인이 적용된 품목을 제작·판매할 목적으로 제공, 판매, 수입, 수출 또는 사용하는 행위를 금지할 권리를 권리자에게 부여하고 있다. 다만 그러한 행위가 상업적 목적으로 행해지거나, 디자인의 통상적인 사용을 부당하게 저해하거나, 또는 공정한 무역관행과 양립하지 않을 것을 전제하고 있으며, 최소 15년간의 보호기간이 규정되어 있다. 미등록디자인과 유사한 의미를 가지는 것으로 규정된 미등록외관의 경우에는 미등록외관을 복제한 상품을 양도, 대여 또는 이를 위한 전시를 하거나 수입 또는 수출하는 행위를 금지할 수 있는 법적 수단을 제공해야 한다. 이러한 미등록외관에 대해서는 최소 3년간의 보호기간을 부여해야 한다.

지재권 이행체계와 관련하여 주목할 만한 변화는 국경조치가 한-EU FTA를 통해 대폭 확대된 부분이다. 협정 제10.67조는 통관보류조치 적용대상을 현행 '상표권, 저작권 및 저작인접권 침해상품'에서 '특허, 디자인, 지리적 표시, 식물신품종권 침해상품'에까지 대폭 확대하고 있다. 단, 특허 및 디자인의 경우 시행을 위한 사전준비의 필요성을 감안하여 협정 발효 후 2년간 시행을 유예하고 있다. 그뿐만 아니라 적용절차와 관련하여, 환적의 경우 직권에 의한 통관보류조치뿐만 아니라 이해 관계자의 신청에 의한 통관보류조치가 가능하도록 규정한 부분도 주목할 점이다. WTO의 TRIPS 협정은 국경조치를 상표권과 저작권 및 저작인접권 침해 의심물품이 수입되는 경우에 국한해서만 규정하고 있으며, 동 물품이 수출되는 경우에 대해서는 국경조치를 부과해도 되는 것으로 허용하고 있는 점에 비추어 한-EU FTA 협정에서 도입된 국경조치는 매우 포괄적이고 강력한 지재권 보호조치다.

③ 기타 FTA에서의 지재권 규범

우리나라가 체결한 FTA 중 지재권 보호 관련하여 실질적인 내용이 가장 많이 포함된 것은 한-미 FTA와 한-EU FTA이나 여타 FTA들에서도 일부 지재권 보호와 관련하여 주목할 만한 규정을 제시하고 있다. 우리가 그간 체결한 FTA를 유형별로 보면 한-ASEAN FTA와 같이 지재권에 대한 규정이 전혀 없는 경우도 있고, 싱가포르, EFTA, 인도 등의 경우에서와 같이 사실상 협력 규정 외에 구체적인 규범을 포함하지 않는 경우도 있다. 그 외의 경우에는 다소간의 추가 규범이 제시되고 있는데 이하에서 상술한다.

한-칠레 FTA

한-칠레 FTA의 경우 우리나라가 최초로 체결한 FTA로서, 칠레가 개도국이라는 점을 감안할 때 여기에 포함된 지재권 보호 규정은 매우 흥미롭다. 실제로 특허나 저작권 등 핵심 지재권 부문에 대해서는 아무런 추가 규정을 두고 있지 않다. 반면 상표권과 지리적 표시에 대해서 추가 규정을 제시하고 있는데 특히 지리적 표시에 관해서는 한국은 인삼, 김치, 보성녹차를, 칠레는 피스코, 파하레테, 비노 아솔이에도를 명시하고 있다. 또한 칠레가 원산지인 포도주와 관련해서는 5개 지방의 총 13개 지역이 명시되어 있다. 한편, 피스코와 관련한 칠레와 페루 간 분쟁을 감안하여, 칠레에 대해 피스코 관련 지리적 표시를 보호하는 동시에 "어떠한 경우에도 한국이 '피스코'에 관해 칠레뿐만 아니라 페루에게 배타적으로 부여할 수 있는 권리를 저해하지 아니한다"라고 규정한 점은 주목할 부분이다.

한-페루 FTA

한-페루 FTA는 기존의 FTA에서 점진적으로 강화된 지재권 보호 내용이 최신 FTA들에서 반영되는 전형적인 사례로 볼 수 있다. 저작권 보호기간 연장, 국경조치 확대, 유전자원 보호 등의 규정은 여타 FTA들의 내용과 대동소이하다. 사실 이런 부분은 최근 체결된 콜롬비아와 베트남과의 FTA도 마찬가지 상황이다. 반면 특기할 부분은 FTA

로 추가되는 지리적 표시에 있어 페루 측은 '피스코 페루'를 비롯하여 총 4개가 명시된 반면, 한국의 지리적 표시는 보성녹차를 비롯하여 82개가 명시된 점이다. 이는 그간 다소 생소하던 지리적 표시가 상당히 정비되어 최소한 80여 개의 지리적 표시가 국제협정에서 사실상 공통적으로 인정받을 수 있는 수준까지 발전되었음을 시사한다.

한-캐나다 FTA

한-캐나다 FTA의 경우, 아무런 추가적인 지리적 표시를 명시하지 않은 한-미 FTA와는 달리 한국 측 4개(고려홍삼, 고려백삼, 고려수삼, 이천쌀), 캐나다 측 2개(캐나다 위스키, 캐나다 라이 위스키)의 추가적인 지리적 표시 보호를 규정하고 있다. 또한 저작권 보호와 관련하여 한-미 FTA에 도입된 일시적 복제 금지 규정에 대해서는 자국의 국내법에 따라 일시적 복제에 대한 제한과 예외를 결정할 수 있도록 하고 있다. 이는 사실상 일시적 복제를 금지하지 않는 캐나다의 국내법을 인정하는 것이며, 우리의 경우에는 TRIPS 최혜국대우 조항에 의해, 한-미 FTA로 도입된 일시적 복제 금지 법규가 캐나다를 포함한 모든 WTO 회원국에게 적용된다.

국경조치의 경우, 환적 화물 또는 상품에 대해서도 적용되도록 규정하고 있으며, 절차적인 측면에서 수출 및 수입화물에 대해 직권조치뿐 아니라 권리자에 의한 신청으로 국경조치가 개시될 수 있다.

한-호주 FTA

한-호주 FTA의 경우 여타 FTA의 규정과 크게 다른 내용은 없다. 미국, EU 등 선진국들과의 FTA에서 일반적으로 채택되는 방식대로 상표권에 관해 단체표장 및 증명표장에 대해서 규정하고, 냄새 및 소리 등 비시각적인 상표에 대해서도 보호를 규정한다. 또한 저작권에 대해서는 일시적 복제 등을 포함하여 저작권자의 포괄적 권리를 인정하고 저작권 보호기간을 저자 사후 70년으로 확대하여 보호하는 등 저작권 보호를 강화하고 있다.

한–터키 FTA

한-터키 FTA는 규범 측면에서는 여타 FTA들과 유사하며, 추가적으로 국내 지재권 보호체제에 영향을 미치는 부분은 없다. 다만 지리적 표시에 있어 터키가 '헤레케 카페트'와 '뷴얀 카페트'를 추가하고, 한국도 '고려홍삼'과 '고려백삼'을 포함시키고 있다.

한–중 FTA

한-중 FTA에서도 여타 FTA와 같이 지식재산권에 대하여 FTA 협정에서 요구하는 것보다 더 광범위한 보호와 집행을 자국법에 따라 제공할 수 있으나, 그러한 의무를 지는 것은 아니다.

주목할 만한 부분은 여타 FTA와 달리 한-중 FTA가 방송 저작물에 대한 지재권 보호를 대폭 강화한 점이다. 제15.6조 제3항에서는 방송(케이블 또는 위성에 의한 것을 포함하여)의 보호기간을 방송 시점으로부터 최소 50년으로 규정하고 있다. 보호되는 방송신호는 유선, 지상파, 케이블, 위성 등을 통해 방송되는 것을 모두 포함한다. 실제로 중국은 자국 방송사업자의 방송에 대해서는 50년의 보호기간을 부여하나, 외국 방송사업자의 방송은 TRIPS에 따라 20년의 보호기간만을 인정하는 것으로 알려지고 있다. 따라서 이론적으로는 한-중 FTA에 따라 우리 방송사업자는 중국에서 중국 방송사업자와 동일하게 50년의 보호기간을 인정받게 된다. 그런데 사실 TRIPS 협정에서는 제3조에서 내국민대우 의무를 규정하고 있는바, 원론적으로는 중국 정부가 국내 방송에 대해서만 차별적으로 보호기간 50년을 보장하는 경우 WTO 의무 위반이 발생하게 된다. 더욱이 중국-호주 FTA의 경우에도 제11.5조에서 내국민 대우 의무를 명확히 규정하고 있다. 그러므로 방송에 대한 보호기간은 중국 정부가 이를 인지하고 차별적인 요소를 수정하거나, 궁극적으로는 여타 WTO 또는 FTA 회원국이 소송을 제기하는 경우 차별적인 부분이 수정되어야 할 사안이므로, 우리 정부에 대한 FTA상 혜택의 실효성은 다소 의문의 여지가 있다.

또한 방송사업자에게 방송신호의 재방송(rebroadcasting), 고정(fixation) 및 복제(reproduction)와 관련한 사전 허락 및 사후 금지권을 부여하고 있다. 여기서 '재방송'은 방송사에서 송출한 신호를 동시에 다른 매체로 송출하는 행위로서 우리나라 저작권법상 동시중계방송권을 의미하며, '고정'은 방송을 녹화하는 행위 및 녹화한 방송을 배포·송신하는 행위를 의미한다. 한편 저작권에 관한 배타적 권리의 제한 또는 예외는 그 저작물, 실연, 음반 또는 방송의 통상적인 이용과 충돌하지 아니하고, 그 권리자의 정당한 이익을 불합리하게 저해하지 아니하는 특정한 경우로 한정한다. 방송에 대한 추가 합의 내용은 최근 한류에 편승하여 인기를 끌고 있는 한국 드라마나 방송 콘텐츠에 대한 보호를 강화하는 장치가 될 것으로 보인다.

특이하게 추가된 사안은 제15.17조의 유전자원, 전통지식 및 민간전승물 관련 규범인데, '생물다양성협약'과 '나고야의정서'의 요건을 존중하고 있다. 현시점에서 특정한 의무 요건을 제시하는 것은 아니지만, 향후 다자 협성 또는 양국의 국내 법규의 발전에 따라 유전자원에 관한 관련 사안을 추가적으로 논의하기로 합의하고 있다.

국경조치의 경우에도 FTA 차원에서 제시하는 가장 높은 수준의 규범을 규정하고 있는데, 침해물품이 수입, 수출, 환적되거나 자유무역지대 혹은 보세창고에 위치해 있다고 의심할 만한 정당한 근거가 있을 경우 권리자가 세관에 침해물품 통관보류를 신청할 수 있다. 또한 권리자의 신청이 없어도 지재권 침해에 관한 명백한 증거가 발견될 경우 세관이 직권에 의해 침해물품의 통관을 보류할 수 있도록 하고 있다.

지재권 집행 차원의 형사절차와 구제 규정에서는 통상적인 규범 이외에 영화도촬 제재에 대한 규정(제15.27조 제2항)이 제시된 점이 주목할 만하다. 즉 영화관에서 상영되는 영상물 또는 그 일부를 권리자의 허락 없이 고의적으로 상업적 규모로 복제하는 행위에 대해 형사처벌하도록 규정하고 있다. FTA에서 이와 같이 영화관의 상영으로부터 복제하는 행위를 규제하는 조항이 포함된 사례는 현재까지는 한-중 FTA가 유일하다는 점에서 특기할 만하다.

2) 기타 아시아 국가의 FTA 지재권 보호체제

① 일본

일본은 TRIPS 협정 협상 시 아시아 국가 중에는 유일하게 주도적인 역할을 하였으나 FTA는 그간 주로 저개발국, 특히 일본 제조업체의 해외 생산설비가 집중되어 있는 동남아 국가들에 집중하면서 지재권 문제가 FTA에서 본격적으로 논의되지는 못했다. 따라서 예를 들어, 2008년 체결된 일본-ASEAN FTA에서는 지재권에 대한 내용이 전혀 포함되지 않았다. 또한 일본-멕시코 FTA에서도 총 18개 장에서 금융 서비스, 일반 서비스, 투자, 정부조달, 경쟁, 기업환경 개선 등의 내용을 구체적으로 다루고 있는 점을 감안하면 지재권 쟁점이 완전히 배제된 점은 주목할 부분이다. 일본-칠레 FTA의 경우 간략한 일반 규정과 협력에 관해 규정되어 있을 뿐이며, 지리적 표시에 있어 일본의 경우 Satsuma 소주, 칠레의 경우 칠레 피스코, 각기 1개씩을 명시하고 있다.

한편 일본-스위스 FTA의 경우, 일본은 4종의 소주와 1종의 사케를 명시한 데 반해, 스위스는 13종의 치즈 명칭, 스위스 초콜릿을 포함한

[표 4-1] 스위스 제조물의 지리적 표시

상품	명칭
시계 및 정밀기기	Swiss
	Geneva
	Neuenburg/Neuchatel
	Schaffhausen
섬유	Swiss
	St. Gallen embroidery (St. Galler Stickerei/St. Galler Spitzen)
	Langenthal
기계 및 엔지니어링	Swiss
화학 및 의약품	Swiss
	Basel

5종의 제과 명칭, Schweizer Kirsch와 같은 5종의 주류 명칭, 9종의 와인 명칭뿐만 아니라 시계나 정밀기기, 섬유 제품, 기계 및 화학·의약품에 대해서도 표 4-1에 제시된 명칭을 명시한 점은 특징적인 부분이다. 특히 그러한 제조물의 경우에 Swiss라는 국명을 지리적 표시로 인정하는 점은 주목할 부분이다.

일본의 FTA 사례에서 볼 수 있듯이 지재권 분야 중에서 지리적 표시가 FTA를 통해 점차 확산되는 사실은 흥미로운 점이다. 이는 시장의 통합이 확산될수록 상품의 제조국이나 제조지에 대한 가치가 시장에서 더욱 중요해지고 있다는 점을 시사하는 것으로 보인다. 특히 스위스의 경우 'Swiss'를 FTA를 통해 사실상 지리적 표시로 인정받고 있는 점은 향후 세계통상체제에서 지리적 표시의 논의와 발전에 있어 주목할 부분이다.

② 중국

중국의 경우에도 여타 개도국들과 마찬가지로 FTA에서 지재권 문제를 다루는 경우는 드물다. 중국으로서는 선진국과 체결한 현대식 FTA의 최초 사례인 뉴질랜드와의 FTA에서도 지재권 문제는 협력 관계에 관한 일반적인 조항 이외에는 구체적인 규범을 제시하지 않고 있다. 호주와의 FTA에서도 한-중 FTA에서와 같이 지재권에 대해 상당히 정교한 규범을 제시하고 있으나 기본적인 규범은 최근 FTA들에서 대부분 채택되는 내용으로서 두드러지는 요소는 많지 않다. 페루와의 FTA에서는 Pisco Peru를 비롯한 4개의 페루 측 지리적 표시가 인정된 반면, 중국 측은 22개의 지리적 표시를 등재하고 있다.

③ ASEAN 국가

ASEAN-중국 FTA는 ASEAN 차원에서 거대 경제권과 체결한 최초의 FTA로서 주목을 받았는데, 제14조에서는 명시적으로 ASEAN 10개국이 중국의 WTO 가입의정서상 비시장경제 조항을 적용하지 않고 완전한 시장경제로 중국을 인정하고 있는 점은 주목할 부분이다. 이러한 다소 정치적인 요소를 내포한 규정을 포함한 반면, 지재권 보호 관련 규정은 전혀 추가하지 않고 있다.

4. 아시아 국가들의 지재권 보호체제상 쟁점

1) 지재권 보호 강화

아시아 국가들은 일본을 제외하고 대부분 지재권 보호에 있어서는 소극적인 입장이다. 대부분의 경우 아시아 국가들의 산업화가 아직도 기술추격단계에 있어 외국의 지재권 보호를 위한 제도적 정비를 적극적으로 추진할 유인이 크지 않기 때문이다. 따라서 기본적으로 WTO

TRIPS 협정으로 도입된 다양한 지재권들의 보호를 위한 최소기준 이상으로 FTA를 통해 제도를 개선하는 경우가 드문 것이다.

이러한 상황을 감안하면 최근 FTA들에서 소위 'WTO 플러스' 요소로 도입되는 지재권 보호체제 개선은 주목할 필요가 있다. 지재권 보호 수준 강화가 최소한 단기적인 산업 이익에 부합하지 않는 경우에도 최근 FTA들에서는 WTO 플러스 요소로 서비스, 투자, 경쟁, 경제협력 등 다양한 요소가 포함되면서 지재권 문제도 통상적으로 제기되는 대표적 협상 아젠다로 간주되고 있다. 또한 이러한 논의가 FTA에서 제기되면서 협상 상대국에게만 제한적으로 제공되는 특혜라고 간주되는 경우가 많으나, 앞서 설명한 바와 같이 최혜국대우 조항의 예외를 인정받지 못함으로써 실질적으로는 국내 지재권 보호체제 자체를 수정하게 되는 것이다.

한편, 여타 지재권 보호의 경우에는 사실상 TRIPS 협정의 최혜국대우 의무조항에 의해 모든 WTO 회원국들에게 공히 적용되는바, 도하라운드의 TRIPS 협상 여부에 관계없이 실제로는 WTO 체제에서의 지재권 보호 수준이 FTA 협상에 의해 지속적으로 신장되는 상황이다. 대표적인 경우가 우리나라인데, 지재권 보호체제와 방식이 다른 미국 및 EU와 FTA를 체결하면서 양국이 주장하는 방식의 지재권 보호가 각기 반영되면서 사실상 매우 광범위한 지재권 보호체제 개편이 이루어지고 있다.

예를 들어, 저작권 보호기간이 점차 많은 국가들에서 FTA를 통해 70년으로 연장되고 있는 점은 주목할 부분이다. 어느 특정한 FTA로 이러한 보호기간 연장이 이루어지더라도 해당 국가는 저작권 관련 법규를 수정하게 되므로 현실적으로 저작권 보호체제 자체가 전면적으로 수정되는 것이다. 이처럼 TRIPS 협정상 최혜국대우뿐만 아니라 현실적인 지재권 법체계상 FTA 차원의 합의가 지재권 보호체제를 점진적으로 변화시켜 나가는 점은 세계통상체제에서 중요한 변화라 할 수 있다.

2) 국경조치

TRIPS 협정에서 도입된 지재권 위반 물품에 대한 국경조치는, 일반적으로 지재권 위반에 대한 민사조치가 해당 시장 내에서 위반으로 발생된 피해금액을 산정하여 지재권 권리자에 대해 보상하는 것에 초점을 맞추는 데 반해, 지재권 위반 물품의 수입 자체를 금지한다는 데 차이가 있다. 이러한 국경조치를 시행하기 위해서는 조치 시행 당국인 관세청이나 유관 기관들이 지재권 위반 여부를 현장에서 판정해야 한다. 엄격한 기술적 심사와 판정이 요구되는 특허 등에 대해서는 국경조치의 시행 여부를 재량적으로 결정하도록 하고 있으며, 비교적 용이하게 위반 여부가 결정될 수 있는 상표권을 침해한 위조상품이나 저작권 위반 물품에 대해서만 의무화하고 있다.

이에 반해 최근 FTA들에서 도입되는 국경조치의 경우에는 수입에 대해서만 적용되는 것이 아니라 수출을 비롯하여 환적상품이나 자유무역지역 내의 물품에 대해서도 적용된다. 따라서 다소 소극적인 차원에서 지재권 침해 물품의 수입을 규제하는 데서 벗어나 FTA로 도입되는 국경조치는 보다 적극적으로 지재권 침해업자가 해외로 수출하는 단계에서 규제할 뿐만 아니라 환적상품에 대해서도 규제함으로써 보다 포괄적인 차원에서 지재권 위반 물품의 무역 전 단계에 대한 규범을 제시하고 있다. 이처럼 규제대상인 무역 단계를 확대하는 방식은 주로 미국이 도입하고 있는데 미국의 FTA가 한국, 호주, 중남미 국가들뿐만 아니라 TPP 체결로 최근 현저히 증가되면서 점차 확산되는 추세다.

또한 국경조치의 대상에 대해서도 TRIPS 협정에서 다루는 위조상품이나 저작권 침해 물품뿐만 아니라, 한-EU FTA의 경우에는 특허, 지리적 표시, 디자인 등 지재권의 적용범위를 광범위하게 확대하고 있는 점은 주목할 부분이다. EU도 미국의 FTA를 견제하는 차원에서 아시아 국가들과의 FTA 체결을 점차 확대하고 있는데, 일본-EU FTA, ASEAN-EU FTA 등이 체결되는 경우 지재권 위반을 다루는 국경조치에 중요한 변화가 확산될 소지가 높다.

3) 의약품 관련 지재권 보호

의약품 특허 보호에 매우 중요한 역할을 하는 허가-특허 연계제도가 이미 우리나라에 도입된 데 이어, TPP 협상이 타결되면서 일본 및 일부 ASEAN 국가들을 포함한 TPP 회원국들에게로 확대될 것으로 예상되는데, 이는 향후 제약산업의 발전에 중요한 변수가 될 수 있다.

새로 개발되는 의약품 관련 기술의 특허 보호와 해당 특허기술로 제조된 의약품 판매에 대한 허가는 원칙적으로 별개의 업무로, 어떠한 나라에서건 예외 없이 서로 다른 기관에서 담당하게 된다. 그러나 전자제품 등 여타 제품과는 달리 의약품은 별도의 의약품 안전기준에 따른 시판허가 없이는 판매될 수 없으므로, 시판허가 단계에서 특허침해 방지를 위한 적절한 조치를 취한다면 의약품 특허를 효과적으로 보호할 수 있다. 허가-특허 연계제도는 이러한 의약품의 특성을 감안하여 판매허가 과정에서 특허 침해 여부를 판단해 불법 복제약의 판매를 규제하기 위한 제도로서, 의약품 지재권 보호를 강화하기 위해 미국이 도입한 대표적인 FTA의 조항이다. 실제로 제약산업은 향후 중국, 일본, 한국 및 동남아시아에서 매우 중요성이 큰 산업이다. 그림 4-4에 나타난 바와 같이 일본은 미국에 이어 두 번째로 큰 제약산업을 가진 국가이며, 그림 4-5에 볼 수 있듯이 중국의 제약산업은 급속도로 팽창할 것으로 전망된다. 우리나라의 경우 그간 바이오 기술에 대한 연구투자를 토대로 제약산업의 경쟁력 제고에 많은 노력을 경주하고 있는 상황이다.

이러한 상황에서 FTA를 통한 제약산업 관련 특허 보호 강화는 향

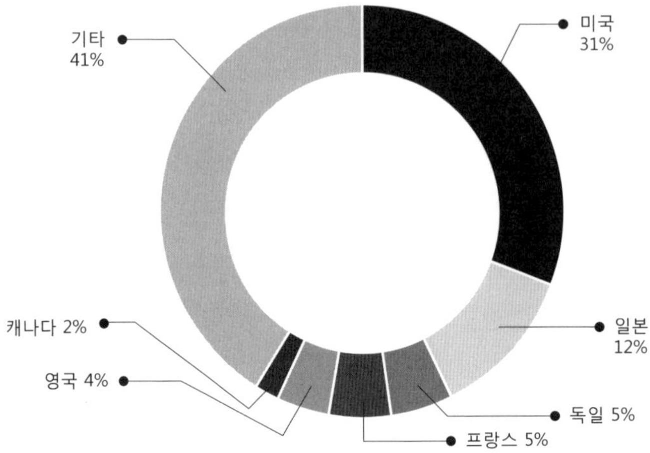

[그림 4-4] 제약산업 매출액 기준 주요 시장 규모(2011년 매출 비중 기준)

출처: PWC, "From Vision to Decision: Pharma 220"(http://www.pwc.com/gx/en/industries/pharmaceuticals-life-sciences/pharma-2020/vision-to-decision.html).

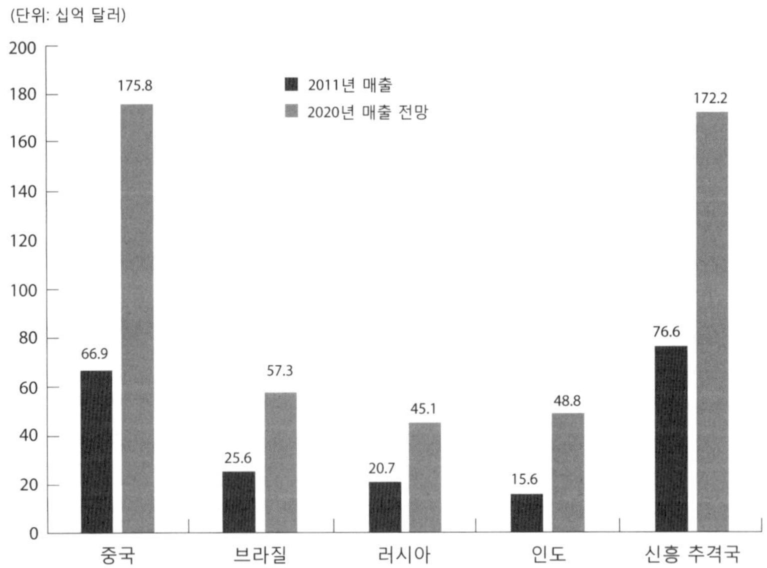

[그림 4-5] 주요 신흥국의 제약산업 매출 전망

출처: PWC, "From Vision to Decision: Pharma 220"(http://www.pwc.com/gx/en/industries/pharmaceuticals-life-sciences/pharma-2020/vision-to-decision.html).

후 제약산업에 중요한 의미를 가지는 아시아 시장의 향방과 관련국 정부의 제약산업 육성정책과 관련하여 중대한 영향을 초래할 수 있다. 따라서 허가-특허 연계제도와 TPP 협상에서 도입된 것으로 알려지는 바이오신약 관련 자료독점권 보장기간의 연장 등은 제약산업에 대한 진입장벽과 보호장벽이 점진적으로 강화되는 효과를 초래할 수 있다. 다시 말하여 여타 산업 부문과는 달리 제약산업의 육성과 발전전략 수립은 FTA에 따른 관세 인하나 철폐와 같은 시장접근 차원의 쟁점뿐만 아니라 지재권 보호체제의 변화에 대해서도 신중한 분석이 요구된다.

4) 지리적 표시

FTA 측면에서 주요 아시아 국가들이 지리적 표시 보호를 대폭 확대하는 점은 주목할 만한 지재권 체제의 변화다. 이는 기존에 유럽의 일부 농산물과 주류에 사실상 특화되어 적용되던 권리가 중국·일본·한국의 농산물에 대해서도 광범위하게 적용되기 시작함으로써 향후 제도적인 차원에서의 발선을 위한 기반이 더욱 공고해졌다. 또한 이들 아시아 국가들의 경우에도 지리적 표시의 확대, 발전을 위해 농업생산과 지역발전을 연계하여 육성정책을 시행할 유인이 강화되는 것이다. 현시점에서는 아직 지리적 표시의 산업적 효과는 크지 않을 것으로 보이나 중·장기적으로는 지역개발과 특성화된 농업 육성에 주요한 전기를 마련할 수 있을 것으로 전망된다.

우리나라에는 지리적 표시 등록제가 1999년 7월 농산물품질관리법에 최초로 도입되어 2002년 보성녹차가 농산물 1호로 등록되었다.[22] 해

22 자세한 내용은 부록의 그림 1 참조.

당 소관 업무는 농산물은 국립농산물품질관리원, 임산물은 산림청, 수산물은 국립수산물품질관리원에서 각기 주관하고 있다. 부록에서 볼 수 있듯이 우리나라의 지리적 표시제도는 사실상 FTA가 확대되고 상대국 정부가 지리적 표시 보호를 요구하면서 본격적으로 개선, 발전된 것으로 볼 수 있다. 이러한 차원에서 중국, 일본 등에서 보호되는 지리적 표시 등을 참고하여 향후 농산물 생산, 유통, 마케팅 등 전 단계에 있어 보다 고부가가치 상품의 생산과 육성을 지재권 보호와 연계할 수 있는 농업정책이 마련되어야 한다.

5. 제도적 개선을 위한 향후 과제

앞서 상술한 바와 같이 아시아 주요국들에 있어 지재권 보호체제는 도하협상의 지체와 실패에도 불구하고 FTA를 통해 점진적으로 강화되고 있으며 향후 지속적으로 변화될 것으로 보인다. 이처럼 제도가 변화되고 보호 수준이 강화되는 경우 불가피하게 제기되는 문제는 이행체계의 개선 사안이다.

우리나라의 경우 1980-90년대까지만 해도 지재권 보호 위반을 근거로 종종 미국의 무역보복조치 대상이 되었다. 예를 들어, 지재권 분야에 적용하는 301조 무역보복체제인 소위 '스페셜 301조' 절차하에서 발표되는 연례보고서에서 우리나라는 요주의 대상국가 명단에 꾸준히 기재되어 왔다. 특히 문제점이 심각한 국가를 지목하는 priority watch list에 1995, 1996, 2000, 2001, 2004년에 등재된 바 있고, 한 단계 낮은 수준인 watch list에도 1997-1999, 2002, 2003, 2005-2007년에 등재되었다.[23] 지재권 보호체제가 상당히 개선된 2008년 이후에서야 우리나라는 스페셜 301조상의 watch list에서도 빠지게 되었다.

일본은 1995년과 1996년에도 priority watch list에 등재되었고, 1997년과 1998년에 watch list에 올랐다가 1999년 이후부터 완전히 빠지게 되었다. 이처럼 일본의 경우 2000년대 들어서부터 미국과 지재권 분쟁에서 다소 자유로운 반면, 중국은 2009년부터 2015년 현재까지 priority watch list에 지속적으로 등재되고 있다. 향후 미국과 중국 간 지재권 관련 분쟁은 한층 고조될 것으로 전망된다. 대부분의 동남아시아 국가들도 지재권 보호 수준은 매우 낮지만, 이들 국가의 지재권 위반으로 인한 상업적 피해가 미국 입장에서는 크지 않기 때문에 구태여 스페셜 301조의 보복대상으로 주목하지는 않고 있다.

이처럼 일본과 한국의 경우 비교적 지재권 체계가 공고히 확립되어 있는 반면, 중국이나 동남아국가들에서는 여전히 지재권 체계가 제대로 확립되지 않은 상황에서 지재권 규범의 이행 문제는 지속적으로 통상 현안으로 대두될 전망이다. 더욱이 미국과 EU가 주도하는 FTA 협상으로 지재권 보호 수준이 점진적으로 높아지고 있는 상황에서 이행체계의 개선은 향후 국제통상체제에서 중요한 쟁점으로 부각될 것으로 보인다. 특히 앞서 설명한 바와 같은 국경조치의 강화는 대부분 무역의존도가 높은 아시아 국가들에게 정책적인 측면에서 큰 과제와 도전으로 대두될 소지가 크다.

또한 FTA의 확산으로 불가피하게 도입되는 지재권 보호기준 강화 문제도 향후 아시아 국가들이 통상정책 측면에서 주목할 부분이다. WTO 제제 출범으로 TRIPS 협정이 도입된 이래 제기된 다양한 문제점들이 도하협상에서 논의될 예정이나 동 협상이 거의 진전을 보이지 않음에 따라 다자간 무역체제 차원의 규범 개선은 정체되고 있는 실정이

23 1989-2015년에 발간된 미국 스페셜 301조 리포트는 〈http://keionline.org/ustr/special301〉 참조.

다. 그러나 무역의존도가 높은 아시아 국가들은 실제로 매우 적극적으로 FTA 협상에 참여하면서 선진국 주도의 협상에서 부지불식간에 높은 수준의 지재권 보호체제를 수용하고 있다. TRIPS 협정에서 다루지 않는 지재권 개념이 도입되고 광범위한 국경조치를 규정하는 한-EU FTA는 그 대표적인 예라 할 수 있다. 현재 TPP가 체결되고 일본-EU FTA 등이 전개되는 상황에서 WTO 협상과는 별개로 전개되는 지재권 보호수준 강화는 경제개발 수준이나 지재권 발전 단계가 다른 아시아 국가들 입장에서는 신중하게 검토하고 수용해야 할 부분이다.

마지막으로 FTA들에서 도입된 국경조치 강화와 이행을 위해 필요한 조직과 제도 정비 문제다. 우리의 경우 지재권 관련 국경조치는 '불공정무역행위 조사 및 산업피해구제에 관한 법률'(이하 '산업피해구제법')에서 다루어지고 있는데, 핵심 조항은 이하와 같다.[24]

> 제4조(불공정무역행위의 금지) ① 누구든지 다음 각 호의 어느 하나에 해당하는 행위(이하 "불공정무역행위"라 한다)를 하여서는 아니 된다. 〈개정 2008.12.19., 2010.4.5.〉
>
> 1. 대한민국의 법령이나 대한민국이 당사자인 조약에 따라 보호되는 특허권·실용신안권(實用新案權)·디자인권·상표권·저작권·저작인접권(著作隣接權)·프로그램저작권·반도체집적회로의 배치설계권이나 지리적 표시 또는 영업 비밀을 침해하는 물품 등(이하 "지식재산권 침해물품 등"이라 한다)에 관한 다음 각 목의 어느 하나에 해당하는 행위
>
> 가. 해외에서 지식재산권 침해물품 등을 국내에 공급하는 행위 또는 지식재산권 침해물품 등을 수입하거나 수입된 지식재산권 침해물품 등을 국내에서 판매하는 행위

24 법률 제13740호.

나. 지식재산권 침해물품 등을 수출하거나 수출을 목적으로 국내에서 제조하는 행위

우리나라는 2001년 2월 '산업피해구제법' 제정 당시 지재권 관련 불공정무역행위를 규정하면서 상당히 포괄적으로 "특허권, 실용신안권(實用新案權), 디자인권, 상표권, 저작권, 저작인접권(著作隣接權), 프로그램저작권, 반도체집적회로의 배치설계권이나 지리적 표시 또는 영업비밀"을 침해하는 물품을 다루고 있다. 그러나 FTA로 국경조치 대상이 확대되면서 '식물신품종권'이 명시적으로 규정되고 수출입뿐만 아니라 환적물품과 자유무역지대의 물품까지도 적용범주에 포함되었으나 현재 이러한 부분은 규정에 반영되지 못하고 있다. 또한 그러한 포괄적인 국경조치를 시행하기 위한 관세당국의 역량 강화도 실무선에서는 여전히 시급한 과제로 대두되고 있다. 베트남과 말레이시아가 TPP 협상에 참여하고 일본이 EU와 FTA를 추진하는 상황에서 지재권 관련 국경조치 관련 규범의 적절한 이행을 위한 역량 제고 문제는 조만간 중대한 동상 현안으로 제기될 소지가 크다.

지재권 보호체제 강화는 신기술 중심의 산업발전에 핵심적인 요소이다. WTO뿐만 아니라 FTA를 통해 점진적으로 도입되는 국제규범의 강화는 이러한 측면에서 순기능을 할 것으로 보인다. 그러나 이행 과정에서 중국을 비롯한 아시아 대다수 국가들은 국내 규범과 제도의 개선뿐만 아니라 이행체제의 강화 차원에서 많은 과제를 안고 있으며, 이는 향후 세계통상체제에서 통상마찰이 고조되는 중요한 요인으로 작용할 소지가 크다. 신중한 정책적인 검토와 합의 도출로 규범 측면의 제도적인 발전과 경제현실에서 이행상 제약이 과도하게 불균형한 궤적을 보이지 않도록 정책적 노력과 국제적인 합의 도출이 필요하다.

부록

[표 1] 한-EU FTA에서 도입된 지리적 표시: EU를 원산지로 하는 농산물 및 식품

• 스페인

보호되는 명칭	제품	한글로의 음역
Baena	올리브유	바에나
Sierra Mágina	올리브유	씨에라 마히나
Aceite del Baix-Ebre-Montsía/ Olidel Baix Ebre-Montsià	올리브유	아쎄이떼 델 바제브라몬시아/ 올리델 바제브라몬시아 (바제브라몬시아 오일)
Aceite del Bajo Aragón	올리브유	아쎄이떼 델 바호 아라곤 (바호 아라곤산 기름)
Antequera	올리브유	안테께라
Priego de Córdoba	올리브유	쁘리에고 데 꼬르도바
Sierra de Cádiz	올리브유	씨에라 데 까디스
Sierra de Segura	올리브유	씨에라 데 세구라
Guijuelo	햄	기후엘로
Jamón de Huelva	햄	하몬 데 우엘바 (우엘바산 햄류)
Jamón de Teruel	햄	하몬 데 떼루엘 (떼루엘산 햄류)
Salchichón de Vic/ Llongarissa de Vic	소시지	살치촌 데 빅/ 동가니싸 데 빅 (빅산 살치촌, 육가공품의 일종)
Mahón-Menorca	치즈	마온-메누르까
Quesco Manchego	치즈	께소 만체고 (라 만차산 치즈)
Citricos Valencianos / Citrics Valencians	감귤류	씨뜨리꼬스 발렌씨아노스 (발렌씨아산 감귤류)
Jijona	누가	히호나
Turrón de Alicante	과자류	투론 데 알리깐떼 (알리깐떼산 설탕 과자류)
Azafrán de la Mancha	샤프란	아싸프란 데 라 만차 (라 만차산 샤프란)

• 프랑스

보호되는 명칭	제품	한글로의 음역
Comté	치즈	꽁떼 / 콩테
Reblochon	치즈	르블로숑 / 레블로숑
Roquefort	치즈	로끄포르 / 로크포르
Camembert de Normandie	치즈	까망베르 드 노르망디 / 카망베르 드 노르망디
Brie de Meaux	치즈	브리 드 모
Emmental de Savoie	치즈	에멘탈 드 사부아 / 에멩딸 드 싸부아
Pruneaux d'Agen / Pruneaux d'Agen mi-cuits	조리건포도	프뤼노 다장 / 프뤼노 다쟁 프뤼노 다장 미뀌이 / 프뤼노 다쟁 미뀌이
Huîtres de Marennes-Oléron	굴	위트르 드 마렌느 올레롱 (마렌느 올레롱 굴)
Canards à foie gras du Sud-Ouest(Chalosse, Gascogne, Gers, Landes, Périgord, Quercy)	오리지방간	까나르 아 푸아그라 뒤 쉬드우에스트 (샬로스, 가스콘/가스꼰뉴, 제르스, 랑드/렁드, 페리고르/뻬리고르, 케르시/께르시) (프랑스 남서부 푸아그라 오리)
Jambon de Bayonne	햄	장봉 드 바이욘 (바이욘 햄)
Huile d'olive de Haute-Provence	올리브유	윌돌리브 드 오뜨 프로방스 (오뜨 프로방스 올리브유)
Huile essentielle de lavande de Haute-Provence	라벤더 에센스유	윌 에쌍시엘 드 라벙드 드 오뜨 프로방스 (오뜨 프로방스 라벤더 에센스 오일)

• 헝가리

보호되는 명칭	제품	한글로의 음역
Szegedi téliszalámi/ Szegedi szalámi	살라미	세게드 텔리살라미 / 세게드 살라미

• 포르투갈

보호되는 명칭	제품	한글로의 음역
Queijo de São Jorge	치즈	께이주 드 썽 조르쥐

• 이탈리아

보호되는 명칭	제품	한글로의 음역
Aceto balsamico Tradizionale di Modena	소스 - 양념	아체토 발사미코 트라디치오날레 디 모데나 (모데나의 전통 발사믹 식초)
Cotechino Modena	돼지고기 소시지	코테키노 모데나 (모데나의 코테키노)
Zampone Modena	돼지고기	잠포네 모데나 (모데나의 돼지 앞발)
Mortadella Bologna	큰 돼지고기 소시지	모르타델라 볼로냐 (볼로냐의 모르타델라)
Prosciutto di Parma	햄	프로슈토 디 파르마
Prosciutto di S. Daniele	햄	프로슈토 디 산 다니엘레
Prosciutto Toscano	햄	프로슈토 토스카노
Provolone Valpadana	치즈	프로볼로네 발파다나
Taleggio	치즈	탈레조 (베르가모산 치즈의 일종)
Asiago	치즈	아시아고
Fontina	치즈	폰티나 (발다오스타 지역의 치즈의 일종)
Gorgonzola	치즈	고르곤졸라
Grana Padano	치즈	그라나 파다노
Mozzarella di Bufala Campana	치즈	모차렐라 디 부팔라 캄파나 (물소젖 치즈의 일종)
Parmigiano Reggiano	치즈	파르미자노 레자노
Pecorino Romano	치즈	페코리노 로마노 (로마의 페코리노 〈양젖 치즈의 일종〉)

• 그리스

보호되는 명칭	제품	한글로의 음역
Ελια καλαματαζ (transcription into Latin alphabet: Elia Kalamatas)	올리브	엘리아 깔라마따스
Μαστιχα χιου (transcription into Latin alphabet: Masticha Chiou)	껌	마스티하 히우
Φετα (transcription into Latin alphabet: Feta)	치즈	페따

• 오스트리아

보호되는 명칭	제품	한글로의 음역
Tiroler Speck	햄	티롤러 슈페크
Steirischer Kren	고추냉이	슈타이리셔 크렌

• 체코

보호되는 명칭	제품	한글로의 음역
Ceské pivo	맥주	체스께 삐보 / 체스케 피보
Budějovické pivo	맥주	부뎨요비츠께 삐보 / 부데요비츠케 피보
Budějovický měšt' anský var	맥주	부뎨요비츠끼 므네슈땬스키 바르 / 부데요비츠키 므네스탄스키 바르
Ceskobudějovicképivo	맥주	체스꼬부뎨요비츠께 삐보 / 체스코부데요비츠케 피보
Žatecký chmel	홉	쟈떼츠키 흐멜 / 자데츠키 흐멜

• 독일

보호되는 명칭	제품	한글로의 음역
Bayerisches Bier	맥주	바이어리쉐스 비어
Münchener Bier	맥주	뮌헤너 비어

출처: 한-EU FTA 부속서 10-가.

[표 2] 한-EU FTA에서 도입된 지리적 표시: EU를 원산지로 하는 포도주

• 프랑스

보호되는 명칭	한글로의 음역
Beaujolais	보졸레
Bordeaux	보르도
Bourgogne	부르고뉴 / 버건디
Chablis	샤블리 / 샤블리스
Champagne	샹파뉴 / 샴페인 / 샹빠뉴
Graves	그라브
Médoc	메독 / 매독
Moselle	모젤
Saint-Emilion	쌩떼밀리옹 / 생테밀리옹
Sauternes	쏘떼른 / 소테른
Haut-Médoc	오메독 / 오매독
Alsace	알자스
Côtes du Rhône	꼬뜨 뒤 론 / 코트 뒤 론
Languedoc	랑그독
Côtes du Roussillon	꼬뜨 뒤 루시옹 / 코트 뒤 루시옹
Châteauneuf-du-Pape	샤또 네프 뒤 빠쁘 / 샤토 네프 뒤 파프
Côtes de Provence	꼬뜨 드 프로방스 / 코트 드 프로방스
Margaux	마르고 / 마고
Touraine	뚜렌느 / 투렌
Anjou	앙주 / 앙쥬
Val de Loire	발 드 루아르 / 발 드 르와르

• 독일

보호되는 명칭	한글로의 음역
Mitterlrhein	미털라인
Rheinhessen	라인헤센
Rheingau	라인가우
Mosel	모젤

• 그리스

보호되는 명칭	한글로의 음역
Ρετοινα (transcription into Latin alphabet: Retsina)	레찌나
Σάμοζ (transcription into Latin alphabet: Samos)	사모스

• 이탈리아

보호되는 명칭	한글로의 음역
Chianti	키안티
Marsala	마르살라
Asti	아스티
Barbaresco	바르바레스코
Bardolino	바르돌리노
Barolo	바롤로
Brachetto d'Acqui	브라케토 다퀴
Brunello di Montalcino	브루넬로 디 몬탈치노
Vino nobile di Montepulciano	비노 노빌레 디 몬테풀치아노
Bolgheri Sassicaia	볼게리 사씨카이아
Dolcetto d'Alba	돌체토 달바
Franciacorta	프란차코르타
Lambrusco di Sorbara	람브루스코 디 소르바라
Lambrusco Grasparossa di Castelvetro	람브루스코 그라스파로사 디 카스텔 베트로
Montepulciano d'Abruzzo	몬테풀치아노 다브루초
Soave	소아베
Compania	캄파니아
Sicilia	시칠리아
Toscana	토스카나
Veneto	베네토
Conegliano Valdobbiadene	코넬리아노 발도삐아데네

• 스페인

보호되는 명칭	한글로의 음역
Málaga	말라가
Rioja	리오하
Jerez-Xérès-Sherry / Jerez / Xérès / Sherry	헤레스 - 헤레스 - 쉐리 / 헤레스 / 헤레스 / 쉐리
Manzanilla-Sanlúcar de Barrameda	만싸니야 - 산루까르 데 바라메다
La Mancha	라 만차
Cava	까바
Navarra	나바라
Valencia	발렌씨아
Somontano	소몬따노
Ribera del Duero	리베라 델 두에로
Penedés	뻬네데스
Bierzo	비에르쏘
Ampurdán-Costa Brava	암뿌르단 - 꼬스따 브라바
Priorato / Priorat	쁘리오라또 / 쁘리오랃
Rueda	루에다
Rías Baixas	리아스 바이샤스
Jumilla	후미야
Toro	또로
Valdepenas	빌데뻬나스
Cataluña	까딸루냐
Alicante	알리깐떼

• 루마니아

보호되는 명칭	한글로의 음역
Dealu Mare	데알루 마레
Murfatlar	무르파트라르

• 헝가리

보호되는 명칭	한글로의 음역
Tokai	토카이

• 포르투갈

보호되는 명칭	한글로의 음역
Madeira	마데이라
Porto / Port	뽀르뚜
Douro	도우루
Dão	더웅
Bairrada	바이하다
Vinho Verde	비뉴 베르드
Alentejo	알렌떼쥬

• 슬로바키아

보호되는 명칭	한글로의 음역
Tokajská / Tokajský / Tokajské	토카이스카 / 토카이스키 / 토카이스케

출처: 한-EU FTA 부속서 10-나.

[표 3] 한-EU FTA에서 도입된 지리적 표시: EU를 원산지로 하는 증류주

• 오스트리아

보호되는 명칭	한글로의 음역
Jägertee / Jagertee / Jagatee	예거테
Inländerrum	인랜더룸
Korn / Kornbrand	코언 / 코언브란드

• 벨기에

보호되는 명칭	한글로의 음역
Korn / Kornbrand	코언 / 코언브란드

• 사이프러스

보호되는 명칭	한글로의 음역
Ouzo	우조

• 핀란드

보호되는 명칭	한글로의 음역
Vodka of Finland	보드카 오브 핀란드
Finnish berry liqueur / Finnish fruit liqueur	피니쉬 베리 리큐 / 피니쉬 프루트 리큐

• 아일랜드

보호되는 명칭	한글로의 음역
Irish whiskey / Irish whisky	아이리쉬 위스키

• 이탈리아

보호되는 명칭	한글로의 음역
Grappa	그라파

• 영국

보호되는 명칭	한글로의 음역
Scotch Whisky	스카치 위스키

• 폴란드

보호되는 명칭	한글로의 음역
Polska Wódka / Polish Vodka	폴스카 부드카 / 폴리쉬 보드카
Wódka ziołowa z Niziny Północnopodlaskiej aromatyzowana ekstrktem z trawy žubrowej / Herbal vodka from the North Podlasie Lowland aromatised with an extract of bison grass	부드카 지오위바 즈 니지느 푸노쯔노 포들라스키에이 아로마티조바나 에크스트라크템즈 트라브 쥬브로베이 / 허발 보드카 프럼 더 놀스 포들라시에 로우랜드 아로마타이즈드 위드 언 익스트랙트 오브 바이슨 그라스
Polska Wisniówka / Polish Cherry	폴스카 비쉬니우브카 / 폴리쉬 체리

• 스페인

보호되는 명칭	한글로의 음역
Brandy de Jerez	브랜디 데 헤레스 (헤레스산 브랜디)
Pacharán	빠차란

• 프랑스

보호되는 명칭	한글로의 음역
Cognac	꼬냑 / 코냑
Armagnac	아르마냑
Calvados	깔바도스 / 칼바도스

• 독일

보호되는 명칭	한글로의 음역
Korn / Kornbrand	코언 / 코언브란드

• 그리스

보호되는 명칭	한글로의 음역
Ouzo	우조

• 헝가리

보호되는 명칭	한글로의 음역
Törkölypálinka	퇴르쾨이팔린카
Pálinka	팔린카

• 스웨덴

보호되는 명칭	한글로의 음역
Swedish Vodka	스웨디쉬 보드카 (스웨덴산 보드카)
Svensk Aquavit / Svensk Akvavit / Swedish Aquavit	스웬스크 아쿠아비트 / 스웬스크 아쿠아비트/스웨디쉬 아쿠아비트 (스웨덴산 아쿠아비트)
Svensk Punsch / Swedish Punch	스웬스크 푼쉬 / 스웨디쉬 펀치

출처: 한-EU FTA 부속서 10-나.

[표 4] 한-EU FTA에서 도입된 지리적 표시: 대한민국을 원산지로 하는 농산물 및 식품

보호되는 명칭	제품	로마자로의 음역
보성녹차(Boseong Green Tea)	녹차	Boseong Nokcha
하동녹차(Hadong Green Tea)	녹차	Hadong Nokcha
고창복분자주 (Gochang Black Rasberry Wine)	복분자주	Gochang Bokbunjaju
서산마늘(Seosan Garlic)	마늘	Seosan Maneul
영양고춧가루 (Yeongyang Red Pepper Powder)	고춧가루	Yeongyang Gochutgaru
의성마늘(Uiseong Garlic)	마늘	Uiseong Maneul
괴산고추(Goesan Red Pepper Dried)	고추	Goesan Gochu
순창전통고추장 (Sunchang Traditional Gochujang)	고추장	Sunchang Jeontong Gochujang
괴산고춧가루(Goesan Red Pepper Powder)	고춧가루	Goesan Gochutgraru
성주참외(Seongju Chamoe)	참외	Seongju Chamoe
해남겨울배추 (Haenam Winter Baechu)	배추	Haenam Gyeoul Baechu
이천쌀(Icheon Rice)	쌀	Icheon Ssal
철원쌀(Cheorwon Rice)	쌀	Cheorwon Ssal
고흥유자(Goheung Yuja)	유자	Goheung Yuja
홍천찰옥수수(Hongcheon Waxy Corn)	찰옥수수	Hongcheon Charoksusu
강화약쑥(Ganghwa Mugwort)	약쑥	Ganghwa Yakssuk
횡성한우고기 (Hoengseong Hanwoo Beef)	소고기	Hoengseong Hanwoogogi
제주돼지고기(Jeju Pork)	돼지고기	Jeju Dwaejigogi
고려홍삼(Korean Red Ginseng)	홍삼	Goryeo Hongsam
고려백삼(Korean White Ginseng)	백삼	Goryeo Baeksam
고려태극삼(Korean Taekuk Ginseng)	태극삼	Goryeo Taekuksam
충주사과(Chungju Apple)	사과	Chungju Sagwa
밀양얼음골사과 (Miryang Eareumgol Apple)	사과	Miryang Eoreumgol Sagwa

정선황기(Jeongseon Hwanggi)	황기	Jeongseon Hwanggi
남해마늘(Namhae Garlic)	마늘	Namhae Maneul
단양마늘(Danyang Garlic)	마늘	Danyang Maneul
창녕양파(Changnyeong Onion)	양파	Changnyeong Yangpa
무안양파(Muan Onion)	양파	Muan Yangpa
여주쌀(Yeoju Rice)	쌀	Yeoju Ssal
무안백련차(Muan White Lotus Tea)	백련차	Muan Baengnyeoncha
청송사과(Cheongsong Apple)	사과	Cheongsong Sagwa
고창복분자(Gochang Black Rasberry)	복분자	Gochang Bokbunja
광양매실(Gwangyang Maesil)	매실	Gwangyang Maesil
정선찰옥수수(Jeongseon Waxy Corn)	찰옥수수	Jeongseon Charoksusu
진부당귀(Chinbu Dangui)	당귀	Chinbu Dangui
고려수삼(Korean Fresh Ginseng)	수삼	Goryeo Susam
청양고추(Cheongyang Hot Pepper)	고추	Cheongyang Gochu
청양고춧가루 (Cheongyang Powdered Hot Pepper)	고춧가루	Cheongyang Gochutgaru
해남고구마(Haenam Sweet Potato)	고구마	Haenam Goguma
영암무화과(Yeongam Fig)	무화과	Yeongam Muhwagwa
여주고구마(Yeoju Sweet Potato)	고구마	Yeoju Goguma
함안수박(Haman Watermelon)	수박	Haman Subak
고려인삼제품 (Korean Ginseng Products)	백삼 또는 태극삼 제품	Goryeo Insamjepum
고려홍삼제품 (Korean Red Ginseng Products)	홍삼제품	Goryeo Hongsamjepum
군산찰보리쌀(Gunsan Glutinous Barley)	보리	Gunsan Chalssalborissal
제주녹차(Jeju Green Tea)	녹차	Jeju Nokcha
홍천한우(Hongcheon Hanwoo)	소고기	Hongcheon Hanwoo
양양송이버섯 (Yangyang Pine-mushroom)	송이버섯	Yangyang Songibeoseot
장흥표고버섯 (Jangheung Oak-mushroom)	표고버섯	Jangheung Pyogobeoseot

산청곶감(Sancheong Persimmon Dried)	곶감	Sancheong Gotgam
정안밤(Jeongan Chestnut)	밤	Jeongan Bam
울릉도삼나물(Ulleungdo Samnamul)	삼나물	Ulleungdo Samnamul
울릉도미역취(Ulleungdo Miyeokchwi)	미역취	Ulleungdo Miyeokchwi
울릉도참고비(Ulleungdo Chamgobi)	참고비	Ulleungdo Chamgobi
울릉도부지갱이(Ulleungdo Bujigaengi)	부지갱이	Ulleungdo Bujigaengi
경산대추(Gyeongsan Jujube)	대추	Gyeongsan Daechu
봉화송이(Bonghwa Pine-mushroom)	송이버섯	Bonghwa Songi
청양구기자(Cheongyang Gugija)	구기자	Cheongyang Gugija
상주곶감(Sangju Persimmon Dried)	곶감	Sangju Gotgam
남해창선고사리 (Namhae Changsun Fern)	고사리	Namhae Changsun Gosari
영덕송이(Yeongdeok Pine-mushroom)	송이버섯	Yeongdeok Songi
구례산수유(Gurye Cornifructus)	산수유	Gurye Sansuyu
광양백운산 고로쇠(Gwangyang baekunsan Acer mono sap)	고로쇠수액	Gwangyang baekunsan Gorosoe

출처: 한-EU FTA 부속서 10-가.

[표 5] 한-EU FTA에서 도입된 지리적 표시: 대한민국을 원산지로 하는 포도주, 방향포도주, 증류주

보호되는 명칭	로마자로의 음역
진도홍주(Jindo Hongju)	Jindo Hongju

출처: 한-EU FTA 부속서 10-나.

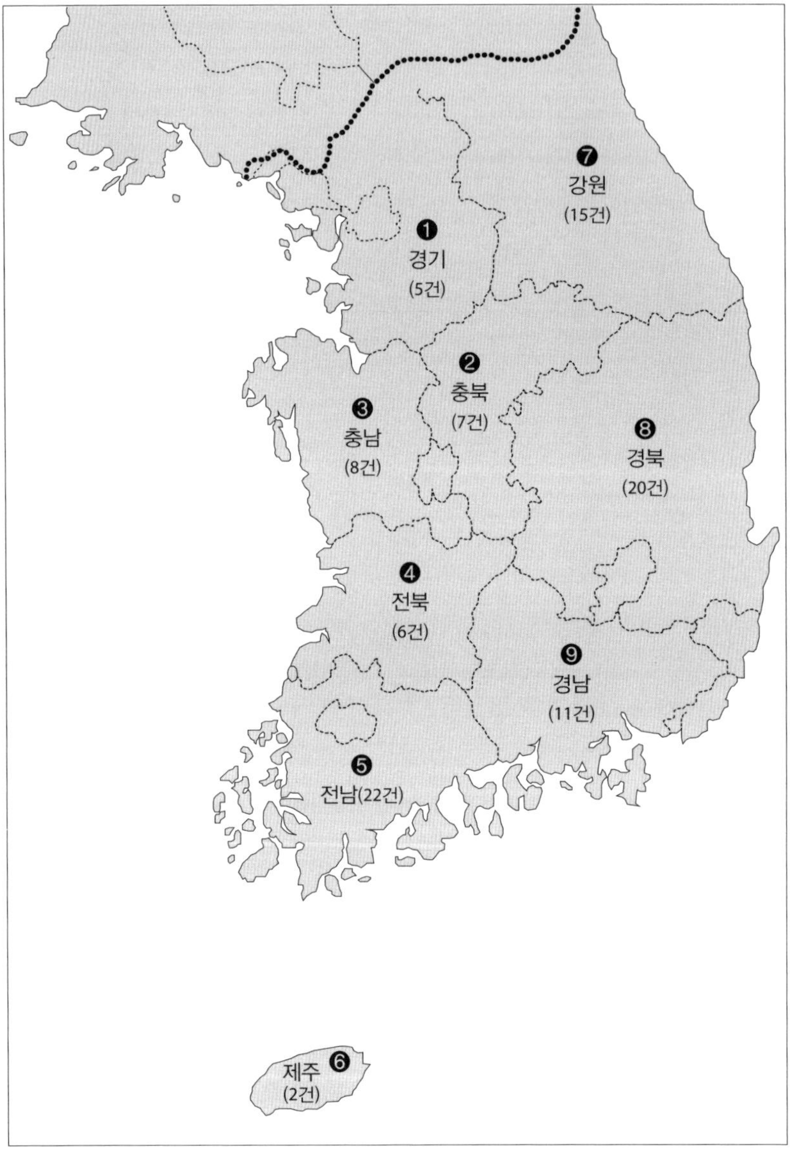

[그림 1] 한국의 지리적 표시 등록 현황 (총괄)

출처: 농림수산식품부 자료를 토대로 중앙일보 뉴스 클립에서 작성
(http://blog.joins.com/media/folderlistslide.asp?uid=kccdmt&folder=4&list_id=11644595)

참고: 울산 · 인천 등 광역시의 경우 경남과 인천 등 인근 도와 통합.

❶ 경기 | 5건

농축산물 이천쌀, 강화약쑥, 여주쌀, 여주고구마
임산물 가평잣

❷ 충북 | 7건

농축산물 괴산고추, 괴산고춧가루, 충주사과, 단양마늘, 영동포도
임산물 보은대추, 영동곶감

❸ 충남 | 8건

농축산물 서산마늘, 한산모시, 예산사과, 청양고추, 청양고춧가루
임산물 정안밤, 청양구기자, 천안호두

❹ 전북 | 6건

농축산물 고창복분자, 순창전통고추장, 군산찰쌀보리쌀, 무주사과, 고창복분자주
임산물 무주머루

❺ 전남 | 22건

농축산물 보성녹차, 해남겨울배추, 고흥유자, 진도홍주, 무안양파, 무안백련차, 광양매실, 해남고구마, 영암무화과, 보성삼베, 함평한우, 진도대파, 영광찰쌀보리살
임산물 장흥표고버섯, 구례산수유, 광양백운산고로쇠수액, 영암대봉감
수산물 벌교꼬막, 완도전복, 완도미역, 완도다시마, 장흥키조개

❻ 제주 | 2건

농축산물 제주돼지고기, 제주녹차

❼ 강원 | 15건

농축산물 철원쌀, 홍천찰옥수수, 횡성한우고기, 정선황기, 정선찰옥수수, 진부당귀, 홍천한우, 영월고추, 삼척마늘, 원주치악산복숭아, 영월고춧가루
임산물 영양송이, 횡성더덕, 홍천잣, 정선곤드레

❽ 경북 | 20건

농축산물 영양고춧가루, 의성마늘, 성주참외, 안동포, 청송사과, 영천포도, 영주사과, 김천자두, 김천포도
임산물 울릉도삼나물, 울릉도미역취, 울릉도참고비, 울릉도보지갱이, 경산대추, 봉화송이, 상주곶감, 영덕송이, 문경오미자, 울진송이, 청도반시

❾ 경남 | 11건

농축산물 하동녹차, 밀양얼음골사과, 남해마늘, 창녕양파, 함안수박, 서생간절곶배
임산물 산청곶감, 남해창선고사리, 악양대봉감
수산물 기장미역, 기장다시마

전국 | 6건

농축산물 고려홍심, 고려백심, 고려태극심, 고려수삼, 고려인삼제품, 고려홍삼제품

	농축산물	임산물	수산물	전체
계	66	29	7	102

[**표 6**] 한국 지리적 표시의 품목별 등록 현황

• 농산물(97건) (2015. 7. 8 기준, 단위: 건)

구분	계	품목		등록	품목		등록	품목		등록
농산물	36품목 (68건)	곡류	쌀	8	과실류	사과	6	채소류	양파	2
			쌀보리	2		석류	1		마늘	6
			옥수수	3		유자	1		풋마늘	1
		서류	감자	2		자두	1		돌산갓	1
			고구마	1		포도	3		미나리	1
		두류	콩	1		한라봉	1		배추	1
		과실류	단감	1	채소류	딸기	1		시금치	1
			무화과	1		수박	2		갯잎	1
			매실	1		참외	1	약재류	쑥	2
			배	1		토마토	1		당귀	1
			복분자	1		고추	4		황기	1
			복숭아	1		대파	1		울금	1
농산물 가공품	11품목 (17건)	고춧가루		5	녹차		3	한과		1
		고추장		1	백련차		1	홍주		1
		김치		1	떡		1	복분자주		1
		삼베		1	모시		1			
인삼류	6품목 (6건)	고려홍삼		1	고려백삼		1	고려수삼		1
		고려홍삼제품		1	고려태극삼		1	고려인삼제품		1
축산물	2품목(2건)	한우고기		5	돼지고기		1			

• 임산물(51건) (2015. 7. 8 기준, 단위: 건)

구분	계	품목	등록	품목	등록	품목	등록
수실수	7품목 (17건)	감	3	머루	1	호두	2
		곶감	4	밤	2		
		대추	2	잣	2		
버섯류	2품목(6건)	송이버섯	4	표고버섯	2		
산나물류	11품목 (14건)	개두릅	1	더덕	1	삼나물	1
		고사리	1	명이(산마늘)		죽순	2
		곤드레	2	미역취	1	참고비	1
		곰취	2	부지갱이	1		
약용류	7품목 (8건)	구기자	2	오미자	1	천마	1
		목단	1	옻	1		
		산수유	1	작약	1		
가공품 및 기타	3품목 (6건)	고로쇠수액	1	머루와인	1	숯	1

• 수산물(21건)　　　　　　　　　　　　　　　　　　　　(2015. 7. 8 기준, 단위: 건)

구분	계 (12품목)	품목	등록	품목	등록	품목	등록
해조류	4품목 (12건)	김	5	다시마	4	매생이	1
		미역	3				
어패류	7품목 (8건)	굴	1	꼬막	1	넙치	1
		미꾸라지	1	새고막	1	전복	2
		키조개	1				
기타	1품목(1건)	미더덕	1				

출처: 농림축산식품부 보도자료(2015. 7. 15)

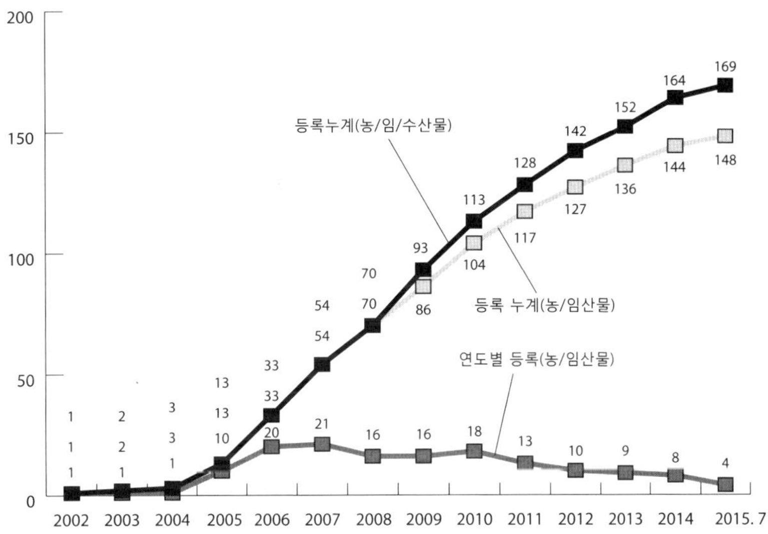

[그림 2] 한국 지리적 표시의 연도별 등록 현황

출처: 농림축산식품부 보도자료(2015. 7. 15)

참고문헌

김호철 · 안덕근(2009). 「한미자유무역협정 의약품 지재권 협상결과 관련법적 쟁점 분석」, 『서울대학교 법학』 151: 615-652.

Baccini, L., A. Dür, M. Elsig, and K. Milewicz (2011). "The Design of Preferential Trade Agreements: A New Dataset in the Making." WTO Staff Working Paper ERSD-2011-10.

Baldwin, R. (2011). "21st Century Regionalism: Filling the gap between 21st century trade and 20th century trade rules." WTO Staff Working Paper ERSD-2011-08.

Devereaux, C., et al. (2006). *Case Studies in US Trade Negotiation*, Vol. 1. IIE.

Gamba, C., M. Ernesto, Z. A. Sarmiento, D. Sarmiento, and G. A. De La Hoz Pinzon (2004). "Modelo Prospectivo del Impacto de la Protección a la Propiedad Intelectual sobre el Acceso a Medicamentos en Colombia." PAHO, WHO Regional Office, IFARMA Foundation, Bogota.

Gervais, D. (2012). *The TRIPS Agreement: Drafting History and Analysis*, 4th ed. Sweet & Maxwell.

Fink, C. (2010). "Intellectual Property Rights." *Preferential Trade Agreement Policies for Development: A Handbook*. World Bank.

Hernández-González, G., and M. Valverde (2009). "Evaluación del Impacto de las Disposiciones de ADPIC + en el Mercado Institucional de Medicamentos de Costa Rica." International Centre for Trade and Sustainable Development (ICTSD) Documento de Fondo No. 26, Geneva.

Horn, H., P. C. Mavroidis, and A. Sapir (2009). "Beyond the WTO? An anatomy of EU and US preferential trade agreements." Bruegel. 〈http://bruegel.org/wp-content/uploads/imported/publications/bp_trade_jan09.pdf〉

Kampf, R. (2007). "TRIPS and FTAs: A World of Preferential or Detrimental Relations?" C. Heath and A. Sanders (eds.), *Intellectual Property and Free Trade Agreements*. Hart Publishing.

Productivity Commission (2010). "Bilateral and Regional Trade Agreements." Research Report, Canberra.

Valdes, R., and T. Runyowa (2012). "Intellectual Property Provision in Regional Trade Agreements." WTO Staff Working Paper ERSD-2012-21.

Valdes, R., and M. McCann (2014). "Intellectual Property Provisions in Regional Trade Agreements: Revision and Update." WTO Staff Working Paper ERSD-2014-14.

제5장

학제적 종합을 통한 새로운 연구 방향 모색

박지형 · 안덕근 · 이석배 · 이지홍

2장에서는 USPTO의 특허자료를 이용하여 아시아 지역 국가들 및 세계의 혁신·창조활동에 대한 실증분석을 하였고, 3장에서는 혁신·창조활동에 대한 기존 연구들을 2장의 실증분석 결과를 토대로 비판적으로 검토함으로써 새로운 모형 개발의 방향을 모색하였다. 4장에서는 국제통상체제에서 지재권 보호체제가 변화해 온 과정과 쟁점을 아시아 국가들을 중심으로 살펴보았다. 5장에서는 이러한 연구들을 종합적으로 검토하면서, 아시아의 혁신·창조활동에 대한 연구의 학제적 종합과 새로운 연구 방향을 모색하고자 한다.

1. 아시아 혁신·창조활동 연구의 학제적 종합 방향 모색

4장에서 살펴본 바와 같이 국제통상체제에서 지재권 보호체제의 발전은 주로 혁신·창조활동의 중심이었던 미국과 유럽의 선진국들을 중심으로 이루어져 왔고, 특히 혁신·창조활동과 관련하여 개도국의 모방을 통한 무임승차(?)를 제한하기 위해 선진국들의 지재권 보호체제를 개도국들로 확대하는 방향으로 발전해 온 것으로 파악할 수 있다. 하지만 2장의 실증분석 결과를 통해 확인할 수 있는 것처럼, 1990년대 이후 한국과 대만을 비롯하여 2000년대 이후에는 중국·인도와 같은 아시아 신흥국들이 혁신·창조활동에 적극적으로 참여하기 시작하였다. 이에 따라 1980년대에 USPTO 특허출원의 0.4%에 불과하였던 이들 아시아 신흥 4개국의 특허출원은 2010년 이후 5년 동안 USPTO 특허출원의 12%를 차지하게 되었다. 따라서 아시아 신흥국들에게 지재권 보호체제의 문제는 더 이상 모방을 통한 무임승차를 얼마나 제한받아야 하는가의 문제가 아니라, 아시아의 혁신·창조활동에서 더 나아가 세계의 혁신·창조활동에 적절한 지재권 보호체제는 무엇인가를 고민해야 하는 문제로 바뀌고 있다고 할 수 있다.

이러한 맥락에서 3장 2절에서 논의된 국가 간 지적자본의 이전속도와 개발도상국 혁신활동의 효율성 정도에 대하여 적절한 내생변수화를 이룬 혁신·창조모형의 개발이 필요하다. 이렇게 개발된 혁신·창조모형은 세계경제의 혁신·창조활동 변화를 예측하고, 개도국뿐 아니라 세계경제 전체 입장에서 혁신·창조활동에 대한 최적의 지재권 보호체제가 무엇인가를 논의하는 데 있어서 중요한 역할을 할 수 있을 것이다.

이러한 모형의 개발을 위해서는 예를 들어 개도국의 학력 수준, 인터넷 보급 정도, 인적자본의 축적 수준뿐 아니라 지재권 보호체제를 강화함에 따라 늘어난 선진국의 해외직접투자가 지적자본의 이전 속도에 어떤 영향을 주어 왔는지에 대한 실증분석이 필요하다. 이러한 분석을 위해서는 관련 경제변수들에 대한 파악뿐 아니라 지재권 보호체제의 변화에 대한 통상법적 분석도 함께 수반되어야 한다. 또한, 아시아 신흥국들을 중심으로 한 혁신·창조활동의 변화를 적절히 반영할 수 있는 새로운 모형이 개발된 이후, 이를 근거로 개도국들뿐 아니라 세계경제 입장에서 최적의 지재권 보호체제가 구체적으로 무엇인가를 논의하는 데 있어서는 통상법적인 고려가 또다시 매우 중요한 역할을 할 것이다.

2. 아시아 혁신·창조활동에 대한 새로운 연구 방향 모색

3장 2절에서 간략히 언급한 것처럼, 1990년대 이후 한국, 대만, 중국과 같은 아시아 신흥국들이 USPTO에 출원한 특허를 통해 측정한 이들 국가의 혁신·창조활동이 대폭 증가했는데, 과연 개도국들(남쪽)의 이러한 혁신·창조활동이 선진국들을 포함한 여타 지역에 지적자본의 이전이라는 측면에서 어떻게 기여하고 있는지를 확인해 볼 필요가 있다. 이러한 연구는 개도국들을 혁신·창조활동의 수혜자로 간주하는 기존 실증연구의 방향을 역으로 돌려놓는 의미가 있다. 이 절에서는 2장에서 이용한 USPTO의 특허출원 및 특허인용 데이터를 이용하여 한국, 대만, 중국, 인도 등 아시아 신흥국의 혁신·창조활동의 결과가 세계 각국에 어떻게 확산되고 있는가를 확인해 볼 것이다.

보다 구체적으로 1980년에서 2014년까지 USPTO에 출원된 모든 특허자료를 이용하여 한국·대만·중국·인도에 의해 출원된 특허(제1발명자의 위치가 이 국가들인 특허)가 추후 5년간 세계 각국에서 출원된 특허에 인용되는 비중을 계산하여 그 변화 추이를 살펴보려고 한다. 예를 들면 1990년 한국에 의해 USPTO에 출원된 모든 특허가 추후 5년 동안 프랑스에 의해 USPTO에 출원된 모든 특허에 대하여 인용된 비중이 0.2%였다면, 그림 5-1은 이를 1990년 (출원된) 한국 특허가 프랑스 특허에 의해 인용된 비중에 대하여 0.2%로 표시할 것이며, 이 비중이 연도별로 어떻게 변화하는지를 보여 줄 것이다. 만일 이러한 비중이 연도가 지남에 따라 상승한다면, 한국의 혁신·창조활동의 결과로 만들어지고 USPTO에 의해 인정받은 한국의 지적자본이 프랑스의 혁신·창조활동에 미치는 영향이 증가하고 있다는 것으로 해석할 수 있을 것이다.

그림 5-1은 한국, 대만, 중국, 인도에 의해 각 해당 연도에 출원된 특허가 프랑스, 독일, 영국 및 그 밖의 EU 국가들에 의해 추후 5년 동안

출원된 특허에서 인용되는 비중의 변화를 나타낸다. 프랑스, 독일, 영국은 미국과 일본을 제외하고는 USPTO 특허출원으로 측정한 세계의 혁신·창조활동에 있어서 가장 활발한 활동을 해오고 있는 국가들이며, 그 밖의 EU 국가들도 대부분 선진국으로 분류될 수 있는 국가들이기 때문에, 그림 5-1은 아시아의 신흥국들의 혁신·창조활동의 결과물들이 이들 유럽의 선진국들에 어떻게 역수출되고 있는지를 보여 준다고 할 수 있다.

그림 5-1을 통해 확인할 수 있는 바와 같이 1980년대 중반까지 아시아 신흥국들이 유럽 선진국들의 혁신·창조활동에 미치는 영향은 거의 없었으나, 1980년대 중반 이후부터 특허 인용 비중이 빠른 속도로 증가하기 시작하여 2010년에는 한국이 출원한 특허의 경우 유럽 대부분의 선진국들에서 출원한 특허에 의해 인용되는 비중이 2% 혹은 그 이상이 되었고, 대만의 경우도 대부분의 유럽 선진국에서 출원한 특허에 의해 인용되는 비중이 1.5%를 넘어서게 되었다. 중국과 인도가 출원한 특허의 경우에는 2000년 초반까지 거의 인용되는 비중이 없다가, 2000년대 중반에 들어서면서 인용되는 비중이 빠른 속도로 증가하고 있다.

그림 5-1은 1990년대 이후 특허출원을 통해 측정한 한국, 대만, 중국과 같은 아시아 신흥국들의 혁신·창조활동이 대폭 증가했을 뿐만 아니라, 이러한 신흥 개도국(남쪽)의 혁신·창조활동이 선진국(북쪽)의 창조·혁신활동에도 적지 않은 영향을 주기 시작하고 그 영향력 또한 빠르게 증가하고 있음을 확인해 준다. 특히 이러한 영향력이 유럽에 있는 선진국들에게 거의 같은 패턴으로 확대되고 있는 것은 아시아 신흥국들에 의한 혁신·창조활동의 결과물들이 유럽 지역의 선진국들에게 지적 자본의 이전이라는 형태로 기여하고 있음을 보여 준다고 하겠다.

그렇다면, 세계 혁신·창조의 실질적인 리더 역할을 하고 있는 미국

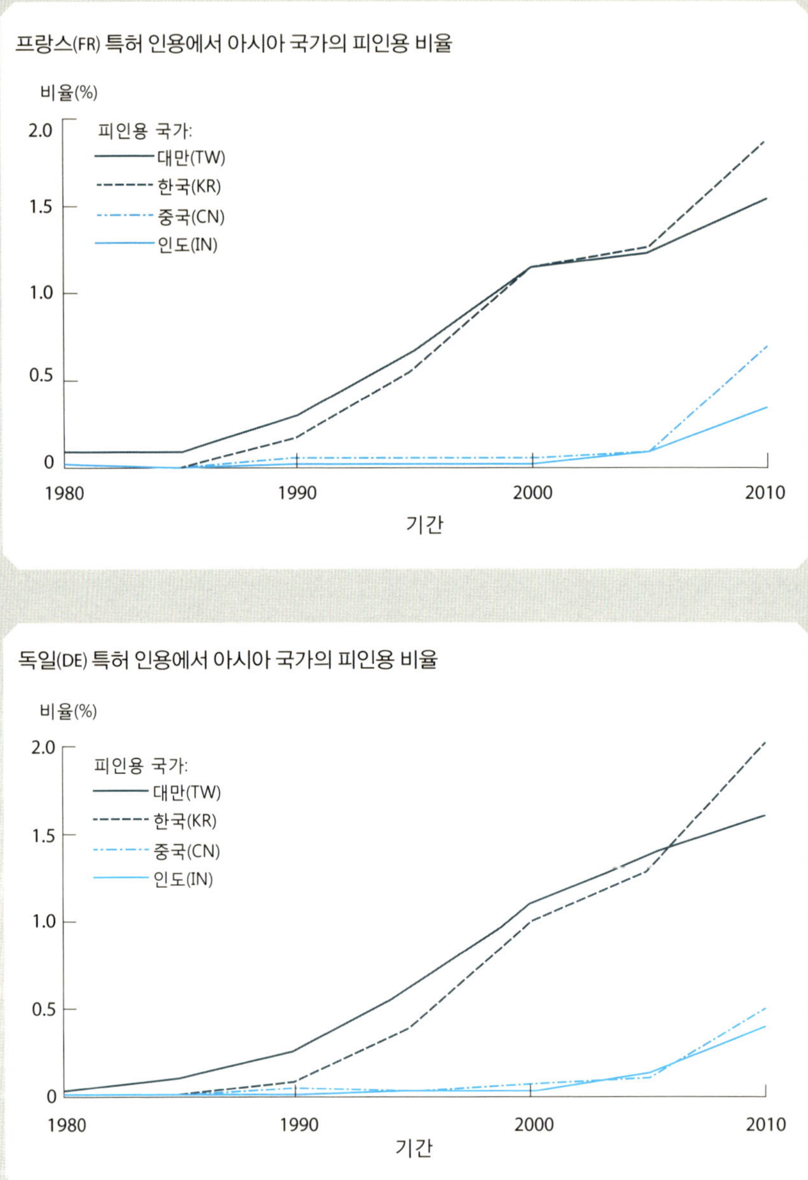

[그림 5-1] 유럽지역 국가들의 아시아 신흥 4개국 특허인용도

영국(GB) 특허 인용에서 아시아 국가의 피인용 비율

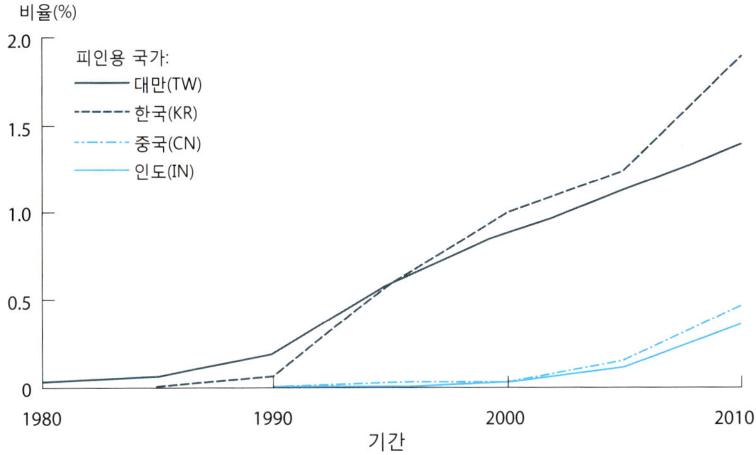

유럽연합(EU) 특허 인용에서 아시아 국가의 피인용 비율

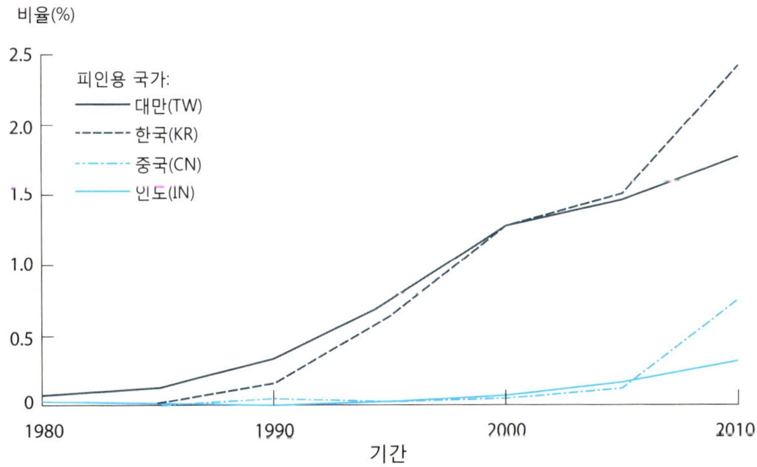

과 일본에 대해서도 아시아 신흥국들의 혁신·창조활동이 비슷한 영향을 미치고 있는지 확인해 볼 필요가 있다. 이를 위해 그림 5-2는 한국·대만·중국·인도에 의해 각 해당 연도에 출원된 특허가 미국·일본·캐나다와 기타 국가들에 의해 추후 5년 동안 출원된 특허에 인용되는 비중의 변화를 보여 준다.

그림 5-2는 미국과 일본에 대해서도 아시아 신흥국들의 혁신·창조활동이 유럽 선진국들의 혁신·창조활동에 미치는 것과 비슷한 영향을 미치고 있음을 확인해 준다. 몇 가지 특이한 사항이 있다면 2000년대 중반까지는 한국보다 대만의 특허가 미국이 출원한 특허에 미치는 영향이 더 컸으나, 그 후 대만 특허의 영향력이 미국에서 현저히 줄고 있으며, 이에 비하여 일본이 출원한 특허에 미치는 영향력은 대만에 비하여 한국의 특허가 1990년대 초반부터 높았고 그 차이는 더 확대되고 있다는 점이다. 또 한 가지 지적할 만한 사항은 한국의 특허가 일본의 특허에 의해 인용되는 비중이 1990년대 중반부터 미국의 특허에 의해 인용되는 비중에 비하여 2배 이상이 되고 있다는 점이다. 물론, 미국이 출원하는 특허가 워낙 많고 다양한 분야에서 출원되기 때문에 일본에 비하여 미국의 특허가 한국에서 출원한 특허를 인용하는 비중이 낮을 수는 있지만, 일본보다 특허 출원 비중이 현저히 낮은 유럽의 선진국들과 비교하여도 일본의 특허에 의해 인용되는 한국의 특허 비중이 2배 정도가 되는 것은 혁신·창조활동에 있어서 한국과 일본이 밀접한 관계임을 보여 준다.

끝으로 혁신·창조활동이 아시아 신흥국들 간에 서로 어떤 영향을 미치고 있는가를 보여 주기 위해 그림 5-3은 한국·대만·중국·인도에 의해 각 해당 연도에 출원된 특허가 한국·대만·중국과 인도에 의해 추후 5년 동안 출원된 특허에 인용되는 비중의 변화를 나타낸다.

그림 5-3은 우선 아시아 신흥국들이 자국의 혁신·창조활동이 증

가함에 따라 자국이 출원한 특허를 스스로 인용하는 비중이 늘어나거나 유지되고 있음을 보여 준다. 조금 더 자세히 살펴보면 한국의 경우 자국 특허를 인용하는 비중이 가장 가파르게 상승하고 있으며, 대만의 특허를 인용하는 비중도 2000년대에 들어서면서 4-5% 선에서 유지되고 있는 것이 특징이다. 대만의 경우 자국의 특허를 인용하는 비중이 2000년 28% 정도로 정점을 찍은 후 유지되고 있고, 한국의 특허를 인용하는 비중은 2000년대 이후 5%를 넘어서 10%에 근접하고 있다. 이에 반하여 중국의 경우 2010년 이전에는 대만의 특허를 인용하는 비중이 자국 특허를 인용하는 비중보다 높았고 2000년에 18% 정도로 정점을 찍은 후 조금씩 그 비중이 줄고 있으며, 한국의 특허를 인용하는 비중은 조금씩 증가하여 2010년의 경우 5%를 넘어섰다. 인도의 경우 자국 특허를 인용하는 비중이 2000년 9% 정도로 정점을 찍은 후 오히려 감소하여 2010년에는 6% 정도였으며, 한국·대만·중국의 특허를 인용하는 비중은 2010년의 경우 각각 2%, 1.7%, 1.5% 정도였다.

그림 5-3은 몇 가지 매우 흥미로운 점을 보여 주는데, 우선 아시아의 신흥국들인 한국, 대만, 중국은 혁신·창조활동과 관련하여 지적자본을 공유하는 데 있어서 다른 선진국들에 주는 영향에 비하여 상대적으로 높은 영향을 서로 주고받고 있으며, 특히 대만이 중국에 주는 영향은 상대적으로 매우 크다고 할 수 있다. 이러한 사실은 아시아의 신흥국들의 혁신·창조활동이 서로 밀접히 연관되어 있음을 보여 주며, 특히 대만과 중국의 관계는 언어나 문화적인 요소가 혁신·창조활동이 만들어 내는 외부효과의 크기에도 상당히 큰 영향을 미칠 수 있음을 보여 준다.

5장 2절에서 분석한 신흥국의 지적자본의 외부효과(externality)에 대한 위와 같은 분석은 아시아 신흥국들을 중심으로 한 혁신·창조활동의 변화를 적절히 반영할 수 있는 새로운 모형을 개발하는 데 있어서도 다음과 같은 이유에서 시사하는 바가 크다. 새로운 모형을 개발하기 위

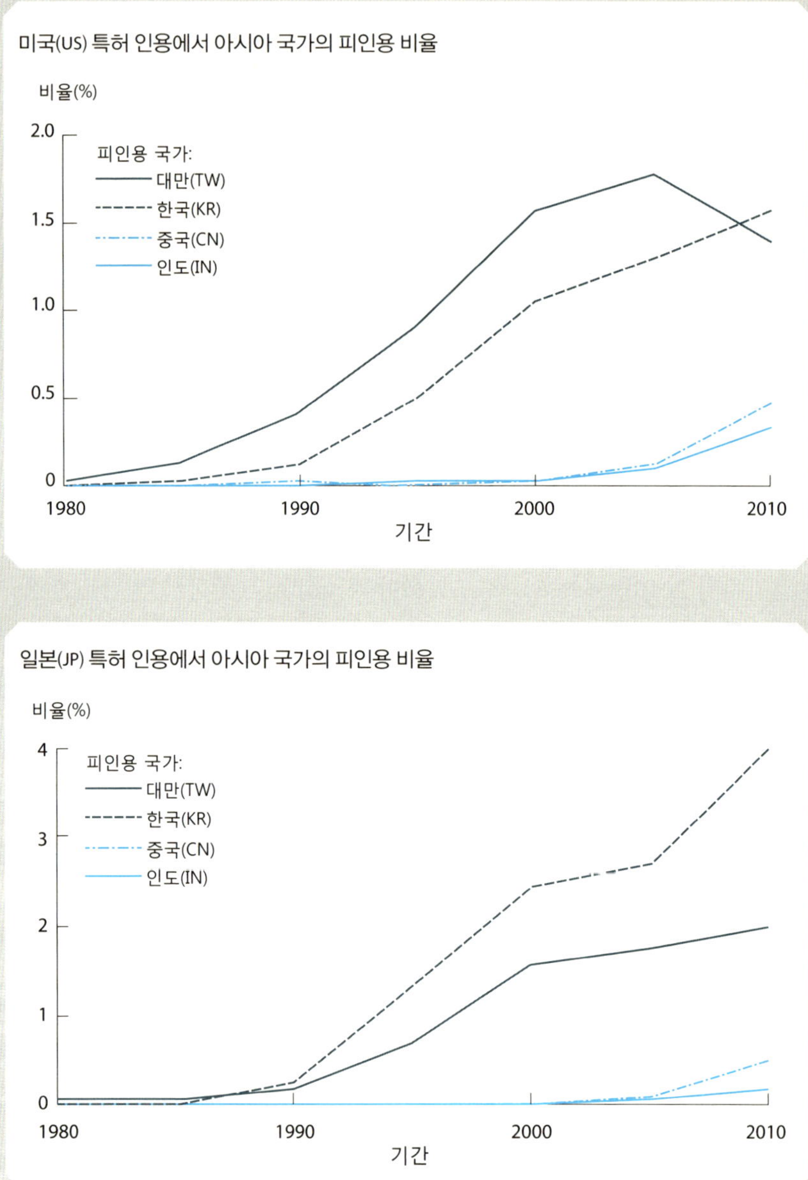

[그림 5-2] 북미지역 국가들 및 일본과 RW의 아시아 신흥 4개국 특허인용도

캐나다(CA) 특허 인용에서 아시아 국가의 피인용 비율

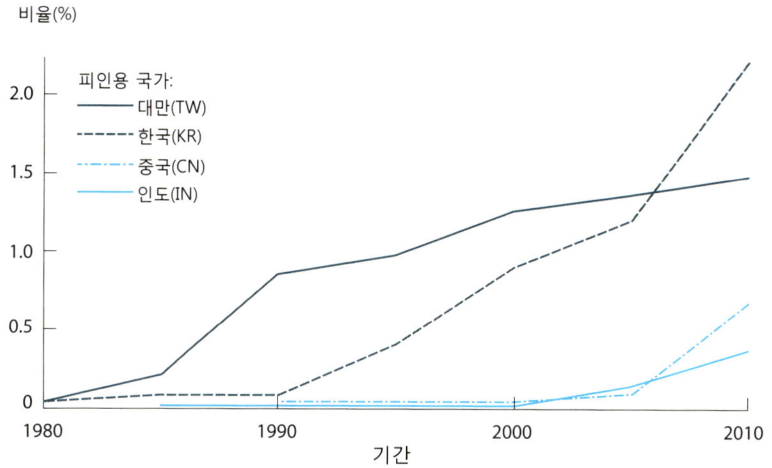

기타(RW) 특허 인용에서 아시아 국가의 피인용 비율

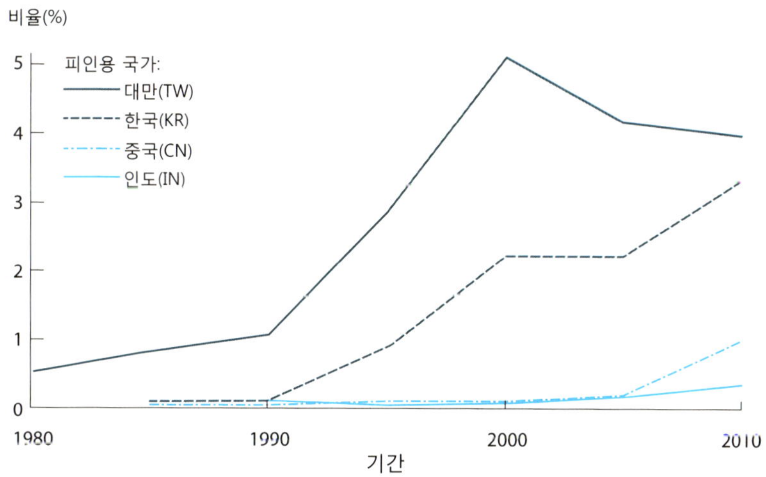

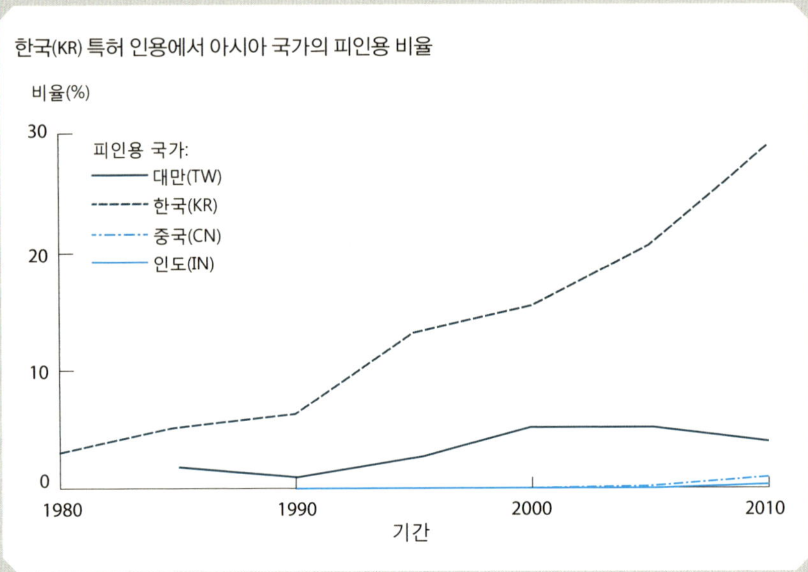

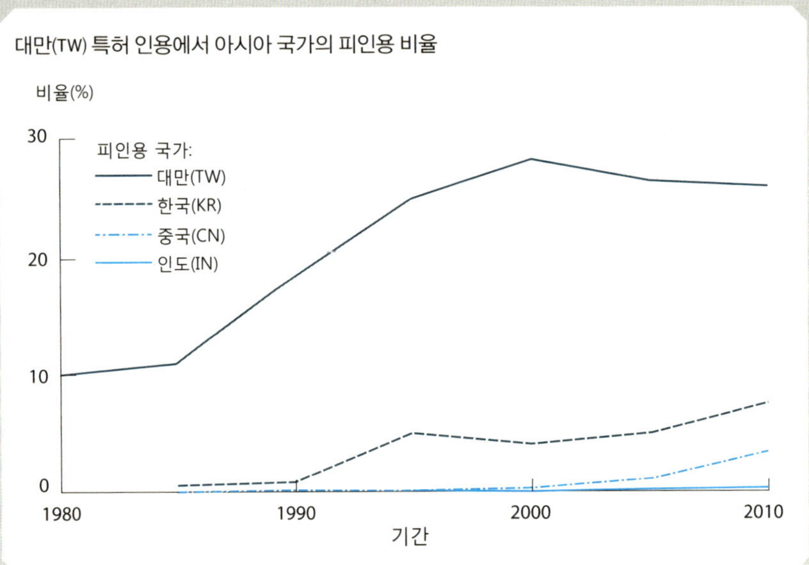

[그림 5-3] 아시아 신흥 4개국의 상호 특허인용도

중국(CN) 특허 인용에서 아시아 국가의 피인용 비율

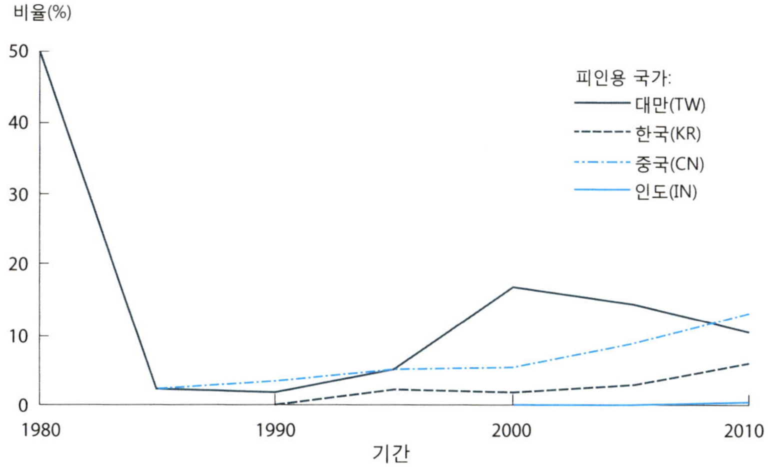

인도(IN) 특허 인용에서 아시아 국가의 피인용 비율

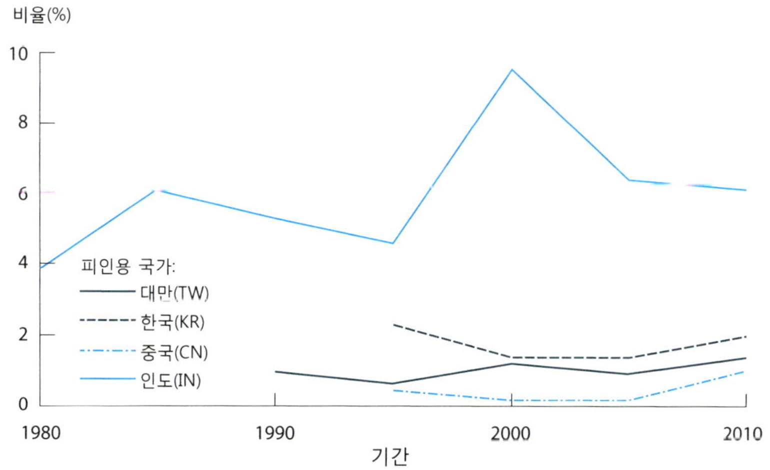

해서는 지적자본의 이전속도와 관련한 측정치가 필요한데, 5장 2절의 그림들을 통해 분석된 것과 같은 국가 간 특허인용도를 적절히 활용하면 선진국과 선진국 간, 선진국과 개도국 간, 그리고 개도국과 개도국 간의 지적자본 이전속도에 대한 측정치를 구할 수 있다. 물론 지적자본의 이전속도는 산업별·국가군별로도 여러 가지 요소에 의해 달라질 수 있는데, 이러한 부분에 대한 연구 또한 매우 흥미로운 결과를 도출할 수 있을 것으로 생각된다. 예를 들면, 아시아의 신흥국 간에 존재하는 상대적으로 높은 상호 특허인용도는 개도국 간의 지적자본 이전속도가 개도국과 선진국 간의 지적자본 이전속도보다 빠를 수 있는 가능성을 제기하고 있고, 이 경우 개도국 간 혁신·창조활동의 상호작용이 전 세계의 혁신·창조활동 수준을 결정하는 데에도 매우 중요한 영향을 줄 수 있다.

제6장

결론

박지형 · 안덕근 · 이석배 · 이지홍

이 책은 서울대학교 아시아연구소가 기획과제의 주제로 제시한 '이동과 흐름에서 본 아시아(Transnational Asia)'라는 관점에서 아시아의 혁신·창조활동을 분석하고, 이를 근거로 세계경제질서 변화에 대한 새로운 개념화를 통해 연구 패러다임의 변화 방향을 모색하고자 하였다.

보다 구체적으로 제2장은 USPTO에 출원된 1980년부터 2014년까지의 특허자료를 이용하여 국가들의 시기별·산업별 기술 진보의 추세를 살펴보고 그 특성을 파악하였고, 그 결과 아시아 신흥국들의 특허출원은 단지 양적인 측면에서만 확대된 것이 아니라 특허인용횟수를 이용한 특허의 질적인 면에서도 향상된 측면이 있음을 밝혀내었다. 제3장은 혁신·창조활동에 대한 국제무역 분야의 기존 연구들을 앞서 언급한 아시아의 혁신·창조활동에 대한 실증분석에 비추어 비판적으로 검토함으로써 세계 및 아시아의 혁신·창조활동을 분석하는 새로운 이론모형 구축의 방향을 모색하고, 그 결과 국가 간 지적자본의 이전속도와 개발도상국 혁신활동의 효율성 정도에 대해 적절한 내생변수화를 이룬 혁신·창조모형의 개발이 필요함을 파악하였다. 이러한 혁신·창조모형의 개발은 세계경제의 혁신·창조활동 변화를 예측하고, 개발도상국들뿐 아니라 세계경제 전체 입장에서 최적의 지적재산권 보호체제가 무엇인가를 논의하는 데 필요한 것임을 밝히고 있다. 제4장은 아시아의 혁신·창조활동에 대한 통상법 차원의 쟁점들을 검토함으로써 제도적 인프라 환경의 문제점과 과제를 제기하고 이에 대한 현실성 있는 대안을 모색하였다. 특히 FTA를 통해 WTO 수준 이상으로 개편되는 지재권 보호체제의 내용을 분석함으로써 급격히 확대되는 아시아 국가들의 혁신·창조활동 역량 강화를 지원하는 데 제기될 수 있는 과제를 연구하고, 이를 토대로 향후 개선사항과 정책적 대안을 도출하였다. 끝으로 아시아의 혁신·창조활동에 대한 실증분석, 국제무역이론 분야의 연구, 통상법 분야의 연구를 종합한 결과, 제5장은 새로운 창조·혁신모형의 개발을 위해 경제학뿐만 아니라 국제 지적재산권의 역할을 규명하기 위해 통상법적인 분석을 종합하는 학제적 실증분석 연구가 선행되어야 함을 밝혔고, USPTO의 특허출원 자료를 이용하여 아시아 신흥국들의 혁신·창조활동으로 형성된 지적자본이 선진국들과 아시아 신흥국들 간에 이전되는 정도를 측정함으로써 새로운 연구 방향을 제시하고 있다.

제4장에서 자세히 논의된 것이지만, 아시아를 중심으로 확산되고 있는 Mega FTA 협상에서 TRIPS보다 높은 수준의 지적재산권 보호의 도입 여부는 매우 중요한 주제 중 하나다. 비록 미국을 중심으로 한 주요 선진국들은 이러한 국제 지적재산권의 강화가 혁신·창조활동의 강화와 전 세계의 후생 증진을 위해서도 필요한 일이라고 주장하지만, 개발도상국의 혁신가능성을 고려하는 보다 최근의 연구들은 이러한 주장이 반드시 옳지 않을 수 있다는 것을 보여 주며, 어떠한 이론이 보다 적절한 것인지를 판단하기 위해서는 아직 많은 이론 및 실증 연구가 필요한 상황이다. 따라서 이 책에서 제안하는 아시아 및 세계의 혁신·창조활동에 대한 이론적·실증적 연구는 아시아를 중심으로 재편되고 있는 혁신·창조활동에 대한 국제경제질서의 변화 방향을 가늠하는 데 있어서 매우 중요한 연구가 될 것이다.

찾아보기

발간사

다가오는 미래가 아시아의 시대가 될 것이라는 인식은 이제 우리에게 그리 새롭지는 않습니다. 그렇다면 우리에게 주어진 과제는 한국인과 한국사회는 어떤 존재로서 아시아의 시대를 살아가고자 하는가 하는 질문을 통해 우리와 남의 모습을 상상하고, 우리와 남의 관계에 대한 그림을 그리고, 그것들을 실천하는 일일 것입니다.

그러나 아시아의 시대가 온다고 해서 아시아 사람들이 저절로 잘 살게 되는 것도, 아시아가 저절로 평화롭고 정이 넘치는 공동체가 되는 것도 아닐 것입니다. 그러므로 우리는 아시아 지역을 살아가는 사람들이 어떤 공동체를 만들어가고 싶은가, 아시아 공동체가 잘 되면 인류에게 무슨 도움이 되는 것인가 하는 질문을 해야 하지 않을까 싶습니다. 오히려 아시아의 시대가 왔다고 생각하기 시작한 지난 20여 년 간 아시아 내부의 갈등과 적대, 민족주의와 인종차별 등은 더 심해지고 있다는 착각이 듭니다. 그것을 착각이라고 생각하는 까닭은 외양으로 보면 그렇게 보이지만, 실제 내부에서 일어나는 현상을 찬찬히 살펴보면, 아시아 내부의 상호이해와 교류가 느리지만 거대한 규모로 일어나고 있다고 믿기 때문입니다. 지표면에서 보면 날씨 변화도 심하고 지진도 자주 일어나지만, 땅속 깊은 곳에서 아시아의 시대를 만들어가는 지하수의 물줄기가 형성되고 있는 것 아닌가 싶습니다.

20세기 유럽과 미국이 축적한 자연과학과 인문·사회과학 등 근대의 학문적 지식은 인류 문명의 새로운 길을 열었고, 인류의 행복과 안정에 커다란 기여를 했습니다. 물론 제국주의 지배와 전쟁, 차별과 빈곤을 동시에 가져다주기도 했습니다. 아시아의 세기는 서양의 근대를 넘어서서 새로운 '근대 이후'를 만들어나가는 일이어야 합니다.

지식의 생산과 공유, 인재 양성을 책임지고 있는 대학이라는 공간에서 아시아에 대한 어떤 지식을 생산하고, 아시아에 대해 무엇을 어떻게 가르칠 것인가 하는 문제의식이야말로 서울대학교 아시아연구소에 주어진 책무일 것입니다. 서울대학교 아시아연구소는 2009년 9월 출범한 이래 지역과 주제의 결합에 기초한 아시아 연구의 세계적 허브 구축을 목표로 아시아 연구 기반 구축과 우수 연구활동 지원 등의 다양한 학술 활동을 진행해왔습니다. 특별히 아시아에 대한 지식 생산의 기반을 다지는 작업으로서, 우수한 기초 연구 활성화를 위해 노력해왔습니다.

서울대학교 아시아연구소총서는 바로 이러한 학문적 노력의 결실입니다. 앞으로도 서울대학교 아시아연구소는 국내외 연구자들의 우수한 연구를 지원하여 그 결과물을 지속적으로 발간해나갈 것입니다. 이러한 아시아연구소총서가 아시아의 시대를 열어가는 데 필요한 기반을 만드는 중요한 지적 자산이 되기를 기대합니다. 이를 바탕으로 아시아 시대를 만들어가는 지하수를 실증적으로 드러내고, 아시아 내부의 상호 이해와 교류를 넓혀갈 수 있길 바랍니다.

서울대학교 아시아연구소

저자소개(가나다순)

박지형

서울대학교 경제학과를 졸업하고, 영국 런던정경대학(LSE)에서 경제학 석사 학위를 받은 후 미국 위스콘신대학(UW-Madison)에서 경제학 박사 학위를 받았다. 현재 서울대학교 경제학부 교수로 재직 중이며, 서울대학교 사회과학대학 산하 아시아연구소의 Center for Asia and Global Economic Order(CAGEO)의 Director를 맡고 있다. 주요 연구 분야는 국제경제학이며, *American Review of Economics*, *Review of Economic Studies*, *Journal of International Economics* 등에 다수의 논문을 게재하였고, 북 챕터로 "Enforcement and Dispute Settlement"(*Handbook of Commercial Policy*, 2016, edited by Kyle Bagwell and Robert Staiger)가 있다.

안덕근

서울대학교 국제경제학과를 졸업하고, 미국 미시간대학(University of Michigan)에서 경제학 박사 학위(국제무역론)와 Juris Doctor를 받았다. 현재 서울대학교 국제대학원 교수로 재직하며 동 대학원 산하 국제학연구소 소장을 맡고 있다. 대통령 직속 국민경제자문회의 위원, 무역위원회 무역위원 등을 역임하였다. 저서 및 편저로 *Legal and Economic Analysis of the WTO/FTA System*(2016), *WTO Trade Remedy System: East Asian Perspectives*(2006), *WTO and East Asia: New Perspectives*(2004) 등이 있다.

이석배

서울대학교 국제경제학과를 졸업하고 미국 아이오와 대학(University of Iowa)에서 경제학 박사 학위를 받았다. 영국 유니버시티 칼리지 런던(University College London) 교수와 서울대학교 경제학부 교수를 거처 현재 미국 컬럼비아대학 경제학과 교수로 재직 중이다. 주요 연구 분야는 계량경제학이며, *American Economic Review*, *Econometrica*, *Journal of Econometrics* 등 학술지에 다수의 논문을 게재하였다.

이지홍

영국 케임브리지대학교 경제학부를 졸업하고 동 대학원에서 경제학 박사 학위를 취득하였다. 현재 서울대학교 경제학부 교수로 재직 중이다. 주요 연구 분야는 미시경제학, 게임이론, 시장설계이며 *Econometrica*, *Journal of Economic Theory*, *Economic Journal* 등 학술지에 다수의 논문을 게재하였다.